MNCS'

GLOBAL PRODUCTION NETWORKS IN POST-CRISIS ERA

Cases Study
of Simens AG and Huawei

崔凤茹　刘桂镗　著

后危机时代
跨国公司
全球生产网络研究

以西门子和华为公司为例

社会科学文献出版社
SOCIAL SCIENCES ACADEMIC PRESS (CHINA)

推 荐 序

　　全球生产网络是理解经济全球化的微观基础，面对技术变革和宏观环境的冲击，全球生产网络在不断地发生拓扑变形，网络的深度、广度和复杂性均在发生变化，尤其 2008 年美国次贷危机引爆了全球性的金融危机，深刻地改变了全球生产网络的形态，严重冲击了国际经济体系，出现了发达国家再工业化及价值链收缩的现象。随着金融危机排浪式的冲击以及随后的缓和，全球经济虽然复苏乏力但还是步入了"后危机时代"。后危机时代是衰退与复苏交替、缓和与动荡并存的时代，全球经济环境不稳定性和不确定性因素增多，新一轮科技革命和产业变革酝酿着新突破，国际贸易规则正在重构，全球经济和产业格局面临重大调整。其中尤为需要关注的是技术变革和平台再造对全球生产网络以及全球价值链的影响，这一点也是 2001 年诺贝尔经济学奖得主迈克尔·斯宾塞教授在中国发展高层论坛 2016 年会的主旨演讲中所重点强调的。面对后危机时代的国际环境，我国国内经济的发展环境也发生了重大变化，资源环境和要素成本约束日益趋紧，经济发展进入新常态，面临着稳增长和调结构的双重困境、发达国家和新兴经济体的双重挤压、低成本优势快速递减和新竞争优势尚未形成的两难局面，正处于"爬坡过坎"的重要关口，要顺利实现转型升级，中国企业的竞争力和可持续发展能力是关键要素。

　　面对新一轮科技革命和产业变革与我国加快转变经济发展方式形成历史性交汇的战略机遇期，国家相继出台"互联网＋"行动计划、《中国制造 2025》行动纲领等重大战略部署，全面推进实施制造强国战略。在经济发展新常态下，在推动制造业由大变强的进程中，作为对外贸易依存度不断提高的中国，大规模"走出去"和高水平"引进来"并存将成为新时期开放型经济的重要特征。加快实施"走出去"战略，是我国制造业发展国际化战略的重要组成部分，是全面建设制造强国、实现"一带一路"战略的重要路径。然而，我国工业企业的"走出去"仍处于初级阶段，营造全球生产网络的战略不够清晰，总体效果不尽如人意，在提高产业国际化程度、提升全球化经营能力等方面可谓任重道远。在此背景下，对全球生产网络这一国际生产体系的重大组织创新研究的重要性日益凸显。对于中国制造业企业"走出去"，有几个问题需要重点关注：①全球生产网络形成和发展的动因和利得是什么？其主要特征和运作机制是什么？②作为当代国际经济生活的核心组织者，跨国公司是如何成功"嵌入"不同的海外经济体系中，从而发展为全球性企业的？③金融危机对国际分工和产业格局有什么影响？后危机时代全球生产网络将朝什么方向发展？④对全球生产网络依赖度不断提高的中国，应该如何做出调整以适应后危机时代全球生产网络的新特点？

《后危机时代跨国公司全球生产网络研究——以西门子和华为公司为例》一书，以全球生产网络的微观研究为立足点，采用理论分析与案例研究相结合的研究方法，梳理全球生产网络的研究脉络和微观理论基础，提出全球生产网络微观研究的分析框架，并以西门子和华为公司为例进行了案例研究，折射了德国经济和中国经济在世界经济体系中的地位和演进方向，并分析了后危机时代全球生产网络的发展趋势，对中国制造业的企业转型和产业升级提出了很好的建议。我认为这本书探索性地回答了上述问题，将对中国制造业企业积极、有序、安全、高效地开展对外投资合作，提升全球化经营能力，重塑国际竞争新优势，产生有价值的影响。这本书对于从事经济学和管理学研究的学者、市场分析专业人员、企业经营者以及政府工作人员均具有较大的参考价值。

我愿意将此书推荐给关心中国企业"走出去"的读者，也希望作者能够再接再厉，为中国企业转型升级、创新发展持续开展研究。

是为序。

中国社会科学院经济研究所所长　裴长洪

自　序

　　全球生产网络（GPN）研究框架是恩斯特和亨德森等人以传统分工理论为元理论，综合了价值链、价值增值链、全球商品链、全球价值链、网络和镶嵌、行动者网络等理论基础上相继提出的。GPN 能在更广泛的体系下解释当今国际生产组织的新变革，成为目前全球化、区域和产业发展研究的新的分析框架。众多学者从不同的研究维度，对 GPN 进行了深入研究，也进一步拓展和完善了 GPN 的研究框架。

　　现有 GPN 研究成果在理论框架、研究内容和动态性关注等方面存在很多不足。特别是当今国际经济贸易的格局是跨国公司的地位日益突出，一方面，跨国公司是 GPN 的微观主体，而且正是跨国公司的全球扩张促进了全球生产网络的形成；另一方面，随着国际分工的不断发展和企业全球化的深入，关于异质性企业对国际贸易所产生效应的研究成为国际贸易学界的热点。现有 GPN 研究以面向宏观的地区和产业层面的分析为主，对企业微观层面的研究还比较少，因此目前 GPN 的研究内容还不是很全面。

　　全球生产网络究竟是什么？目前在学术界还没有统一的定义。本书更倾向于将其理解为"是各类经济体在全球范围内配置要素资源、连接价值链分工、生产和提供产品与服务所形成的多层次、多样化的网络化组织结合体"。该定义强调了全球生产网络的三个特征：空间布局全球化、价值活动一体化、网络主体多样化。

　　本书以全球生产网络的微观研究为立足点，采用理论拓展与案例研究相结合的研究方法，梳理全球生产网络的研究脉络和微观研究的理论基础，提出全球生产网络微观研究的分析框架，以西门子和华为公司为例进行了案例研究，并分析了后危机时代全球生产网络的发展趋势，对中国制造业的企业转型和产业升级提出了建议。本书研究成果有助于丰富和完善全球生产网络的理论体系，可以为我国实施制造强国战略和企业实施"走出去"战略提供理论支撑和政策建议。

本书内容一共分为七章。

第1章：全球生产网络的研究脉络。本章界定了全球生产网络的概念，梳理了全球生产网络研究的理论渊源，介绍了管理学派和曼彻斯特大学学派的研究框架，并对当前的研究文献进行了总结和评述，指出了全球生产网络未来研究的方向。

第2章：全球生产网络微观研究的理论基础。本章介绍了跨国公司理论、新兴古典贸易理论、新新贸易理论这三个全球生产网络微观研究的重要理论基础，并阐述了它们对全球生产网络经济现象的理论解释。

第3章：全球生产网络微观研究的分析框架。本章基于第1章和第2章介绍的理论基础，遵循亨德森等人的分析框架，提出全球生产网络微观研究的分析框架，包括由价值目标、全球战略、网络形态、区位选择、网络治理五个基本要素组成的基于价值视角的微观研究框架，以及由嵌入战略、嵌入维度、嵌入地区三方面内容组成的基于嵌入视角的微观研究框架。

第4章：西门子公司全球生产网络研究。本章依据第3章提出的微观研究框架，首先基于价值视角，对西门子全球整体网络以及全球研发网络、全球制造网络、全球供应链网络、全球销售和服务网络进行分析，并对各网络的价值增值进行了评估；然后基于嵌入视角，对西门子医疗业务在中国的嵌入进程进行详细分析，帮助厘清跨国公司在当地嵌入的过程及其演化规律。

第5章：华为公司全球生产网络研究。本章依据第3章提出的微观研究框架，基于价值视角，对华为公司整体以及全球研发、生产运营、营销服务网络进行分析；基于嵌入视角，对华为公司嵌入欧洲的进程进行详细分析；并从整体、基于价值视角和基于嵌入视角三方面对西门子和华为两家公司的全球生产网络进行了比较，对华为公司的经验进行提炼和总结。

第6章：后危机时代全球生产网络的发展趋势。本章从全球生产网络的四大推动力量入手，对后危机时代全球生产网络的发展趋势进行动态分析，并结合中国的贸易结构，说明全球生产网络的新特点及其对中国的影响，分析后危机时代全球生产网络的拓扑结构。

第7章：结论与展望。本章总结全书的研究结论，对后危机时代中国经济结构转型和经济发展提出了政策建议，并指出了研究的不足之处，展望了有待进一步研究的问题。

以上是本书内容的大概介绍。本书的一大特点就是对西门子和华为公司进行了详细的案例研究，这样既能帮助读者很好地理解全球生产网络的理论体系和微观研究框架，也能使中国制造业企业在实施"走出去"战略时，变得更加有规律可循、有原则可依、有实例可参照，将对中国企业提高利用外资与国际合作水平、构建网络化的制造创新体系、提升跨国经营能力和国际竞争力，产生有价值的影响。

最后还要隆重感谢！感谢我的博导赵忠秀教授，将我领入经济学研究的殿堂，悉心指导我完成全球生产网络微观研究领域的博士论文，并鼓励我在工作后将博士论文完善研究、修订出版。导师正直坦诚、谦逊豁达的品格深深地影响着我，是我一生学习的榜样。感谢裴长洪所长在百忙之中为本书作序，字里行间充满了对本书研究的认可和期待，是对我最大的激励与鞭策。感谢北京市商业学校和中共北京市物资有限公司党校的各位领导和同事——史晓鹤、侯光、黄凤文、孙建国、朱锦华、曾向英和鄂丽丽等，使我得以在职业教育这个平台上历练成长。感谢我的父亲和母亲，是他们的言传身教，赋予我坚韧的性格。最后，特别感谢我的先生刘桂镗，他在我最需要的时候一直陪伴在我身边，给我克服困难的勇气和力量；作为本书的第二作者，他利用业余时间帮我搜集资料、排版校对并完成第4章、第5章大部分内容的撰写工作；一生有你，此生无憾。谨以此书献给我们即将出生的宝宝！

创作这本书，从收集材料到完成，不知不觉已是六个春秋。在此过程中，作者广泛查阅、吸纳和引用了国内外其他学者、专家以及西门子、华为公司在全球生产网络相关领域的新观点、新架构、新方法和实践经验，无法一一联络，在此一并表示感谢。如有引用不当、不妥之处，也欢迎与作者联系，再版时进行调整。由于水平所限，本书的观点未必准确，视角未必全面，案例分析不尽细致，编写中也难免有错误出现，恳请各位读者批评、指正。

崔凤茹

2016 年 3 月于北京

目　　录

绪　　论

　　全球生产网络形成和发展于 20 世纪末、21 世纪初国际生产体系发生重大变革时。20 世纪 80 年代以来，伴随着经济全球化的不断推进和深化，贸易投资自由化得到了极大发展，科技进步降低了企业的管理成本、运输成本和通信成本，跨国公司在全球范围内配置要素资源、组织生产活动，国际分工呈现产业间分工、产业内分工、产品内分工多层次并存的崭新格局。面对全球市场竞争形势的日益严峻和市场环境波动的持续加大，国家、地区、产业、企业之间形成了既竞争又合作的关系而且联系日趋紧密。在各种力量推动之下，新的全球分工体系得以深化和扩展，全球生产网络逐步形成并迅速扩张。

　　全球生产网络是国际生产体系的一个重大组织创新，在全球化背景下给积极参与的国家和企业带来了发展机遇，同时也会对国家间的政治、经济、文化产生进一步冲击。自 1999 年恩斯特（Ernst）[①] 和亨德森（Henderson）[②] 等相继提出全球生产网络（Global Production Networks，GPN）[③] 的概念后，众多学者从面向宏观的国家、地区、产业层面对全球生产网络进行了分析研究。比如恩斯特等将研究重心放在全球生产网络中的生产范围、权力非对称关系、知识扩散（以旗舰为主导的）以及本地供应商的能力升级和发展中国家的产业升级上；亨德森等的研究更多致力于对融入产品和服务的生产，以及知识、资本和劳动力的再生产的整个社会过程的分析，

[①]　恩斯特在 1999 年的一个会议论文中首次使用了 "Global Production Networks" 的术语。

[②]　亨德森和迪肯（Dicken）在 1999 年的一个研究计划中首次尝试详细制定 GPN 的框架。

[③]　目前全球生产网络在学术上有几个类似的名称，包括全球生产网络（Global Production Networks），国际生产系统（International Production System），全球生产系统（Global Production System），跨国生产网络（Multinational Production Networks）等。本书采用全球生产网络（GPN）的表述。

强调在全球化与地方化的互动中实现地方发展和社会福利提升。

然而,当今国际经济贸易的格局是跨国公司的地位日益突出,跨国公司实际上充当了经济全球化的主要动力和先锋。跨国公司已经成为当代国际经济生活的核心组织者,不仅拥有越来越多的"工业主权",而且将获得越来越多的"经济主权"甚至"政治发言权"。从全球生产网络的角度来看,跨国公司是其微观主体且在其中处于绝对的主导和优势地位,事实上,也正是跨国公司的全球扩张促进了全球生产网络的形成。跨国公司把价值链上的各个环节和职能按照不同国家和地区的区位优势加以分散和配置,各国生产能力都被纳入其中,各国的竞争优势不再体现在产业层面,而是体现在企业层面或者产品价值链的一个或数个环节上,形成相互间的垂直、水平或混合分工,产业活动的全球化和全球生产网络由此形成,并成为全球生产网络的微观基础。因此,从跨国公司角度出发进行全球生产网络的微观研究,对于厘清全球生产网络的主要特征和运作机制有着极其重要的意义。

另外,随着国际分工的进一步发展和企业活动全球化的不断深入,面对以企业为核心的国际贸易新格局,有关微观层次上企业不同特征对国际贸易不同领域所产生效应的研究成为国际经济学界的热点,以异质性企业贸易理论(Trade Models with Heterogeneous Firms)和企业内生边界理论(Endogenous Boundary Model of the Firm)为代表的新新贸易理论(New-New Trade Theory)① 应运而生,开拓了国际贸易研究的新领域。此外,跨国公司理论(Multinational Corporations Theory)提出了网络观,新兴古典贸易理论(New Classical Trade Theory)用分工经济和交易费用的两难冲突及其折中解决的个体专业化决策思路重新考察了国际贸易理论,这都对国际贸易的微观研究产生了重要影响。因此,本书希望引入国际贸易的前沿理论,丰富和完善全球生产网络的研究框架,从微观层面系统地分析全球生产网络的主要特征和运作机制,分析企业如何利用全球资源和网络提高国际竞争优势,以更好地分享全球化的成果。

① 有的文献将企业内生边界理论视为异质性企业贸易理论的拓展,因而将二者统称为异质性企业贸易理论。本书采用"新新贸易理论"的概念,以强调二者在研究方向上的差异。

　　本书主要采用理论拓展与案例研究相结合的研究方法，研究意义在理论与现实两个方面都有体现。在理论拓展方面，本书基于对全球生产网络研究脉络的梳理和归纳，引入跨国公司理论、新兴古典贸易理论和新新贸易理论等国际贸易前沿理论，提出了全球生产网络微观研究的分析框架。在案例研究方面，本书依据提出的基于价值视角和基于嵌入视角的全球生产网络微观框架，分别对西门子和华为公司的全球生产网络及具体业务在具体区域的嵌入进行了分析。另外，本书还对后危机时代全球生产网络的发展趋势进行了动态分析，对中国制造业的企业转型和产业升级提出了建议。

　　本书研究成果有助于丰富和完善全球生产网络的理论体系。全球生产网络的概念自 1999 年提出后，众多国内外学者在随后的研究中进一步丰富其内涵，但其理论框架还不够系统和完善。比如全球生产网络研究框架尽管有明显成熟的理论外形，但仍然只是一个"研究框架"而没有一套系统的方法论工具以实施这个研究框架；现有研究多以宏观层面的分析为主，对微观的企业层面的研究还比较少，对全球生产网络的微观机理认识不深。本书界定了全球生产网络的基本概念，梳理了全球生产网络的研究脉络和微观研究的理论基础，不仅为全球生产网络的微观研究提供了分析框架，而且定义了微观框架中每项要素的含义和分类，进一步说明了每项要素研究的基本范式。本书拓展了全球生产网络的研究框架，丰富了全球生产网络的研究方法，提高了全球生产网络微观研究的可操作性，因此具有一定的理论创新和重要的理论价值。

　　本书研究成果可以为我国实施制造强国战略和企业实施"走出去"战略提供理论支撑和政策建议。中国加入世界贸易组织之后，随着经济开放进程的不断加快，已经迅速地融入全球生产网络之中，制造业规模跃居世界第一位，在国际生产体系中扮演着极为重要的角色。然而，与世界先进水平相比，我国制造业仍然大而不强，在自主创新能力、资源利用效率、产业结构水平、信息化程度、质量效益等方面差距明显，中国企业国际化程度不高、全球化经营能力不足，转型升级和跨越发展的任务紧迫而艰巨。围绕实现制造强国的战略目标，中国政府制定了《中国制造 2025》行动纲领，将"提高制造业国际化发展水平"列为 9 项战略任务之一，提出"提高利用外资与国际合作水平""提升跨国经营能力和国际竞争力""深化产业国际合作,加快企业走出去"等发展重点。本书从微观层面研究全球生产网络的主要特征和运作机制,基于全球生产网络分析跨国公司如何利用全球资源和网络提高国际竞争优势,并分析了后危机时代全球生产网络的发展趋势,可以帮助中国企业在国际化战略和具体路径上做出正确的抉择。本书的研究对后危机时代中国政府如何制定产业转型升级政策,从微观层面推动企业更好地嵌入全球生产网络,以企业为主体构建网络化的制造业创新体系,提高国家创新能力和竞争优势,具有很强的理论指导意义。

第1章
全球生产网络的研究脉络

全球生产网络是国际生产体系的一个重大组织创新，在全球化背景下给积极参与的国家和企业带来了发展机遇，同时也会对国家间的政治、经济、文化产生进一步冲击。从经济学的角度来看，全球生产网络在本质上是一个分工问题，劳动分工（Division of Labor）理论是其最根本的理论基础。然而，全球生产网络的发展趋势使得传统的劳动分工理论和国际分工（International Division of Labor）理论受到挑战，这些传统的理论已不能充分阐释全球生产体系的最新变化机制与动力，亟须新的理论框架。因此自20世纪80年代起，学术界以劳动分工为元理论，结合经济学、管理学、社会学、地理学等学科，逐步衍生出诸多研究体系，包括价值链（Value Chain）、价值增值链（Value-Added Chain）、网络和嵌入（Networks and Embeddedness）、行动者网络（Actor-Network，ANT）、全球商品链（Global Commodity Chain，GCC）和全球价值链（Global Value Chain，GVC）等。

在综合上述理论的基础上，恩斯特和亨德森等在1999年相继提出了全球生产网络的概念，并在随后的研究中对其内涵进行进一步的完善。目前，以恩斯特等为代表的管理学派和以亨德森等为代表的曼彻斯特大学学派对全球生产网络采取了两条平行的研究途径。相比较而言，恩斯特等的研究更多地延续了全球价值链的研究路线，认为全球生产网络有三个本质特征：范围、不对称性、知识扩散，他们将研究重心放在全球生产网络中的生产范围、权力非对称关系、知识扩散（以旗舰为主导的）以及本地供应商的能力升级和发展中国家的产业升级上。亨德森等的研究则主要秉承了全球商品链的内涵，突出了全球生产网络的三个要素：价值（Value）、权力

（Power）和嵌入（Embeddedness）①，他们更多地致力于对融入产品和服务的生产，以及知识、资本和劳动力的再生产的整个社会过程的分析，强调在全球化与地方化的互动中实现地方发展和社会福利提升。全球生产网络能在更广泛的体系下解释当今国际生产组织的新变革，成为目前全球化、区域和产业发展研究的新的分析框架。众多国内外学者在恩斯特和亨德森等提出的研究框架内，从不同的研究维度，在理论、实证和案例各方面进行了深入研究，取得了显著成果，也进一步补充和完善了全球生产网络的研究框架。

1.1 全球生产网络的概念解析

1.1.1 全球生产网络的相关定义回顾

关于全球生产网络的概念，比较典型的定义包括：

恩斯特等（2002）认为全球生产网络是国际商务中的一个重大组织创新，全球生产网络通过一个平行的过程整合不同等级层次的网络参与者，使跨企业与国家边界的分散化的价值链集中起来。

亨德森等（2002）将全球生产网络作为一个概念框架，用于说明全球、区域、当地的经济和社会融入经济全球化的多种形态（但不意味着所有）的进程。全球生产网络连接产品和服务的生产、流转和消费环节，在组织上更为复杂，在地理区域内则更为全球化。

Sturgeon（2002）的观点认为，生产网络是指将一群企业联系在一起形成更大的经济单位的企业相互之间的种种关系，侧重于强调企业间相互关系的特征和相互关系的程度。生产网络不仅仅是指企业在同一产品内垂直分工形成的价值链，还包括为生产同一产品相互联系在一起的企业之间的集成关系。

迪肯等（2003）对全球生产网络给出了一个简短的定义：通过产品和

---

① "Embeddedness"的中文译法还有"镶嵌""根植"等几种，本书采用"嵌入"的译法。

劳务的生产和分配而具有相互联系功能和运作的全球组织联结。

Roper 和 Grimes（2005）将亨德森等阐述的全球生产网络概括为："由企业、机构及其他经济代理人等通过知识和财富的创造、提升和开发，企业、集体、机构等的组织权力，以及空间和网络的嵌入等基本过程形成的全球网络。"

柴瑜（2003）认为全球生产网络是指几个国家参与一个特定产品的不同生产阶段的制造过程，从而以跨国公司为中心形成的国际化生产网络。在这个过程中，跨国公司将不同的生产阶段分布在最有效率和成本最低的区位上，利用不同区位上成本、资源、物流和市场的差别获取利益。

刘春生（2008）对全球生产网络的定义：全球生产网络就是将领导厂商（跨国公司）原有的独资公司、合资公司等与外部的独立供应商、独立承包商、独立分销商及战略伙伴联盟等联系在一起，进行分工和有机结合，使分布于不同国家和区域的生产过程之间建立起以价值链为纽带的高度依存关系。

1.1.2　本书对全球生产网络的概念界定

综上所述，本书将全球生产网络定义为各类经济体在全球范围内配置要素资源、连接价值链分工、生产和提供产品与服务所形成的多层次、多样化的网络化组织结合体。

该定义强调了全球生产网络的如下特征。

（1）空间布局全球化。全球生产网络在地理分布上跨越多国边界，从全球角度出发，利用不同国家和地区的区位优势，合理配置要素资源、进行价值链分工，并使它们有机地结合起来，在全球范围内实现网络整体效率的最大化。使用"全球"而非"跨国"或"国际"的术语，旨在强调各国机构和经济体在经济、政治和技术等方面的相互依存程度不断加深的趋势。"国际"和"跨国"来自于国家中心论的论述，当研讨多种经济联系的跨界行动时，"国际"和"跨国"不能充分表达非空间特定过程发展并转换为空间特定过程的进程，不能够把握住全球—地方辩证关系的实质，而这无疑已经是经济全球化发展及其非均衡结果研究分析的先决条件（亨德森等，2002）。国际化强调实体间的跨国界合作，而全球化强调国家边界越来越不重要、各国之间的要素流动越来越自由。

（2）价值活动一体化。全球生产网络以价值链为纽带将空间分散的组织和分工有机结合，涵盖价值链所有环节的分工，不仅包括生产作业活动，还囊括了技术研发、后勤和采购、市场和销售、售后服务等各种活动，在全球范围内实现价值活动的整合，建立一体化、高依存的全球价值网络体系。使用"生产"而非"商品"的术语，是因为在现代经济学术语中，"商品"通常意味着标准化产品及生产在时间和空间上的固定性，所以商品虽然具备丰富的社会内容（包含消费的范畴），但无法突出以产品内分工和弹性生产为特征的当代国际生产方式。而全球生产网络研究对"生产"进程的偏向，将更多分析重点置于提供产品和服务并再造知识、资本和劳动力能力的"社会过程"。特别是在"生产"被表述为涵盖了中间和最终的市场、行动者、制度之间的权力博弈以及知识流动机制时，全球生产网络研究框架就比全球商品链考虑更多行动者之间关系的复杂性和地理差异。

（3）网络主体多样化。全球生产网络包括旗舰企业与子公司、附属企业和合资企业，以及供应商和分包商、分销渠道和增值经销商等（恩斯特等，2002），参与主体包括多个层级，其权利分配具有不对称性，且存在异质性，旗舰企业（领导厂商）在网络中居于核心位置。主体之间以互补性分工为基础、以互惠互利为原则，呈现多样化的合作关系，如合资、联盟、外包等，这种关系强调外部治理和共同治理模式，在组织治理上较为灵活、网络连接富有弹性。使用"网络"而非"链"的术语，是因为"链"的概念更强调商品或服务等价值链环节的一种垂直序列关系，侧重一系列经济活动在不同经济行为主体之间如何安排和切分，由于其单向线性关系，难以整合如劳动能力的再生产之类问题，而且排斥融入生产系统中的企业在网络中有自治活动的空间。"网络"则引入了空间集聚的概念，强调不同环节在纵向分离后，如何根据不同要素需求在全球范围内分布聚集，从而更好地描述了资本、知识、技术等关键要素流在生产者、消费者以及中间媒介之间的流通，强调了由各种要素流经水平、斜线、垂直等错综复杂的联系组织起来的动态的生产过程，形成多维度、多层次的经济活动框架和网络架构。相比较而言，"网络"在概念上更具包容性、实践性，而且在分析上更具合理性。

1.2 全球生产网络的理论渊源

全球生产网络的研究框架是建立在众多理论基础之上的，并处于不断地完善和发展中。不少学者对全球生产网络的理论渊源进行了总结和梳理，如 Hess and Yeung（2006）指出了全球生产网络研究框架四个主要的先驱理论：20 世纪 80 年代早期的战略管理的价值链框架，20 世纪 80 年代中期的经济和组织社会学的网络和嵌入观点，20 世纪 80 年代中期的科学和技术研究的行动者网络分析，20 世纪 90 年代中期的经济社会学和经济发展研究的全球商品链和全球价值链理论。

本书在参考他们研究成果的基础上，认为全球生产网络研究框架主要源自三类理论体系：分工理论、"链"研究的理论、以"网络"为中心的理论。图 1 - 1 显示了全球生产网络研究的演进过程。从时间角度看，分工理论主要包括 20 世纪 80 年代之前的传统劳动分工理论和传统国际分工理论，是全球生产网络研究框架最根本的元理论。"链"研究理论主要包括自 20 世纪 80 年代早期起出现的价值链理论、价值增值链理论、全球商品链理论、全球价值链理论，是全球生产网络研究框架最直接的先驱理论。以"网络"为中心的理论主要包括网络、嵌入和行动者网络理论，是全球生产网络研究框架重要的理论基础。本章介绍上述这些理论，以及其与全球生产网络研究之间的承接关系。

1.2.1 传统分工理论

分工是古典经济学的灵魂，被认为是效率和生产力的来源，也被一些经济学家作为经济学分析的逻辑起点。全球生产网络在本质上是一个分工问题，传统的分工与专业化理论是全球生产网络及其主要先驱理论的最根本基础，分工产生的经济效率是全球生产网络构建的最根本原因。尽管由于自身的局限性，在直接解释很多现实问题时面临困境，但是传统分工理论为全球生产网络的研究体系奠定了重要的理论基础。

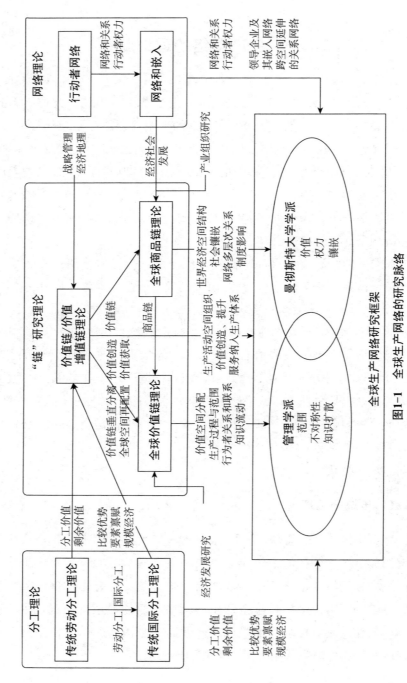

图1-1 全球生产网络的研究脉络

资料来源：本书作者绘制。

1.2.1.1　传统劳动分工理论

从传统经济学的发展历程看，从古典经济学、马克思主义政治经济学①到新古典经济学，都认识到了分工对劳动生产率的提高以及经济增长具有促进作用。古典经济学派是在农业型经济向工业型经济过渡的过程中产生的，对分工讨论的核心内容在于分工所带来的专业化，最具有代表性的人物是亚当·斯密。马克思主义政治经济学关注分工决定社会发展，代表性人物是卡尔·马克思等。新古典经济学理论以边际效用价值论代替了古典经济学的劳动价值论，其讨论的核心内容在于对资源的配置，出现了分工与规模收益递增的分析性的概念，典型的代表人物有阿尔弗雷德·马歇尔（Alfred Marshall）、阿林·杨格（Allyn Young）等。

（一）斯密的分工学说

最早对分工进行经济学分析的是亚当·斯密，1776 年在其代表著作《国民财富的性质和原因的研究》（简称《国富论》）中，斯密从企业的角度说明了报酬递增产生的过程，提出分工能使生产率提高并受到市场范围的限制，即"斯密定理"，并发展成为对后来国际分工和国际贸易理论产生重要影响的绝对优势理论。斯密定理作为古典主流经济学的理论核心，仍然被现代经济学家广泛用来研究现代经济问题，得出了很多重要的理论成果。但同时斯密定理的市场规模限制劳动分工假说也存在两难困境：分工累积以及以知识积累体现的技术变迁都属于动态范畴，必然导致垄断的出现，其与静态的竞争均衡是不相容的。

（二）马克思的分工学说

马克思在《资本论》（1867）中明确区分了社会分工和企业内部分工，并论述了分工能够提高劳动生产率的原因。分工与协作不仅可以大大提高生产率，而且从长期来看，还可以促进技术创新。马克思把社会产品按价值分为不变资本、可变资本和剩余价值三个部分，分析了价值的形成与实现过程和剩余价值的生产与分配过程。马克思关注分工决定社会发展，明确分工的核心在于不同的劳动者所从事的劳动有质的差异，提出分工决定

---

① 一般认为古典经济学不包括马克思主义政治经济学，但是后者受到前者的影响并建立在前者的基础上。

社会基本形态的论断。对于马克思来说，分工形态以生产工具来体现，而生产力水平取决于生产工具，即分工水平就是生产力发展水平，进一步地，生产力决定生产关系，从而整体上决定社会发展，这形成了分工形态决定生产关系和社会发展的基本逻辑。

（三）马歇尔的分工学说

马歇尔对分工经济理论的贡献主要体现在报酬递增与工业组织上。马歇尔以代表性企业为对象，从外部经济和内部经济两个方面，在工业布局、企业规模生产、企业经营职能三个层次分析了分工对报酬递增的积极作用。马歇尔发展了分工与效率的观点，并将分工与规模经济联系起来，作为大规模生产的一个优点来讨论。马歇尔对于斯密定理存在的两难困境的处理，关键是提出了外部经济的概念，但它的局限性在于其思想基础仍然是静态的、以供求均衡分析为基础、带有片面性，因此规模收益递增与竞争效率之间的两难也成了"马歇尔之谜"，更进一步的是，规模报酬递增与稳定的供求均衡互不相容，这一点马歇尔在其《经济学原理》（1890）的附录 H 中有一个专门的讨论。

（四）杨格的分工学说

杨格的《报酬递增与经济进步》（1928）代表了新古典经济学研究分工问题的最高成就。杨格用三个概念来描述分工：第一个是每个人的专业化水平，这种专业化水平随着每个人活动范围的缩小而提高；第二个是间接生产链条的长度；第三个是此链条上每个环节中的产品种类数。杨格对分工好处的看法相当接近当代的网络效应概念。杨格在斯密劳动分工思想的基础上提出了"迂回生产"和社会收益递增概念，认为最重要的分工形式是生产迂回程度的加强及新行业的出现。因此杨格使斯密定理真正系统化和动态化了，第一次论证了市场规模与迂回生产、产业间、分工间相互作用、自我演进的机制，这不仅与斯密和马歇尔研究的科学成果一脉相承，而且与马克思分工理论实现了对接。然而由于无法将思想数字化，该学说对经济演进制约因素的分析显得乏力。

1.2.1.2　传统国际分工理论

按照分工外延空间范围边界的不同，可分为国内分工和国际分工，因此很多劳动分工理论也涉及了国际分工理论。国际分工与国际贸易之间存在密切的关系，是一个过程不可分割的两个方面，国际分工的演化方向就是国际贸易理论的发展方向，二者是互为因果、互相促进的。国际分工问题一直受到经济学家的关注，提出各种理论，分析国际分工产生的原因及分工利得，是全球生产网络和其主要先驱理论的重要基础，可以为全球生产网络的形成提供较好的经济解释。在传统的国际经济学研究中，产业间贸易（Inter-industry Trade）和产业内贸易（Intra-industry Trade）是两类基本的国际贸易类型，与之对应的则是产业间分工（Inter-industry Specification）和产业内分工（Intra-industry Specification）①。

按照公认的理解，解释产业间分工和产业间贸易的理论属于古典和新古典贸易理论。古典贸易理论的典型代表即亚当·斯密的绝对优势理论（Theory of Absolute Advantage）、大卫·李嘉图的比较优势理论（Theory of Comparative Advantage），古典贸易理论以完全竞争市场等假设为前提，从劳动生产率的差异角度说明产业间分工和国际贸易；新古典贸易理论的典型代表即赫克歇尔（E. F. Heckscher）和俄林（B. Ohlin）的要素禀赋理论（Factor Endowment Theory），新古典贸易理论同样以完全竞争市场等假设为前提，但是从要素禀赋的差异角度说明产业间分工和国际贸易。

解释产业内分工和产业内贸易的理论属于产业内贸易理论（Intra-industry Trade Theory），典型的代表有雷蒙德·弗农（Raymond Vernon）的国际产品生命周期理论（International Product Life Cycle Theory），该理论将比较优势理论与资源禀赋理论动态化，将市场营销学中的产品生命周期理论与技术进步结合起来，阐述国际产业转移规律，对技术差异性产业内分工和贸易进行说明；保罗·克鲁格曼（Paul Krugman）等建立的新贸易理论（New Trade Theory）②，打破传统假设条件，引入规模报酬递增和不完全竞争，对水平差异性及同质性产业内分工和贸易进行说明；范尔威（R. E. Falvey）等的新要素比例模型（New-factor Proportion Approach），通过对 H-O 模型假设前提的调整，

---

① 本章内容主要参考《国际贸易理论与政策》（赵忠秀、吕智，2009）。
② 有的文献将产业内贸易理论和新贸易理论等同起来，本书采用狭义的新贸易理论概念，即新贸易理论是突破古典和新古典贸易理论范式、解释产业内贸易现象形成的国际贸易理论学说。

在产品特征与劳动和资本等基本要素的不同组合间建立关系来解释产业内贸易产生的原因，对垂直差异性产业内分工和贸易进行说明。在上述产业内贸易理论中，保罗·克鲁格曼等人建立的新贸易理论影响最大。

（一）绝对优势理论

亚当·斯密在其代表著作《国富论》（1776）中，在生产分工理论的基础上提出了对后来国际分工和国际贸易理论产生重要影响的绝对优势理论。绝对优势理论认为，国际贸易的基础是地域分工，国际贸易对参加贸易的各国都是有利的。一个国家会利用自己的绝对优势来集中生产某些种类的商品，然后通过与其他国家进行贸易来获取本国需要但不进行生产的商品。绝对优势理论有一定的局限性，无法对在任何商品的生产上都不具有绝对优势的国家如何参与国际分工和国际贸易做出解释。

（二）比较优势理论

大卫·李嘉图在其著作《政治经济学及赋税原理》（1817）中提出了比较优势理论。该理论是在绝对优势理论的基础上发展起来的，认为产品的比较优势来自于劳动生产率的相对差别，一国在相对劳动生产率较高的产品上具有比较优势，而在相对劳动生产率较低的产品上具有比较劣势。即使一国在每一种商品的生产上都比其他国家绝对地缺乏效率，它依然能够通过生产和出口那些与外国生产率差距相对最小的产品而在国际分工中占有一席之地；而在每一种产品生产上都具有高生产率的国家，也只能生产和出口生产率优势更明显的产品来获得分工和贸易利益。简言之，比较优势理论的国际分工原则是"两优相权取其重，两劣相权取其轻"。但是，无论是绝对优势理论还是比较优势理论，都存在着一些不符合国际贸易实际的情况，贸易经济学家继续研究并发展新的理论来解释国际贸易发生的原因、模式和利益分配问题。

（三）要素禀赋理论

20 世纪 30 年代，两位瑞典经济学家赫克歇尔和俄林提出了 H-O 模型，即要素禀赋理论，阐述了国家间要素禀赋的差异是国际分工与国际贸易发生的原因，在基于比较优势的国际贸易理论中占有主导地位。该理论认为在两个国家、两种要素、两种商品的基本假设条件下，每个国家将会因要素禀赋的不同而生产不同的商品，继而引发商品的国际流动。20 世纪 50 年代，美国学者萨缪尔森建立了要素禀赋理论的一般均衡形式，将要素禀赋理论模型化，因此该理论也被称为 H-O-S 理论。要素禀赋理论除了包括 H-O 定理之外，还包括要素价格均等化定理（Factor Price Equalization Theorem）、斯托尔珀—萨缪尔森定理（Stolper - Samuelson Theorem）、雷布钦斯基定理（Rybczynski Theorem），这四个定理被称为要素禀赋理论的四大定理。但是要素禀赋理论对贸易所做的预测，并不能完全用来解释现实的国际贸易状况，比如著名的里昂惕夫悖论（Leontief Paradox），这促进了新国际贸易和国际分工理论的进一步发展。

（四）国际产品生命周期理论

1966 年，雷蒙德·弗农发表了《产品周期中的国际贸易与国际投资》一文，首次提出了国际产品生命周期理论，将比较优势理论与资源禀赋理论动态化，将市场营销学中的产品生命周期理论与技术进步结合起来，很好地解释了"二战"后一些国家从某些产品的出口国变为进口国的现象，阐述了国际产业转移的规律，也很好地解释了技术差异性产品的产业内贸易。该理论将一个产品的生命周期划分为三个阶段：新产品引入阶段、产品成熟阶段、标准化生产阶段。该理论通过跟踪一种产品的生命周期轨迹，来决定它在何地进行生产。产品生命周期模型隐性解释了世界不同地方生产区位的形成与变迁，被视为经济地理模型的先驱。该理论的局限性在于很难解释研发活动不断全球化、新产品同时在多个市场上市、天生的全球性企业（Born-Global Firm）等世界贸易现象。

（五）新贸易理论

20 世纪 70 年代至 20 世纪 80 年代出现了一个解释产业内贸易模式的新理论：新贸易理论。新贸易理论打破了传统假设条件，引入了规模报酬递增和不完全竞争，用以分析产业内分工和贸易的成因。根据新贸易理论，如果某种产品的生产具有规模报酬递增的特点，并且这种产品属于差异产品，那么即使两国的资源要素禀赋、技术水平、偏好等均无差异，各国按照规模经济的原理，集中资源生产差异化产品，也会降低成本和价格，并通过对外贸易获取国际贸易利得。其中，同类产品的异质性是产业内贸易的重要基础，规模经济收益递增是产业内贸易的重要成因，经济发展水平是产业内贸易的重要制约因素。

由于新贸易理论涉及的范围广泛，建立不完全竞争模型要适用不同的条件是相当困难的，因此可能出现的模型数量就会明显多于传统贸易理论。其中，克鲁格曼（Krugman，1979）建立在迪克西特（Dixit）和斯蒂格利茨（Stiglitz）1977 年垄断竞争模型（D-S 模型）基础之上的模型，证明了当市场结构从完全竞争变为不完全竞争，达到规模报酬递增阶段的时候，即使两国间没有技术和要素禀赋差异，产品水平差异性和规模经济也可推动国际贸易，增加两国的福利。克鲁格曼的垄断竞争模型主要研究水平差异性产品的产业内贸易，简单易懂，已成为新贸易理论的奠基石。此外，兰卡斯特（Lancaster，1980）基于产品特性和消费者偏好建立了产品差异模型，主要也是研究水平差异性产品的产业内贸易。布兰德（Brander）和克鲁格曼在 1983 年构造了一个"相互倾销模型"（双垄断模型），以解释同质性产品的产业内贸易现象，该模型为两国相互倾销的行为提供了解释途径。

（六）新要素比例模型

范尔威（1981）等人通过对 H-O 模型假设前提的调整，在产品特征与劳动和资本等基本要素的不同组合间建立关系来解释产业内贸易产生的原因，被称为新要素比例模型。该模型假定在初始要素禀赋（资本和劳动）不同的国家中，资本在行业之间不能流动，并且至少有一个行业生产质量不同的垂直差异化产品，此外还假定消费者总是偏好高质量的产品品种，但其选择行为受到收入的限制。产品的质量用生产中所使用的资本与劳动的比率来表示，该比率越高，表示该产品的质量越高。资本相对丰富的国家将出口质量较高的产品，劳动力相对丰裕的国家将出口质量较低的产品，由此形成的产业内贸易实质上还是垂直分工的结果。新要素比例模型主要研究垂直差异产品的产业内贸易，在对传统贸易理论的最小偏离下，解释了产业间和产业内的贸易模式。

1.2.1.3 传统国际分工理论的局限性

20 世纪 80 年代以来，全球贸易和生产获得了飞速发展，国际分工与贸易的内涵也发生了显著的变化，其中最重要的一个变化就是越来越多的国家通过国际垂直专业化（International Vertical Specialization）①，运用本国的

---

① 目前关于国际垂直专业化的概念还没有形成统一的定义，类似的术语包括垂直专业化、产品内分工、生产分散化、生产的非一体化、生产分享、外包、价值链分割模块化生产网络等。

要素禀赋和技术专门从事某种产品某一工序的生产，形成了所谓的产品内国际分工，继而引发了大量的中间商品贸易（产品内国际贸易）。全球分工体系经历着深刻变革，呈现产业间分工、产业内分工、产品内分工多层次并存的崭新格局，而且产品内国际分工和贸易增长迅速，其影响力也越来越大。

标准贸易理论大都研究最终产品的分工和交换（Arndt，1997），以产品不可再分性作为暗含前提，在理论构架层面对产品内国际分工缺乏关注和重视，在对当代企业经营管理和经济发展现象提供理论解释方面表现出局限性。虽然很多学者在传统国际贸易理论框架下对国际垂直专业化进行研究，比如 Sanyal 和 Jones（1982）、Hummels（1999）和 Deardorff（2001）等使用李嘉图模型来解释国际垂直专业化分工和贸易的原因和模式，Feenstra 和 Hanson（1996）、Arndt（1997）、Deardorff（2001）在要素禀赋理论的 H-O 模型框架下分析了国际垂直专业化，Jones 和 Kierzkowski（1990，2001）、克鲁格曼（1991）等也基于新贸易理论解释了国际垂直专业化分工，但是传统国际分工理论对产品内贸易问题缺乏系统性研究。这与产品内国际贸易在当代现实经济生活中的重要性程度相比，存在明显反差。

因此 20 世纪 90 年代以来，经济学界很多学者试图建立新的理论体系和研究框架。其中比较著名的是 2004 年北京大学中国经济研究中心的卢锋教授在《产品内分工》中提出的产品内分工概念，把这一新分工形态提升到经济分析更为基本的层面加以探讨和认识，考察其发生源泉、决定因素和发展动因等问题，刻画和分析当代国际分工基本层面从产品深入到工序的特点。然而到目前为止，由于这些理论体系比较新且尚未成熟、缺少足够的证据来评判其准确性或价值，并没有形成一个被普遍接受的统一概念，而且建立在不同概念基础上的研究侧重点也各不相同，因此包括产品内分工在内的这些新理论尚未成为国际经济学界的主流概念。

1.2.2　"链"研究理论

与上述新国际分工理论时间比较滞后相比，在经济学与管理学、社会学交叉领域，很多学者对当代国际分工和经济发展现象的研究时间要更早、研究成果的影响也更为广泛。20 世纪 80 年代以来，经济全球化在微观企业运行层面的一个重要表现是与产品内分工生产方式推广深化相适应的，出现了一系列新的具有革命性的管理和运营方法，并在管理学战略竞争和其他相关领域，提炼出一系列相应概念（卢锋，2004）。价值链、价值增值链、全球商品链、全球价值链这些"链"研究的理论，超越了一国完成特定产品生产全过程的假设，以生产区段国际分工和全球组合为基本着眼点，对当代国际分工和经济发展提出更为深入的理论解释，是全球生产网络研究框架最直接的先驱理论。

1985年，迈克尔·波特在《竞争优势》一书中提出了价值链的分析框架，认为企业在竞争中的优势，是在价值链某些特定的战略价值环节上的优势。价值链分析的基础是"价值"，其理论渊源可以追溯到古典经济学的分工价值和马克思主义的剩余价值；竞争优势理论则继承了传统国际贸易理论中的比较优势、要素禀赋、规模经济等理论，并进行了理论上的归纳、总结和完善。科古特（Kogut，1985）采用价值增值链的概念分析国际战略优势，这比价值链的概念更能反映价值链的垂直分离和全球空间再配置之间的关系。格里芬等（Gereffi and Korzeniewicz，1994）将价值链分析法与产业组织研究结合起来，提出全球商品链的研究框架，对全球商品链的内部结构关系及其领导企业如何形成和控制商品链的问题进行了集中探讨。格里芬等（2001）进一步提出了全球价值链的理论框架，特别地将价值链的概念与发展中国家相联系，揭示了全球产业的动态性特征，考察价值在哪里、是由谁创造和分配的。

1.2.2.1 价值链理论

1985年，波特在《竞争优势》一书中提出了价值链的分析框架，价值链分析的基础是"价值"，其理论渊源可以追溯到古典经济学的分工价值和马克思主义的剩余价值。波特认为，企业的价值创造是由许多活动构成的动态过程，不同活动在价值创造过程中的作用不尽相同，分为基本活动以及支持性活动两大类。基本活动指一般意义上的生产运营环节，有五种基本类型：内部后勤、生产作业、外部后勤、市场和销售、服务。支持性活动指为基本活动的运行提供支持的活动，分为四种基本类型：采购、技术开发、人力资源管理、企业基础设施。以上每一种类型又可根据产业特点和企业战略划分为若干显著不同的价值活动。这些互不相同的活动在公司价值创造过程中是相互联系、互为影响的，由此构成公司价值创造的行为链条，这就是价值链。价值链将客户、供应商和企业分解为既分离又相关的行为群体，并将一个企业分解为战略性相关的许多活动。波特对比较优势、要素禀赋、规模经济等理论进行了归纳总结，提出了竞争优势理论，竞争优势理论认为企业在竞争中的优势，是在价值链某些特定的战略价值环节上的优势。赢得竞争优势的企业往往比其竞争对手更出色、更廉价地开展这些重要的战略活动。

波特还将研究延伸到不同企业之间的经济联系，把战略规划的视野延伸至整个产业上游的研发、设计，中游的零组件制造与组装，下游的广告、分销与服务的全过程，提出价值链分析包括企业内部价值链和产业价值链乃至价值体系（Value System），价值体系包括供应商价值链、企业价值链、渠道价值链和买方价值链，这突破了单个企业的界限，被认为是全球价值链概念的基础。

价值链分析框架在被赋予空间概念之后，为全球生产网络研究框架提供了一个关键的分析概念，明确揭示了在不同的空间结构中价值怎样被创造、提升和获取。价值链分析还揭示了构成经济生产活动主体的制造业和服务业的不可分性，服务业在现代经济中的重要性决定了这将是全球生产网络研究的一项重要任务。

1.2.2.2　价值增值链理论

科古特（1985）在《设计全球战略：比较与竞争的增值链》中采用价值增值链的概念分析国际战略优势，将价值链概念用于分析企业在全球产业的竞争定位和战略性布局决策，从而价值链的概念开始扩展到区域和国家，从某种意义上说更加体现了价值链的垂直分离及其与在全球范围内重新配置之间的关系。科古特也把价值增值链表述为一个过程，即厂商把技术与投入的原料和劳动结合起来生产产品、进入市场、销售产品的价值增值过程。在这一过程中，单个厂商或许仅仅参与了某一环节，或者厂商将整个价值增值过程都纳入了企业等级制的体系中，厂商的各种活动与技术都会同其他公司发生联系。科古特还认为，国际商业战略的设定形式实际上是国家的比较优势和企业的竞争能力相互作用的结果。当国家的比较优势决定了整个价值链条各个环节在国家或地区之间如何配置的时候，企业的竞争能力就决定了企业应该在价值链条上的哪个环节和技术层面上倾其所有，以便确保竞争优势。

与波特的价值链观点相比，科古特的这一观点比波特更能反映价值链的垂直分离和全球空间再配置之间的关系，因而对全球价值链观点的形成至关重要。科古特强调一家企业不可能在商品生产的每一个环节上均具有较强的竞争能力，同样，一国也不可能在商品生产的每个阶段都具有比较优势。企业竞争能力集中体现在该企业按照自身竞争优势而选择的价值链环节，国家比较优势在价值链上如何体现则取决于国家或地区之间资源有效配置的状况。

从全球生产网络研究的角度来看，价值链和价值增值链理论的局限在于对嵌入在链中的企业权力、基于企业活动建立的机构之间的关系和对企业的影响、地域布局及其对经济和社会发展不对称性的深刻影响，都缺少关注。因此，价值链和价值增值链理论与经济发展研究的相关性很小（亨德森等，2002）。

1.2.2.3　全球商品链理论

格里芬等（1994）将价值链分析法与产业组织研究结合起来，提出全球商品链的研究框架，对全球商品链的内部结构关系及其领导企业如何形成和控制商品链的问题进行了集中探讨，认为技术、制度、组织革新以及管制环境决定并改变了产业结构及产业领导企业的权力，从而决定着全球价值链治理结构的演变。格里芬等认为全球商品链应该包括以下内容：通过一系列国际网络将围绕某一商品或产品而发生关系的诸多家庭、企业和政府等紧密地联系到世界经济体系中，这些网络关系一般具有社会结构性、特殊适配性和地方集聚性等特性，任一商品链的具体加工流程或部件一般表现为通过网络关系连接在一起的节点或一些节点的集合，商品链中任何一个节点的集合都包括投入（原材料和半成品等）组织、劳动力供应、运输、市场营销和最终消费等内容。格里芬等还区分了两类全球商品链：购买者驱动（Buyer-driven）和生产者驱动（Producer-driven）。通过比较生产者驱动型全球商品链中的非市场外部协调和传统的垂直一体化企业的内部协调，格里芬指出了生产者驱动在促进商品链中各国产业共同进步的重要作用。格里芬（1995）强调全球商品链研究包括四个层面：①投入—产出结构，②地域性，③治理结构，④制度框架。

全球商品链概念包括了除贸易协会及其他非政府组织外、与企业间内部网络及经济社会发展有关的大部分要素，着重于全球生产组织的动力机制研究，其贡献在于努力运用一些世界系统范畴来解释企业的跨界交易及发展关系，并通过嵌入在全球企业之间和内部网络关系之间的合作权力结构，突破了国家中心论在公司商务管理与组织及跨国公司对区域经济和社会发展影响研究方面的限制，进而为全球生产网络研究拓宽了研究范围。

然而，格里芬和他的大多数合作者并没有完全延续全球商品链概念主线，而是将研究特别集中于全球商品链的治理维度和购买者驱动、生产者驱动两种极端类型的差别研究，有部分研究关注投入—产出结构关系（仅限于服装和鞋类产业），而对其余分析层面很少关注。但是，全球商品链的购买者驱动和生产者驱动的分析框架也不能充分区分实证研究所揭示的不同的网络形态（格里芬等，2005）。此外，格里芬学者的理论未能突出强调价值链上各企业在价值创造和价值获取方面的重要性。

1.2.2.4 全球价值链理论

随着全球生产和贸易网络的复杂化及其研究的进一步深入，格里芬等（2001）进一步提出了全球价值链的理论框架，特别地将价值链的概念与发展中国家相联系，用于弥补早期全球商品链分析框架的不足，最终为全球生产网络研究奠定了重要基础。从研究侧重点比较，全球价值链更强调生产的投入产出过程、价值的空间分配和领先企业对链条治理的主导权，侧重生产组织的上下层级关系，揭示了全球产业的动态性特征，考察价值在哪里、是由谁创造和分配的。

全球价值链研究的里程碑事件是 2001 年在 *IDS Bulletin* 杂志上推出的一期关于全球价值链的特刊——《价值链的价值》（*The Value of Value Chains*）。格里芬和该领域研究者等从价值链的角度来分析经济全球化过程，把商品和服务贸易理解成治理体系，认为对于发展中国家的企业和政策制定者而言，理解价值链运作的意义尤为重要，其原因就在于全球范围内企业不断融入价值链并获取必要技术能力和服务支持的过程即是全球价值链的形成过程。在特刊中，许多学者从全球价值链的治理、演变和升级等多个角度对全球价值链进行了系统的探讨和分析，并由此建立起全球价值链的基本概念及其基本理论框架。

全球价值链视野拓宽了对全球经济一体化现象的分析，体现在以下四个方面：①研究重心从制造转移至商品和劳务供应链中的其他环节，包括分配和营销；②链内不同行为者之间的关系及其对发展的启示；③组织间联系的观点使正式或非正式工作与劳动者之间的关系分析变得更加容易，特别是对发展中国家而言；④对链条内所有环节与过程（而非仅仅生产）及其活动的关注，有助于确定如何在市场中通过不完全竞争和片断化以提高市场回报。

1.2.2.5 "链"理论的局限性

价值链和价值增值链、全球商品链、全球价值链，在系统分析产品生产过程组织与联系时都脱离不了抽象的"链"（Chain）的隐喻。"链"描绘的是商品和服务的交付、消费、维护活动的一种垂直序列关系，而实际上不同的价值链经常共享共同的经济行动者，链是动态的、被持续不断地重用和重新布局；而网络（Network）强调一系列组成更大规模经济集团的企业间关系的程度和范围（Sturgeon，2001）。"链"研究侧重一系列经济活动在不同的经济行为主体之间如何安排和切分，它的一个主要缺陷是它将生产和流通过程从根本上视为垂直的和线性的。实际上，这些过程更应该被归纳为高度复杂的网络架构，这些网络架构存在着水平的、斜线的、垂直的等错综复杂的联系，形成多维度、多层次的经济活动框架。因此，一个明确以"网络"为中心的研究方法将确保提供对生产系统的更好的理解（亨德森等，2002）。

1.2.3 网络、嵌入和行动者网络理论

1.2.3.1 网络和嵌入理论

自 20 世纪二三十年代开始，社会网络分析就是社会学家较为关注的问

题，主要集中于社会互动作用并将其作为社会构成的微基础。到 20 世纪 80 年代中期，格兰诺维特（Granovetter，1985）开始将经济活动嵌入社会关系网络中予以研究，认为核心的社会结构就是人们生活中的社会网络，嵌入的网络机制是信任；信任来源于社会网络，嵌入社会网络之中。以后经济社会学、企业组织研究和战略管理等学科开始大量关注网络和嵌入，但其向经济地理领域的扩散依然相对缓慢。直到 20 世纪 90 年代初期，迪肯和斯威夫特（Dicken and Thrift，1992）对特定区域进行相关实证分析，才使得经济地理学家们在对企业及其生产活动的地理空间分析方面重视网络和嵌入研究。到 20 世纪 90 年代末期，经济地理学中网络和嵌入的概念已经成为全球生产网络研究框架的一个分析基石。

1.2.3.2　行动者网络理论

但经济地理学在对网络联系结构的嵌入研究中同样产生诸多问题，最主要的是对地理空间中活动主体如企业角色的忽视（Hess and Yeung，2006），因此经济地理学家开始致力于更好地了解网络及其组成部分的实质、特性和构成，科学和技术研究领域自 20 世纪 80 年代中期发展起来的行动者网络分析（Callon，1986；Latour，1987，1999；Law，1987，1999）变得非常有用。行动者网络理论强调在多样化的网络中对象和机构的关系，并认为网络中的实体是通过与网络中的其他实体之间的关系和连接形成的（Law，1999）。对全球生产网络的研究来说，这意味着空间和距离并不是绝对的，而是作为影响、权力、连接的"空间领域"和关系范畴。行动者网络理论抛弃了二元论，将行动者网络的特点描述为异构网络或技术—经济网络、人类和非人类的集合、异构物质的模式网络、混合集体，因此可以顾及支撑和影响经济活动的重要技术元素。行动者及其关联关系这个构想打破了以往经济地理学中更多关注企业间彼此经济联系的研究思路，开始在更大社会范畴内思考企业组织及其空间效果。

行动者网络理论尽管提供了非常好的研究方法，也已经被全球化和生产研究所采用，但是其对经济发展分析的贡献是受约束的。因为实际上，行动者网络理论缺少对必然形成生产网络的结构上的先决条件和权力关系的评论（迪肯等，2001）。在迪肯、亨德森等所建立的全球生产网络分析框架中，亦将行动者视为网络的组成部分而非单独个体，只有通过这个网络组织，行动者才能实现网络活动的跨空间运作（Hess and Yeung，2006）。

1.3　全球生产网络的研究框架

管理学派和曼彻斯特大学学派都将全球生产网络的基本概念表述为以一定正式的规则（契约），通过网络参与者等级层次的平行整合进程来组织跨企业及跨界价值链的一种全球生产组织治理模式。因此与全球价值链和全球商品链的分析比较，全球生产网络研究将不同的价值链分析进行整合，形成统一的分析框架，其研究注重不同环节在价值生产方面的差异并赋予其空间概念，更重视全球化发展进程中的"地方化"，以及与之相互影响的全球和区域的作用机制与作用效果，为全球生产组织提供了更好的理解和理论支撑。

但二者对全球生产网络采取了两条平行的研究途径，其研究内容也不尽相同。比较而言，恩斯特等更多地延续了全球价值链的研究路线，具有较为浓厚的管理学色彩。恩斯特等认为全球生产网络有三个本质特征：范围、不对称性、知识扩散，侧重分析承担不同生产功能的企业网络组织关系和网站中的生产范围；在强调旗舰企业核心作用的同时重视网络中的互赖关系和权力非对称关系研究，认为网络中行动者之间的权力支配关系是动态变化的；并提出了 R&D 以及技术转移在全球生产网络成长中的作用，重视网络中以旗舰为主导的知识扩散、知识的流动与共享及其对本地供应商的能力升级和地方产业升级与发展的影响。

亨德森等的研究则主要秉承了全球商品链的内涵，具有较为深厚的社会学色彩。亨德森等突出了全球生产网络的三个要素——价值、权力、嵌入，更重视制度要素的作用，更注重价值提升与分配两方面的探讨，更致力于对融入产品和服务的生产及知识、资本和劳动力的再生产的整个社会过程的分析，强调在全球化与地方化的互动中实现地方发展和社会福利提升；认为生产网络中的控制和协调是在市场机制调节下通过企业特别是跨国公司"阶层控制机制"作用来完成的，更加强调权力的层级支配关系；并认为地方发展是领先企业及其供应商全球功能布局的结果，强调地方对全球化发展的呼应。

1.3.1　管理学派的研究框架

恩斯特等对全球生产网络的研究是基于电子和信息技术产业进行的，恩斯特和金姆（Ernst and Kim，2002）提出了一个概念性框架探讨全球生产网络的演变与网络旗舰在知识转移扩散中的作用以及与地方供应商能力形成之间的关系。恩斯特等认为全球生产网络是国际商务中的一个重大组织创新，全球生产网络通过一个平行的过程整合不同等级层次的网络参与者，使跨企业与国家边界的分散化的价值链集中起来。全球生产网络"包括旗舰企业与子公司、附属企业和合资企业，以及供应商和分包商、分销渠道和增值经销商，还包括其研发联盟和一系列合作协议，如标准联盟"，如图 1 - 2 所示。

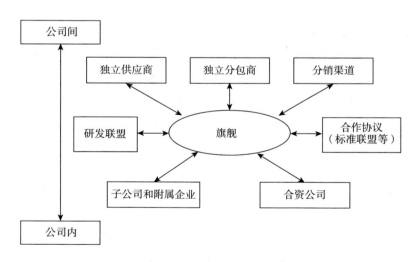

图 1 - 2　恩斯特等提出的全球生产网络节点组织

资料来源：Ernst，D. and Kim，L.，"Global Production Networks，Knowledge Diffusion，and Local Capability Formation"，*Research Policy*，2002，31：1417 - 1429.

1.3.1.1 旗舰厂商

全球生产网络内行为主体具体可以分为两种类型：一类是在网络中居于支配地位的旗舰厂商（Flagships），另一类主体被称为本土供应商（Local Suppliers）。全球旗舰厂商可以分为两类，一类为"品牌领导者"（Brand Leaders，BL），如 Cisco、GE、IBM 和 Dell 等，他们以自身为主导，在全球范围内配置资源，形成了自己的全球生产网络，以降低生产成本、产品差异化和贴近当地市场为目的，实现网络内企业间水平分工。另一类为"合同制造商"（Contract Manufacturers，CM），如 Solectron、Flextronics 等，他们主要是通过垂直分工，建立起自己的全球生产网络，为"品牌领导者"的全球供应链服务。旗舰厂商通常凭借技术、品牌等垄断资源在全球生产网络中居于核心位置，往往负责网络内的组织领导、战略制定、管理控制等重要工作，控制着战略性的价值链环节和增值活动，因而绝对的影响、控制网络中的其他企业。

1.3.1.2 本土供应商

本土供应商也可以分为两类：高层级供应商（Higher-tier Suppliers）与低层级供应商（Lower-tier Suppliers）。高层级供应商，如台湾宏基集团，在旗舰厂商与其他本土供应商之间起中介作用，它们直接与旗舰厂商接触，由旗舰厂商决定与全球生产网络相关的核心研发及整体营销战略制定等核心业务活动。但由于其拥有有价值的特定资源（技术、渠道）并建立起自己的子网络，因此在子网络中高层级供应商中处于核心地位。低层级供应商主要的竞争优势是低成本、速度和交货的灵活性，在业务上受高层级供应商支配，一般不与网络的领导厂商直接接触，在网络中处于附属地位。

恩斯特等的概念突出了两个重要的内容：①交易和协调形式从企业内向企业间的转移，②网络范围的日益扩大。全球生产网络将旗舰厂商自己的子公司、附属企业和合资企业与其分包商、供应商、服务支持者和战略联盟的合作伙伴联系起来。其中，领导企业（旗舰厂商）处于网络的中心地位，具有战略和组织领导权，其他成员在其直接的管理和控制之下。企业寻求全球化的驱动力来自三个决定因素的相互作用：技术、制度和竞争。

网络的主要目的在于为旗舰厂商提供快速和低成本的资源、效率、知识等与其核心竞争力互补的要素。

恩斯特等认为全球生产网络有三个本质特征：①范围，全球生产网络包括价值链的所有阶段，而不仅仅是生产环节；②不对称性，旗舰厂商主导和控制着网络资源和决策；③知识扩散，知识的共享是网络维持生长的黏合剂（恩斯特，2003）。其分析框架关注旗舰厂商的行为：资源的分配和创新。基于此，恩斯特等将研究重心放在全球生产网络中的生产范围、权力非对称关系、知识扩散（以旗舰厂商为主导的）以及本地供应商的能力升级和发展中国家的产业升级上，取得了非常丰富的研究成果。

1.3.2 曼彻斯特大学学派的研究框架

亨德森等（2002）对恩斯特关于全球生产网络的研究进行了评述，除了肯定其贡献外，也提出了其全球生产网络分析框架的不足。首先，其分析框架狭隘地集中于全球生产网络中主要旗舰厂商的作用，而缺少对网络供应商的关注。这在理论上和实践上都无法揭示全球生产网络中竞争成功的源泉。其次，其分析框架忽视全球生产网络中服务功能（从设计到营销）的作用，而服务功能对全球生产网络的可行性是至关重要的。最后，过多强调研究与开发、技术转移等正式机制的作用，而较少关注隐性知识的扩散作用。

亨德森等致力于提供一个与恩斯特相比更为严格和完整的分析框架，将全球生产网络作为一个概念框架，用于说明全球、区域、当地的经济和社会融入经济全球化的多种形态（但不意味着所有）的进程。全球生产网络连接产品和服务的生产、流转和消费环节，在组织上更为复杂，在地理区域内则更为全球化。这些网络不仅将厂商纳入同一个突破传统组织边界的组织框架，同时也使国别经济一体化深远地影响着各国的社会福利。其概念突出了全球生产网络的三个要素——价值、权力和嵌入以及四大维度——企业（Firms）、部门（Sectors）、网络（Networks）、机构（Institutions）。这也是亨德森等提出的全球生产网络分析的主要内容，如图1-3所示。

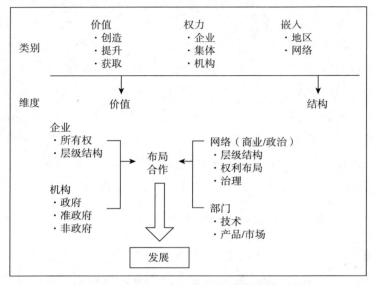

图 1 - 3　亨德森等提出的全球生产网络分析框架

资料来源：Henderson，J.，Dicken，P.，Hess，M.，Coe，N. and Yeung，H.，"Global Production Networks and the Analysis of Economic Development"，*Review of International Political Economy*，2002，pp. 436 - 464.

1. 3. 2. 1　价值

不仅包括马克思主义的剩余价值观点，也包括主流的经济租金观点。价值的创造、提升和获取是全球生产网络的核心内容。

（1）价值创造。包括两个重要问题：劳动能力在什么样的条件下通过劳动过程转化为实际劳动力，生产多种形式租金的可能性。

（2）价值提升。包括以下四方面内容：发生在给定的产业网络之内与外部的技术转移的性质及范围；网络内的领导企业与其他主要企业支持供应商和分包商提高产品质量和精密技术的程度；伴随着技术支持，给定劳动过程的技术需求是否随着时间的推移而增加；当地企业能否开始创建自己的组织租、关系租和品牌租。无论在什么情况下，国家机构（政府机构、工会、雇主协会）会对企业价值提升的可能性起决定性作用。

（3）价值获取。涉及三个方面的问题：政府政策、财产所有权的性质及法律决定着所有权结构及利润的回馈；企业所有权问题，涉及企业内资和外资的比例，以及合资企业的共享权益；企业的治理基础、利益相关者原则和股东优势原则会影响特定地点所产生的价值是保留还是用于公共福利。

1.3.2.2　权力

全球生产网络中权力的来源及其作用的方式对价值的提升和获取乃至发展和繁荣的前景起着决定性的作用。全球生产网络中主要有三种权力形态：企业权力、机构权力、集体权力。

（1）企业权力。全球生产网络的领导企业在企业权力方面占据垄断地位，拥有基于其自身利益做出相关决策及资源定位的能力。然而，如果权力总是在网络中不均衡分配，次级企业有时（也基于协同的原因）会有充分的自主权去发展和实践自己的升级战略。此外，至少在原则上，加入到产业网络的次级企业有可能联合其他的次级企业以提高该集体在全球生产网络中的地位。

（2）机构权力。全球生产网络中的机构包括国家和地方机构、国际组织（如 EU、ASEAN、NAFTA 等）、世界组织（如 IMF、世界银行、WTO 等）、联合国机构（特别是国际劳工组织）等。不同的机构在全球生产网络中所拥有的权力及所起的作用是不同的。

（3）集体权力。全球生产网络中特定区位的公共机构寻求对企业、各自的政府及国际组织等的影响。常见的集体机构包括工会、雇主协会，以及关注人权、环境保护等问题的非政府组织等。

1.3.2.3　嵌入

全球生产网络不仅通过职能和地域将企业联系起来，还联系着社会和空间安排的各个方面；不仅影响嵌入网络的企业的战略、价值和优先权，还影响着管理者、劳动和社会的期望。全球生产网络中的嵌入有两种形态：地域嵌入、网络嵌入。

（1）地域嵌入。全球生产网络并不仅仅定位在特殊的地点，其区域的定位会受地方已有经济活动和社会变迁的影响。如领导企业会利用地方产业集群中小企业的社会网络和劳动力市场建立其分包或附属业务。此外，领导企业的区位选择会卷入已有的企业并吸引新的企业加入，从而产生新的地方或区域的经济和社会关系网络。因此，嵌入成为区域经济发展和获取全球机会的关键因素。同时，国家和地方政府政策（如税收、培训项目）会对嵌入产生影响。地域嵌入的模式决定着地方企业在全球生产网络中的地位和权力，从而对企业价值创造、提升和获取产生重要影响。

（2）网络嵌入。全球生产网络不仅以地域嵌入为特征，还包括网络成员之间与其原地域无关的联系，特别涵盖了"架构（Architecture）"、关系的持久性和稳定性、正式和非正式的机构以及全球生产网络作为一个整体的结构及其演化等方面的内容。网络嵌入可以被认为是网络成员之间建立信任过程的产物，对成功和稳定的关系起着重要的作用。

亨德森等在方法论上直接关注：①网络中的企业融入特定产品的研发、设计、生产和营销中及其在全球和区域范围内的组织；②网络中企业权力的分配及其变化；③劳动力的重要性以及生产网络中价值的产生和传递过程；④政府机构、工会、雇主联盟和非政府组织等对融入产业网络的企业战略的影响；⑤以上所有这些因素对嵌入网络的不同企业和社会的技术升级、价值增值及获取、经济繁荣等的影响。在研究内容上，亨德森等更致力于对融入产品和服务的生产及知识、资本和劳动力的再生产的整个社会过程的分析。

1.4　国内外其他学者关于全球生产网络的研究

与管理学派相比，曼彻斯特大学学派提出的全球生产网络研究框架更为完整、研究内容更为全面，为经济全球化研究提供了更为通用和广阔的视野。尤其对于中国这样从计划经济转向市场经济的国家而言，制度要素及传统体制的"惯性"影响作用依然突出，企业在生产过程中面临政治、社会、文化等各方面的问题。因此本章主要以曼彻斯特大学学派的研究框架（价值、权力、嵌入）为主线，同时结合管理学派研究关于企业网络及地方在知识流动中的升级等内容，对国内外其他学者[①]在理论、实证和案例

---

① 恩斯特、亨德森等的部分研究成果在前文已有说明。

各方面关于全球生产网络的研究，进行概要总结和评述。

1.4.1　国外学者关于全球生产网络的研究

在价值链和产业升级方面，Humphrey 和 Schmitz（2002）提出了四种产业升级的类型：流程升级、产品升级、功能升级、跨行业升级。Taudes 等（2002）研究了产业网络内的组织学习机制。Bair 和 Gereffi（2003），Palpacuer 和 Parisotto（2003），Coe 和 Hess（2004），Liu 等（2006）研究了全球范围内价值创造和产业升级的多层级过程。Gereffi 和 Memedovic（2003）通过服装产业研究了发展中国家产业升级的前景。Schmitz（2004）和 Gereffi 等（2005）通过其全球价值链分析框架研究了关于产业升级、价值创造、价值增值和获得的过程。Parthasarathy 和 Aoyama（2006）通过研究印度班加罗尔软件业的发展，试图证明研究非正式的全球生产网络有助于我们认识全球经济中的地方升级。

在组织结构和权力分配方面，Levy（2005）研究了全球工厂在全球生产网络中的霸权地位。Roper 和 Grimes（2005）研究了信息通信技术在全球生产网络背景下不同城市信息通信技术产业发展的特征。Hess 和 Coe（2006）以电信产业为例，强调权力和嵌入在塑造生产网络组织和空间性时发挥了核心作用。Sally（2006）关于斐济服装产业全球生产网络嵌入的研究，通过对生产网络发展和转型作为动力进程的分析强化了权力非对称这一观点。

在地域和网络嵌入方面，Smith 等（2002）和 Bair（2005）说明了应当对全球生产网络企业运作的文化、政治和制度环境有新的认知。Depner 和 Bathelt（2005）通过研究上海汽车集群中的供应链，阐述了德国公司是如何在一个不熟悉的制度和文化背景下克服运行困难的。Liu 和 Dicken（2006）以中国汽车产业为例，揭示了中国政府如何利用制度力量使得国外投资者"被动嵌入"到国家经济体系中。Hess 和 Rodrigue（2006b）提出需要研究全球生产网络中物流与运输的作用并对美国地理协会成员已有的研究做了简单介绍。Yeung（2009）则以东亚地区为例，研究了区域发展和全球生产网络竞争力的变迁之间的关系。

1.4.2 国内学者关于全球生产网络的研究

全球生产网络研究在国内是一个新的研究领域，但已经产生了很多研究成果，特别是在地区和产业升级方面，国内很多学者针对国内不同地区和行业，采用实证或案例分析的方法，研究了全球生产网络内的区域地位升级以及相关的产业升级问题。

在价值链和产业升级方面，刘德学等（2006）分析了全球生产网络下中国加工贸易企业的转型升级问题。蒲华林、张捷（2008）以汽车行业为例分析了全球生产网络的特定产业特点。唐海燕、张会清（2009）实证分析了中国制造业在新国际分工体系和东亚生产网络中的地位和价值链提升。赵林飞、顾庆良（2010）结合对中国纺织服装业的调查，探讨了全球产业网络下的工资水平与产业升级关系。

在组织结构和权力分配方面，苏桂富等（2005）分析了全球生产网络的治理机制。卜国琴（2007）分析了全球生产网络治理模式对加工贸易升级的影响。李健、宁越敏、汪明峰（2008）以计算机产业全球生产网络为例，探讨了全球生产网络的一般组织框架，研究了网络的价值分配及空间竞争。朱彤、孙启俊（2008）选择不同的行业分析跨国公司的全球化生产模式。周习（2011）对全球价值链的治理模式进行了比较分析。

在地域和网络嵌入方面，高菠阳、刘卫东、Glen Norcliffe、杜超（2011）以中加自行车贸易为例，探讨了国际贸易壁垒如何影响了全球生产网络的组织模式和空间特征。李健、宁越敏（2011）总结了全球生产网络研究框架的相关理论，提出了一个基于全球化的地方发展研究框架。刘春生（2011）研究了全球生产网络背景下中国对外开放的路径选择。

1.5 简评与展望

从上述研究文献的介绍中可以看出，在过去的 20 年中，国内外不同学者从不同的角度，对全球生产网络进行了大量深入的理论、实证和案例研究，使我们对全球生产网络的研究框架和要素等有了深刻理解。但是从现有研究成果来看，还存在很多不足，这也是本书建议全球生产网络未来研究的重要方向。

首先，全球生产网络的理论框架还不够系统和完善。具体表现在：①全球生产网络研究框架尽管有明显成熟的理论外形，但仍然只是一个"研究框架"而没有一套系统的方法论工具以实施这个研究框架；②全球生产网络研究依然面临企业组织管理和社会制度文化层面整合的挑战，即管理学派和曼彻斯特大学学派的融合和平衡；③全球生产网络的理论基础需要纳入更多新的国际贸易理论，比如新兴古典贸易理论、新新贸易理论等，这可以对世界经济现象做出更好的解释。

其次，全球生产网络的研究内容还很不全面。具体表现在以下几点。①对全球生产网络微观层面的细致研究还比较少。现有研究以面向宏观的国家、地区、产业层面的分析为主，比较缺少企业层面的数据支持，缺少从企业角度分析跨地域跨产业的业务布局和网络整合问题。②过多强调链和链的基本活动（特别是生产环节）。尽管全球生产网络框架包括了价值链的所有环节，但是在实证分析中还是缺少对支持性活动的关注，尤其是对生产性服务业研究很少；此外，现有研究多以某一具体的价值链或商品链为主，缺少对不同的链进行分析整合，对"网络"的内涵强调不够。③产业研究的广度和深度还需要拓展。现有产业研究以汽车、电子/通信、软件、服装、玩具等为主，缺少对一些新兴、高端、关键性基础性行业，如医疗器械、新能源、航空、航天、船舶、机车、数控机床等产业的研究；此外，现有研究以整机产品为主，缺少对发动机、控制器等核心零部件产业的关注。④区域研究的广度和深度也需要加强。现有研究以地区—全球、发展中国家—发达国家之间的联系为主，对中国而言缺少与新兴工业国家，特别是"金砖国家"之间的比较、分析和互动关系研究；此外，由于中国幅员辽阔、地域发展不平衡，不同地区嵌入全球生产网络的方式也必然有所不同，现有研究对中国国内地区的差异性缺乏充分的关注。

最后，对全球生产网络运行环境的动态性关注不够。由物质和经济社会组成的"系统"或"世界"是全球生产网络形成、运行和演变的最基础环境，现有研究多是以基础环境是相对静态的、贸易规则是相对稳定的为前提进行全球生产网络分析的。而近几年发生的美国金融危机、欧洲债务危机、日本核事故、泰国洪灾、北非和中东政局动荡等重大事件，必将对全球政治、经济和贸易环境产生深远影响。后危机时代是衰退与复苏交替、缓和与动荡并存的时代，全球经济环境不稳定性和不确定性特征日益凸显，国际贸易利益纷争愈演愈烈，国际贸易政策也具有明显的不确定性特征。在后危机时代，当前全球生产网络的地区、产业格局日后是否产生新变化？是否有新的格局在现有框架中产生？现有研究成果能否经得起新形势下全球生产网络变化的验证？目前对这些问题的关注都比较少。

中国加入世界贸易组织之后，已经迅速融入全球生产网络之中，对全球生产网络的依赖度不断提高。基于当前全球生产网络研究取得的成果和存在的不足，本书建议应该继续完善全球生产网络理论框架，拓展全球生产网络研究范围，并加强对全球生产网络的动态性分析，这对当前形势下中国如何落实"稳增长、扩内需、调结构、促改革"的总体政策方针，提升国际竞争优势，具有重要的理论价值和积极的现实意义。

第2章
全球生产网络微观研究的理论基础

　　本书在第 1 章指出，现有全球生产网络研究成果在理论框架、研究内容和动态性关注等方面存在很多不足。特别是当前国际贸易研究已经细化到企业层面，然而现有的全球生产网络微观层面的研究还比较少，全球生产网络的研究内容还不是很全面。本书将在第 2 章、第 3 章遵循亨德森等提出的全球生产网络分析框架，侧重从微观研究的角度，提出全球生产网络的理论基础和研究框架。第 1 章介绍的全球生产网络研究的基础理论，包括传统劳动分工理论和国际分工理论，价值链理论，价值增值链理论，全球商品链理论，全球价值链理论，网络、嵌入和行动者网络理论，都是全球生产网络微观研究的重要理论基础。本章将重点介绍跨国公司理论、新兴古典贸易理论、新新贸易理论这三个全球生产网络微观研究的重要理论基础，并阐述它们对全球生产网络经济现象的理论解释。

2.1　跨国公司理论

2.1.1　传统跨国公司理论

　　早期的跨国公司理论主要建立在交易成本理论的基础上，从微观层面围绕研究企业"为什么要进行对外直接投资（FDI）""为什么能够成功对外直接投资""选择什么样的区位进行直接投资"这三个基本核心问题而展开，由此形成了一些具有代表性的跨国公司理论，比如垄断优势理论

（Hymer，1960；Kindleberger，1969）、产品生命周期理论（Vernon，1966）、内部化理论（Buckley and Casson，1976）、生产折中理论（Dunning，1977，1979，1998）等。这些理论是在跨国公司出现的早期形成和发展起来的一系列对外直接投资理论，且其研究对象主要针对的是发达国家的跨国公司，因此我们称其为传统的跨国公司理论。传统的跨国公司理论可以解释跨国公司在全球生产网络中一体化扩张行为的内在机制和条件，全球生产网络中生产区位的形成与变迁，跨国公司内部一体化的生产方式及其科层化治理模式等。

（一）垄断优势理论

垄断优势理论将产业组织理论中的垄断理论运用于跨国公司的对外直接投资分析，其出发点是市场的不完全性使跨国公司拥有垄断优势，因此跨国企业才能克服海外投资的附加成本，抵消东道国当地企业的优势，确保海外投资活动有利可图。该理论所提出的市场不完全性假定，成为当代跨国公司理论研究的重要基石。垄断优势理论对垄断竞争型，特别是寡头垄断型的跨国投资具有很强的解释能力，基本上反映了发达国家跨国公司扩张的主要特征，并将资本的跨国转移的分析从流通领域转向生产领域，有利于科学地揭示全球生产网络扩张行为的内在机制。

（二）产品生命周期理论

该理论将企业的垄断优势和产品生命周期以及区位因素结合起来，从动态的角度考察企业的海外投资行为，被视为经济地理模型的先驱。产品生命周期理论对一些公司遵循产品生命周期进行对外直接投资的原因做出了解释，并隐性解释了全球生产网络中生产区位的形成与变迁。

（三）内部化理论

内部化理论认为市场不完全的原因是市场机制存在内在缺陷，内部化的目标就是要消除外部市场的不完全性。该理论强调企业通过内部组织体系以较低成本在内部转移该优势的能力，并把这种能力当作企业发生对外直接投资的真正动因。在市场不完全条件下，跨国公司为了谋求企业整体利润的最大化，往往倾向于将中间产品特别是知识产品在企业内部转让，以内部市场来代替外部市场，从而避免外部市场不完全造成的损失，当内部化过程超越国界时便产生了跨国公司。从这个意义上来说，正是市场内部化的动机促成了跨国公司跨国界的内部网络，这在一定程度上解释了战后全球生产的迅速发展。

（四）生产折中理论

生产折中理论综合了前人的理论，系统说明了跨国公司对外投资的动因和条件，是传统跨国公司理论中最有影响力的理论。在生产折中理论的分析框架中，一个企业要从事对外直接投资必须同时具有三个优势，即所有权（Ownership）优势、区位（Location）优势、内部化（Internalization）优势，即OLI优势。生产折中理论不仅可以解释跨国公司的国际直接投资领域，也可以对跨国公司的整个国际经济活动、发展中国家跨国公司的对外投资行为做出解释。根据生产折中理论，跨国公司构建内部全球生产网络的行为即当跨国公司认为比竞争对手具有一定所有权优势，通过对海外区位的内部化开发能获得理想收益时，就会进行对外直接投资，跨国公司根据企业的战略动机将自身内部资源和区位优势在全球进行最佳匹配，从而帮助企业保持和加强竞争优势。

2.1.2　战略管理理论

战略（Strategy）一词最早从军事活动起源，战略概念发展成为企业管理的方法主要是在第二次世界大战之后，尤其是在战后初期的美国。美国哈佛大学的迈克尔·波特教授总结了早期战略思想阶段的三种观点：20世纪初法约尔提出的最早的企业战略思想，1938年美国经济学家巴纳德提出的战略因素的构想，19世纪60年代哈佛大学的安德鲁斯对战略进行的四个方面的界定。1962年美国著名管理学家钱德勒完成《战略与结构：工业企业史的考证》一书，该书首次分析了环境、战略与组织结构的相互关系，揭开了现代战略管理的序幕。1965年安索夫出版了第一本有关战略的著作《企业战略》，这成为现代企业战略理论研究的起点，此后出现了10多种不同的理论学派。20世纪80年代以来，经济全球化风起云涌，跨国公司纷纷以全球化为市场目标，市场的竞争环境发生了急剧变化，迫使人们对战略管理进行深入研究。西方经济学界和管理学界将企业竞争战略理论置于学术研究的前沿地位，从而有力地推动了企业竞争战略理论的发展，涌现出三大主要学派：行业结构学派、核心能力学派和战略资源学派。

（一）行业结构学派

行业结构学派的创立者和代表人物是波特。波特先后于 1980 年和 1985 年出版了《竞争战略》和《竞争优势》两本书，这两本书实现了产业组织理论和企业竞争战略理论的创新性兼容，并把战略制定过程和战略实施过程有机地统一起来。波特提出了行业竞争结构分析的"五种力量模型"：进入威胁、替代威胁、买方议价能力、供方议价能力和现有竞争对手的竞争。他运用五力模型说明了企业竞争优势的来源，并在此基础上了提出了三种基本竞争战略模式：低成本领先战略、差异化战略以及目标集中战略。波特提出了价值链的分析框架，在此基础上发展的价值增值链、全球商品链、全球价值链的概念，是全球生产网络研究框架最直接的先驱理论。

（二）核心能力学派

1990 年，普拉哈拉德和哈默（C. K. Prahalad and Gary Hamel）发表了《企业核心能力》，从此关于核心能力的研究热潮开始兴起，并且形成了战略理论中的"核心能力学派"。企业核心能力是一个组织内的集体学习能力，尤其是如何协调各种生产技能并且把多种技术整合在一起的能力，是企业最重要的战略资产，是企业长期竞争的优势之源，具有价值性、独特性、难以模仿性、延伸性、动态性和综合性等特点。核心能力学派认为，现代企业之间的竞争最终体现为核心能力的竞争。核心能力理论可以解释全球生产网络的规模、形态以及企业边界问题。比如随着资产专用性的逐步提高，在其他条件不变的情况下，交易的治理机制会逐步从市场过渡到企业网络，当资产专业性进一步提高时，企业科层制将进一步替代企业网络；当企业间的能力是互补但不相似时，交易将通过企业网络来进行；同时，产品需求的不确定性也将导致企业间网络组织的出现。由于企业核心能力会受到企业外界环境的变化而处于不断地调整、变动之中，因此全球生产网络的规模及企业边界也会随之进行动态的调整。

（三）战略资源学派

20 世纪 80 年代末到 20 世纪 90 年代，以科利斯和蒙哥马利（David J. Collins and Cynthia A. Montgomery）等为代表的战略资源学派兴起，战略资源学派承认公司特别资源与竞争力的重要性，认为企业能力只有在产业竞争环境中才能体现，企业之间的竞争实际上是资源的竞争。1995 年科利斯和蒙哥马利发表的《资源竞争：90年代的战略》一文，对企业的资源和能力的认识更深了一层，弥补了行业结构理论注重企业外部分析，而核心能力理论过分关注企业内部的缺陷。战略资源学派认为，资源包括物质资源、人力资源和组织资源，能够成为企业持续竞争优势之源的资源必须同时具有四个特点：价值性、稀缺性、不完全模仿性和不可替代性。企业战略的主要内容是如何培育企业独特的战略资源，以及最大限度地优化配置这种战略资源的能力。利用战略资源学派的理论，可以解释全球生产网络的动态治理问题。在全球生产网络形成的过程中，战略环节的特质资本（核心资本）起着非常重要的作用，但从时间来看，核心资本是一个动态概念。正是在战略环节和非战略环节、核心资本和非核心资本的逐步转化及其地位的升降过程中，全球生产网络组织结构安排不断地进行边际调整和校正，从而实现了全球生产网络的动态治理。

2.1.3　跨国公司网络观

自20世纪90年代以来，经济全球化程度不断提高，全球生产网络逐步形成并不断扩张，跨国公司之间的竞争与合作模式发生了巨大的变化，传统的企业间个体竞争模式逐渐被企业联合体之间的群体竞争模式所取代。随着全球生产网络的变革，模块的、相关的和受控制的等新治理模式将越来越成为普遍的治理模式，跨国公司的运营方式也不再是通过内部化手段进行对外投资，而是通过合同生产、联盟等非股权方式形成生产网络。由于传统的跨国公司理论主要聚焦在发达国家、母公司、科层级结构以及经济性，对发展中国家、子公司、网络化和非经济性较少关注；而战略管理理论比较侧重于讨论竞争和竞争优势，较少关注企业间各种形式的联合，因此二者在解释全球生产网络的形成和发展方面面临严峻的挑战。

在此背景下，跨国公司网络观受到越来越多的重视，叶庆祥（2008）将其总结为：内部网络观、外部网络观、战略连接观、本地嵌入观。跨国公司网络观反映了当今微观组织的深刻变化，可以解释导致全球生产网络形成及其演进的各种要素，并分析企业内部或外部能够诱导和实际存在的各种网络关系及其构造。跨国公司网络观对于全球生产网络为什么会存在，网络微观主体以及他们的关系，企业可获取什么样的网络资源，拥有什么样的竞争优势，网络的空间特征及其与区域经济的关系都有很好的解释，并可对全球生产网络的运行机制和方式进行全面而深入的研究，有助于理解全球生产网络对跨国公司的组织形态与绩效，乃至对当地产业和经济发展都具有重要意义。因此跨国公司网络观是全球生产网络微观研究的重要理论基础。

（一）内部网络观

内部网络观将跨国公司视为一个网络式组织，认为跨国公司是由分散在不同国家的单元（海外子公司）所组成的差异化网络。该理论主要聚焦于子公司控制、绩效与演化的相关问题，研究如何整合多国企业的全球网络以达其经营使命。其中最具代表的学者是 Bartlett 和 Ghoshal，1989 年他们在《跨国管理》一书中提出，跨国公司需要的是一种"整合网络"（Integrated Network）结构。在这一结构中分布在全球的更加专业化的组织单位被联结在一个经营的组织网络中，这个网络帮助跨国公司实现效率、地方响应性和学习能力等多重战略目标。内部网络观将海外子公司看作是整个跨国公司竞争优势的重要来源。海外子公司的差异源于它们在网络内扮演的角色不同，子公司所控制的资源决定其所扮演的角色类型。一些子公司因其具有集聚分散的资源并且整合进跨国公司网络的卓越能力，而在网络中担任知识贡献者的战略角色，对公司总部的相关决策有着重要的影响力。

（二）外部网络观

很多学者对内部网络观进行了扩展，提出了外部网络观。Nohria 和 Ghoshal（1994）强调，跨国公司不仅仅是一个内部网络，其每一个海外单元所处的当地商业环境也是一个网络，因此，海外子公司商业网络处于基于股权投资下的跨国公司内部网络和东道国当地商业网络的共同结构中。市场就是由很多互有关联的网络组成，而且网络关系随着时间而演化。与国外网络建立连接的困难程度取决于两国的网络近似性（Network Similarity），因为网络的结构与功能，是由经济、政治、社会、宗教及文化等因素塑造的，故两个国家间在这些因素上愈相似，对外直接投资愈有可能发生。外部网络观对于发展中国家的企业、中小企业进行对外直接投资有着重要意义，产业网络（特别是供应链中的上下游关系）中的资源与结构也是决定厂商对外直接投资的重要因素，即使不具有所有权优势的企业，也可以通过对外直接投资协助其进入国外市场与当地网络建立联系，从而沟通信息与获取资源。

（三）战略连接观

Nohria 和 Garcia-Pont 于 1991 年提出了战略性连接（Strategic Linkage）的观念，厂商透过战略性连接活动取得资源，可与能力互补的厂商连接取得所需资源，或者与能力近似的厂商共享资源以强化能力，以达到规模与范畴经济、降低风险、改善竞争地位的综合利益。Chen 和 Chen（1998）提出不同的企业依规模、技术能力或长期从事出口所累积的国际行销经验的不同而拥有不同等级的优势资源（Proprietary Assets）。高等级的优势资源会连接到属于投资东道国的高等级战略性资源，而低等级的优势资源会连接到低等级的战略性资源。拥有较高等级优势资源的企业承担风险的能力较强，因此会到离母国较远的地区投资，而且会适度修改生产模式以充分利用东道国的战略性资源。相反的，优势资源等级较低的企业会以离母国较近的地区为投资地，而且多沿袭原来母国的生产模式以降低风险。就战略连接观点而言，后进国家的跨国公司不一定是为利用自身优势而对外投资，而是为了获取更多外部资源而对外投资。但无论是发达国家还是发展中国家的跨国公司，获取外部战略性资源是构建竞争优势的关键。

（四）本地嵌入观

跨国公司如何利用既有的"所有权优势"，整合各地对其发展的有利资源，塑造新的内部组织的功能性分工与整合机制，以及通过企业外部的连接关系会对既有的空间分工造成影响，对于这些问题，无论是战略连接观还是区位优势论，都没有有效处理。杨友仁、夏铸九（2005）建议使用"本地嵌入（Local Embeddedness）"概念来取代传统的"区位优势"概念[①]，以作为探讨跨界投资的分析性概念。他们构建了本地嵌入的四个维度：一是商品链嵌入，描述跨国公司本地嵌入过程中与外部全球环境的互动关系；二是反身性嵌入，描述跨国公司投资所在地区的区位资源如何结合母国的

---

① "本地嵌入"的概念很早就被提出，但是杨友仁和夏铸九（2005）首次建议使用"本地嵌入"概念来取代传统的"区位优势"概念。

资源而对跨国公司以至母国的产业体系产生影响；三是行动者网络嵌入，描述本地嵌入是不同的行动者空间不断互动、调适以至于形成共同的组织性逻辑与行动规则的社会建构过程；四是社会性制度嵌入，描述地理工业化的动态过程中为了"粘住"资本的流动所牵动的一系列地方性制度调整。本地嵌入观进一步深化了连接观和网络观的连接关系形态，既包括经济性连接关系，也包括社会制度性连接关系，并且牵动了跨国公司内部网络组织形态与地方产业网络形态的变化与重组，这对跨国公司的经营行为与绩效，乃至当地的经济发展都具有重要意义。

2.2　新兴古典贸易理论

2.2.1　新兴古典经济学概述

分工经济和规模经济是经济学界的热门话题。分工是古典经济学的灵魂，被认为是效率和生产力的来源，也被一些经济学家作为经济学分析的逻辑起点。规模经济在迪克西特、斯蒂格利茨、克鲁格曼等的推动下，在20世纪70年代以后成为国际经济学界的一个主流思想。然而，基于规模经济的理论却面临如下困境：①其关于经济增长等现象"当且仅当"厂商平均规模扩大时才能发生的预见与现实不符；②由于在模型中企业只是一个"黑箱"，企业为什么出现以及企业制度本身的经济含义则不能被解释，在解释很多现代经济问题时面临困境；③交易费用在模型中没有实质性的含义，企业规模扩大等现象皆不存在交易成本。

自20世纪80年代以后，以罗森（Rosen）、贝克尔（Becker）、杨小凯（Yang）、博兰（Borland）和黄有光（Ng）等为代表的经济学家，用超边际分析（Inframarginal Analysis）的方法，重新将古典经济学中关于分工和专业化的精彩思想转变成决策和均衡模型，作为解释一切经济活动的根源，打破了传统经济学宏观与微观之间的樊篱，掀起一股用现代分析工具复活古典经济学的思潮。他们用超边际分析方法内生个人选择专业化水平的决策，来分析市场和价格制定如何决定全社会分工水平，他们以个人专业化水平的决策以及均衡分工水平的演进为基础，重新阐述斯密的分工理论及其对国际贸易原因的论述。以杨小凯等为代表的这一新的流派，被称为"新兴古典经济学"。新兴古典经济学的研究从分工演化出发，旨在重新科学地寻找经济增长的微观机制，建立起宏观经济增长的微观模型；他们将古典经济学中关于分工和专业化的经济思想形式化，使经济学的研究对象由给定经济组织结构下的最优资源配置问题转向对技术与经济组织的互动关系及其演进过程的研究。

新兴古典经济学具有如下特点。

（1）每个决策者既是消费者又是生产者，没有纯消费者与厂商的绝对分离。纯消费者和厂商的分离意味着国内贸易的理论基础不同于国际贸易的理论基础。国内贸易是由于纯消费者不生产，不交易就会饿死；国际贸易却是因为有比较优势、规模经济和偏好差别，因为每一个国家既是消费者又是生产者。新兴古典经济学认为每个决策者既是消费者又是生产者，这个假定更接近经济现实，并意味着代表自利行为的最优决策永远是角点解。新兴古典经济学使用消费者—生产者合一的框架，内生了个人的分工、专业化水平及市场一体化，认为厂商的出现是从模型中内生而来的，并不是外生给定的，可以解释国内贸易如何扩展为国际贸易，属于"内生贸易模型"。

（2）每个人作为消费者喜好多样化的消费，作为生产者在生产中有专业化经济。专业化经济与每个人生产活动范围的大小有关，而不是厂商规模扩大的经济效果。所有人的专业化经济合起来就是分工经济，这是一种社会网络效果。新兴古典经济学用专业化经济来替代规模经济，并引入交易费用的概念，从而产生专业化经济与交易费用的两难冲突，即专业化一方面提高了生产效率，使决策者拥有更高的生产能力，另一方面由于多样化消费的偏好，专业化必然意味着要从其他专业的决策者手中购买更多的商品，这就需要支付更多的交易费用。专业化分工与交易行为构成了人类经济社会的基本概貌，而专业化分工与交易费用之间此消彼长的两难冲突及其有效折中则成为贯穿社会经济发展过程的一条主线。

（3）对需求和供给的分析基于角点解，以内点解为基础的边际分析则不使用。新兴古典经济学家为使上述观点更加科学化，依然采用数学方法表述其理论体系,他们采用超边际分析方法,即对每一角点进行边际分析,然后在角点之间用总收益费用分析,从而找出最优决策的处理方法。对每个角点解的边际分析,解决给定分工结构时的资源分配问题,它决定总需求给定时对不同产品的相对需求和供给的结构;而角点之间的总收益——费用分析决定专业化水平和模式(经济组织结构),所有人的这类决策决定分工水平,分工水平决定市场容量及总量需求。

2.2.2　超边际分析方法

新古典贸易理论运用的超边际分析的基本方法如下[①]。

假设社会中有 M 个决策前完全相同的消费者—生产者。为避免整数问题引起的均衡不存在,我们假定人的集合是连续的。每人都有如下的效用函数:

$$u = (x + kx^d)(y + y^d) \qquad (2.1)$$

其中 x 和 y 分别是两种产品的自给自足量,x^d 和 y^d 为其购买量。k 是外生交易效率系数,是在 0 和 1 之间取值的参数。$1 - k$ 是外生交易成本系数,代表交易条件。因此,kx^d 和 ky^d 代表购买 x^d 和 y^d 后实际收到的商品量,而 $x + kx^d$ 和 $y + ky^d$ 是商品的最终消费量。这个效用函数代表了消费者对多样化消费的偏好。外生交易费用不同于内生交易费用,我们只有在分析自利决策之间的冲突之后才能分析内生交易费用。

每个人的生产函数和时间约束是:

$$x + x^s = l_x^\alpha, y + y^s = l_y^\alpha \qquad (2.2a)$$

$$l_x + l_y = 1 \qquad (2.2b)$$

这里 $\alpha > 1$,表明个人的生产具有局部的规模报酬递增。其中 x^s 和 y^s 是两种产品的销售量,而 l_i 是用于生产产品 i 的时间,也可看成是生产产品 i 的劳动份额或生产产品 i 的专业化水平。

预算约束是:

[①] 依据杨小凯等(杨小凯,1997,1998;杨小凯和黄有光,1999;杨小凯和张永生,2003)的相关文献。

$$p_x x^d + p_y y^d = p_x x^s + p_y y^s \qquad\qquad (2.3)$$

其中，p_i 是商品 i 的市场价格，而式（2.3）的左边是购买支出，右边是销售收入。每个人的非线性规划问题是将（2.1）中的效用最大化，同时服从生产条件约束（2.2）和预算约束（2.3）。由于 l_x，l_y 并不独立于其他变量，所以只有 x，x^d，x^s，y，y^d，y^s 六个变量可以互相独立地在 0 和正值之间取值，则可能的角点解和内点解的数量是 $2^6 = 64$，其中有 1 个为内点解。如果有 m 种产品，可能的角点解和内点解的数量是 2^{3m}。如果产品数 m 不断增加，则可能的角点解就会变成一个天文数字。

杨小凯（1988）运用库恩—塔克定理，排除了一些非优化的可能解，从而将最优解的范围大大缩小。这样，超边际分析就可以分为 3 步骤。第一步，利用文定理排除那些不可能是最优的角点解。所谓文定理，是指"最优决策从不同时买和卖同种产品，从不同时买和生产同种产品，最多卖一种产品"。文玫（Wen，1996）将这一命题推广到了一般准凹效用函数和非常一般的生产条件。第二步，对剩下的每一个角点解用边际分析求解，求出每一个局部最优值。第三步，比较各角点解的局部最大目标函数值，就可以产生整体最优解。

第一步，利用文定理、预算约束和正效用要求这三个条件，可以将上面 6 个变量 64 种组合排除到只剩下 3 个，被称为决策模式，每个决策模式有一个角点解。第一种模式是：x 和 y 两种产品都自给自足，没有交易行为发生，用字母 A 表示，或简称模式 A。第二种模式是：专业生产产品 x，记为（x/y），个人生产 x，销售 x 购买 y。第三种模式是：专业生产产品 y，记为（y/x），个人生产 y，销售 y 购买 x。也就是说，一个人进行决策时，只会选择这三者模式中的一种。而其余 60 种角点解和 1 个内点解都不会是最优决策。因为内点解意味着每种产品的买卖量同时为正，显然违反文定理；剩下的 60 种角点解也都会违反文定理。

第二步，对剩下的每一个决策模式，用边际分析求解最优值。将所有的约束条件代入效用函数，从而将求有约束条件的效用最大化决策转化为求无约束条件的效用最大化决策。这时候需要用到微积分求极值的方法，对无约束条件的效用函数求导，解出最大值。每一个角点解的最大值称为局部最优解。

模式 1：自给自足模式（模式 A），意味着 x，y，l_x，$l_y > 0$，$x^d = x^s = y^d = y^s = 0$，即所有的买卖量为 0，而自给量为正。模式 1 下的决策问题是：

$$\max_{x,y,lx,ly} u = xy \qquad (2.4)$$

$$s.\,t.\ x = l_x^\alpha, y = l_y^\alpha, l_x + l_y = 1$$

可以把这个约束最大化问题转化为如下的无约束最大化问题：

$$\max_{lx} u = xy = l_x^\alpha (1 - l_x)^\alpha \qquad (2.5)$$

从（2.5）我们可以看到自给自足模式面临的两难冲突。当 l_x 增加时 x 会增加，但因为有限的劳动时间，l_x 增加意味着 l_y 减少，所以 y 减少。两难冲突的最优折中由下列一阶条件给出：

$$\frac{\partial u}{\partial l_x} = \frac{\partial u}{\partial x}\frac{\partial x}{\partial l_x} + \frac{\partial u}{\partial y}\frac{\partial y}{\partial l_x} = \frac{\partial u}{\partial x}\frac{\partial x}{\partial l_x} - \frac{\partial u}{\partial y}\frac{\partial y}{\partial l_x} = 0 \qquad (2.6)$$

$$或 \frac{\partial u}{\partial x}\frac{\partial x}{\partial l_x} = \frac{\partial u}{\partial y}\frac{\partial y}{\partial l_x} \qquad (2.7)$$

即 $\alpha l_x^{\alpha-1}(1 - l_x)^\alpha = \alpha l_x^\alpha (1 - l_x)^{\alpha-1}$，由此解出 l_x 的最优值为 $\frac{1}{2}$。

这意味着只有当增加 l_x 带来的边际效用增加等于减少 l_y 带来的边际效用减少时，两难冲突才能达到最优折中。或者说，增加 l_x 有正效益，也有负效益（或代价），只有当边际正效益与边际负效益达到某种平衡时，两难冲突达到最优折中，这就是边际分析。这种边际分析中的另一个重要问题是所谓的"二阶"问题。一阶条件告诉你，$l_x = \frac{1}{2}$ 是内点极值点。如果目标函数是凸的，那么一阶条件给出的是最小化决策而非最大化决策。对于这里的无约束最大化问题，二阶条件要求当 $l_x = \frac{1}{2}$ 时，

$$\frac{\partial^2 u}{\partial l_x^2} = \alpha l_x^{\alpha-1}(1 - l_x)^{\alpha-1}\left[(\alpha - 1)\left(\frac{1 - l_x}{l_x} + \frac{l_x}{1 - l_x}\right) - 2\alpha \right] < 0$$

把 $l_x = \frac{1}{2}$ 代入时可看出此不等式得到满足。如果效用曲线是凸的，那么

最大化决策的解是 $l_x = 0$ 或 $l_x = 1$，而一阶条件给出的是最小值点而非最大值点。这意味着如果二阶条件不满足，则并没有真正的两难冲突，最优决策是走极端，把所有的资源用来生产 x 或 y。比如决策者在很多情形下选择完全专业化，$l_x = 0$ 或 $l_x = 1$ 可能取得更高的生产率，这就是下面我们要考虑的另两个专业化决策模式。

将 $l_x = \dfrac{1}{2}$ 代入效用函数（2.5）中可得到这种模式下的最大效用与最优生产和消费配置：

$$u(A) = 2^{-2\alpha}, x^* = y^* = \left(\frac{1}{2}\right)^\alpha \tag{2.8}$$

其中 u（A）代表模式 A 中的最大效用，或称为模式 A 的真实收入。

模式 2：专业生产产品 x，记为（x/y），满足 x，x^s，y^d，$l_x > 0$，$x^d = y = y^s = l_y = 0$。

模式 2 下的决策问题是：

$$\max_{x, x^s, y^d} u = xky^d$$
$$s.t. \; x + x^s = l_x^\alpha, l_x = 1 \tag{2.9}$$
$$p_y y^d = p_x x^s$$

可以把这个约束最大化问题转化为如下的无约束最大化问题：

$$\max_{x^s} u = (1 - x^s)k\frac{p_x x^s}{p_y} \tag{2.10}$$

可以看出模式 2 具有与模式 1 不同的两难冲突。当 x^s 增加时，即增加卖给市场的产品量时，自给的消费量就会减少，这会使效用减少。但增加销售量也会增加收入，因此增加商品 y 的购买量，使 y 的消费和效用增加。最优决策就是在这两难冲突中权衡，找到效用最大化的最优折中。用来分析模式 1 的方法同样适用模式 2，可以解出角点供给函数、角点需求函数以及角点间接效用函数 3 个解析式。

最优决策的一阶条件 $\dfrac{du}{dx^s} = 0$ 给出最优解 $x^s = \dfrac{1}{2}$，代回预算约束得 $y^d = \dfrac{p_x}{2p_y}$，由此可算出最优效用值为 $u_x = \dfrac{kp_x}{4p_y}$。我们称 $x^s = \dfrac{1}{2}$ 为角点供给函数，

$y^d = \dfrac{p_x}{2p_y}$ 为角点需求函数，$u_x = \dfrac{kp_x}{4p_y}$ 为角点间接效用函数。

第二种模式的最优解总结如下：

$$x^s = \frac{1}{2}, y^d = \frac{p_x}{2p_y}, u_x = \frac{kp_x}{4p_y} \qquad (2.11)$$

从模式 2 的两难冲突可以看出，需求 y^d 是供给 x^s 的线性函数，这种需求和供给的关系被杨格称为倒数需求律，它说明需求和供给是分工的两个侧面。当人们选择某个专业时，同时创造了此专业的供给和对其他专业的需求。所以，在考虑失业或其他供求不平等问题时，不能将需求和供给割裂开来分析，而要把分工做一个整体分析，看分工在何种情况下可能造成协调的困难。

模式 3：专业生产产品 y，记为（y/x），满足 y，y^s，s^d，$l_y > 0$，$y^d = x = x^s = l_x = 0$。

这种模式同模式 2 一样，结果只需要将 x 和 y 相互对调，可以解出角点供给函数、角点需求函数以及角点间接效用函数：

$$y^s = \frac{1}{2}, s^d = \frac{p_y}{2p_x}, u_x = \frac{kp_y}{4p_x} \qquad (2.12)$$

通过分析这 3 种模式的间接效用函数，可以发现角点间接效用函数是所卖商品价格的增函数，是所买商品价格的减函数。这正好符合我们的经验，卖商品 x 的专家希望 x 的价格上涨，而希望其他专业的产品降价。

第三步，比较各角点解的局部最大目标函数值，就可以产生整体最优解。在我们的模型中，角点供给函数、角点需求函数以及角点间接效用函数有 3 个参数。这 3 个参数的值不同，计算出的效用也不同。这种研究参数变化时决策和均衡如何做反应的工作就是比较静态分析。所谓参数，它在一定场合是变量，而在其他场合是不变常数。由于比较静态分析是研究环境（包括与制度环境相关的交易效率）参数变化对人们行为的影响，所以是解释很多社会现象中因果关系的主要分析工具。

利用比较静态分析，我们可以比较不同模式的效用以决定选哪个模式。$k_0 = 2^{2(1-\alpha)}$ 为交易效率系数临界值，当 $k < k_0$ 时，人们选择自给自足，即模

式 1。当 $k > k_0$ 时，人们会选择两个专业中任一个，即后两个模式之一。至于人们选择哪个专业，则全由相对价格 $\frac{p_x}{p_y}$ 决定。当且仅当 $\frac{p_x}{p_y} \geq 1$ 时，人们会选择专业生产 x。当且仅当 $\frac{p_x}{p_y} \leq 1$ 时，人们会选择专业生产 y。分工只要当两种专业都有人选择时才可能，因为分工不但意味着专业化，而且意味着不同专业的多样化。所以，分工只有在 $\frac{p_x}{p_y} \geq 1$，同时 $\frac{p_x}{p_y} \leq 1$ 时成立时才可能，而这意味着 $\frac{p_x}{p_y} = 1$。当价格满足这一条件时，人们会发觉两种专业的真实收入相等。当然这种真实收入在专业之间相等的条件下只有在人们天生相同且不考虑时间因素时成立。

在上述的超边际分析中，实际上包括两种类型的比较静态分析。第一种是当交易费用和生产函数参数达到一定临界值时，一般均衡、需求和供给以及间接效用函数会发生非连续的跃变。当实际交易效率逐步提高并超过临界交易效率时，就会出现分工，市场也会从无到有。这种市场需求和供给由于分工水平的提高而出现非连续的跃变，就是经济组织的一种拓扑性质的变化。这一种非连续的比较静态分析是新兴古典经济学所特有的，研究当分工水平随环境变化时，总量需求供给如何非连续的跃变。第二种是传统的决策问题的比较静态分析，研究在一个给定的分工水平和模式下，角点解如何对环境变化做出反应，主要涉及相对需求量的变化，也被称为决策的新古典比较静态分析。总而言之，资源分配、相对需求和边际分析是新古典比较静态分析的特点；而专业化水平、市场大小的确定和超边际分析是新兴古典比较静态分析的特点。

2.2.3　新兴古典贸易理论对于全球生产网络的理论解释

新兴古典经济学具有一个完全新颖的分析框架，将现代经济理论进行重新组织，它去掉了新古典经济学中生产者和消费者绝对分离的假设，抛弃了规模经济的概念而改用专业化经济的概念，并考虑各种交易费用的一般均衡意义。新兴古典经济学建立了一个共享的统一框架，当代向新古典经济学挑战的新思想，包括交易费用经济学、产权经济学、新贸易理论、新内生增长理论、演化经济学、信息经济学、博弈论（对策论）等，都可以整合成一个新的主流学派。在新兴古典经济学中，不再有微观经济学与宏观经济学的区别，不再有独立的发展经济学、国际贸易经济学、增长理论及宏观经济学，也没有纯消费者与生产者的绝对分离，国际贸易和国内贸易的原理都是一样的。新兴古典经济学重新将互相孤立的经济学各分支用一个内在一致的核心理论统一起来，大大提高了经济学的解释能力。从其在国际贸易理论方面的发展来看，新兴古典经济学用其分析框架、理论范式、分析手段形成了新兴古典贸易理论。新兴古典贸易理论模型证明，分工水平和市场容量同时被交易效率决定，随着交易效率提高，分工水平和市场容量同时提高，即"市场容量和分工水平是同一硬币的两个侧面"（杨小凯，2003）。其基本的命题如下：随着交易效率不断改进，劳动分工的演进会发生，而经济发展、贸易和市场结构变化现象都是这个演进过程的不同侧面。伴随着分工的演进，每个人的专业化水平提高、生产率提高、贸易依存度增加、商业化程度增加、内生比较利益增加、生产集中度增加、市场一体化程度增加、经济结构的多样化程度增加、贸易品种类及相关的市场个数增加，而同时自给自足率下降。"如果交易效率极端地高，整个世界由于完全分工而形成一个统一的市场"（杨小凯，2003）。

新兴古典经济学把对个体之间分工和贸易的分析用于分析国际分工和国际贸易，用分工经济和交易费用的两难冲突及其折中解决的个体专业化决策思路重新考察了国际贸易理论，用分工演进模型对贸易理论的基本问题给出了新的解释。以分工和专业化为核心的新兴古典贸易理论，可从较为严谨和规范的经济学理论角度分析全球生产网络这一新型生产组织方式日益盛行的经济现实，从微观层面探析技术转移与外溢、中间品和投入品贸易、贸易与经济增长、产业升级、就业增加、跨国公司的产业组织及贸易利得等问题，这将与传统国际贸易理论就贸易原因、贸易模式及贸易结果等关键问题得出不同的解释，并用它来分析相应的经济政策措施。新兴古典贸易理论旨在重新科学地寻找经济增长的微观机制，建立起宏观经济增长的微观模型，对于全球生产网络微观研究而言，是非常重要的基础理论。

　　依据新兴古典经济学的观点，全球生产网络作为一种新的国际生产组织，也是由劳动分工的内生演进引起的。以跨国公司为主导的全球生产网络其本质上是一种新型的国际分工模式，是个体专业化决策和社会分工所带来的直接结果，其原因是分工和专业化引发和强化的内生优势。同一产品的不同生产环节以全球生产网络为载体实现跨国界分工可以充分利用专业化分工带来的好处，即促进参与专业化分工的各方增进知识积累效果和学习效应，提高生产效率，形成规模报酬递增的效果，最终不断降低生产成本，增强专业化厂商的竞争力，带来经济增长和社会福利的增加。而贸易投资自由化在全球的推进为全球生产网络的形成提供了制度上的保证，科技进步为全球生产网络的发展提供了重要的技术保证，这些技术条件与制度环境大大减少了在全球实现生产分工的制度障碍与壁垒，提高了交易效率，因而跨国公司作为全球生产网络的微观主体，积极构建和拓展全球生产网络。另外，全球生产网络的发展、跨国界分工环节的增加也会带来交易成本的上升。为尽可能获得分工带来的效益，就迫使政府通过不断改进经济制度来降低种种交易费用，促进分工更加细化、分工单一环节在规模上更加优化，而这反过来又会导致交易费用进一步降低，最终二者形成相互促进的良性循环，带来学习动态效应和经济的持续增长。

　　新兴古典经济学认为无论是国内贸易还是国际贸易都是折中专业化经济与节省交易费用之间两难冲突的结果，国际贸易是国内贸易发展的结果。这同样可以解释跨国公司构建全球生产网络的演进过程。当交易效率足够低时，自给自足是全部均衡，企业倾向于内部一体化。随着交易效率的提高，国内分工逐步发展，一些领先企业开始构建全国性生产网络进行国内跨企业合作。当交易效率继续提高，分工进一步深化到可以突破国内市场规模的限制时，国际分工和贸易就产生了，领先的跨国公司开始构建全球生产网络进行跨国界合作。对于一个国家而言，消费者—生产者的假设非常贴切，因此将个体决策过程应用到分析国家的经济行为也同样有解释力。只要国家之间分工的好处超过了国际贸易带来的交易费用，各国就会选择专业化生产并与他国交换，全球生产网络也就随之形成和扩张，而且一个更大的市场为折中分工好处与交易费用之间的两难冲突提供了更大余地。全球生产网络之所以在国内生产网络之后产生，原因就在于国际贸易较国内贸易有额外的交易费用。根据新兴古典经济学，一个国家参与全球生产网络的程度，也可以用分工水平和交易效率来解释。发达国家因为交易效率高，均衡分工水平也比发展中国家高得多，因此也就更需要国际贸易来充分利用高分工水平的好处，这就是发达国家倾向于采取单边自由贸易政策、积极拓展全球生产网络的原因。而发展中国家因为交易效率低，均衡分工水平也低，从国际贸易中获利甚微，倾向于通过关税等手段来改变贸易品的相对价格以获得较多的贸易好处。所以要利用全球生产网络发展一国的经济，关键在于改进交易效率，通过分工创造内生比较利益，而不是仅仅依赖外生比较利益。

交易费用或交易效率这一概念在新兴古典经济学理论框架中居于非常核心的地位，是决定经济体分工与专业化的关键因素，也是形成一定经济组织方式的决定因素。全球生产网络内的分工规模、广度及深度就取决于分工的边际收益与分工的边际交易费用的比较。若前者大于后者，则网络内分工进一步拓展，全球生产网络进一步发展；若前者小于后者，则网络内分工和全球生产网络趋于萎缩。新兴古典经济学从分工角度对与之相关的交易费用做了具体划分，区分了内生交易费用与外生交易费用，又将内生交易费用区分为狭义的交易费用与广义的交易费用两种，并由此建立起新的新兴古典产权理论。新兴古典经济学着重研究内生交易费用，其研究意义在于：可根据两难冲突将垄断和外部性程度内生化，有助于研究道德风险和信息不对称引起的交易费用，可用博弈模型直接研究策略行为之间的交互作用。根据新兴古典经济学的理论，政府应该致力于通过两方面途径来降低交易费用，使更多企业融入全球生产网络，实现经济持续增长。一是针对外生交易费用，政府应不断鼓励技术进步，降低交通、通信等方面的硬成本或有形成本；二是针对内生交易费用，要在世界贸易组织等重要制度框架当中不断进行制度创新，通过谈判实现多边自由贸易，削减关税和非关税壁垒，提高法制水平，放松行政管制，提高政府管理效率，降低软成本或无形成本，以促进劳动分工的扩张和深化，带来更大的生产率收益。后者对包括中国在内的发展中国家来说尤其重要。

2.3　新新贸易理论

自 21 世纪初以来，随着国际分工的进一步发展和企业活动全球化的深入，出现了以企业为核心的国际贸易新格局，有关微观层次上企业不同特征对国际贸易不同领域所产生效应的研究成为国际经济学界的热点，以异质性企业贸易理论（Trade Models with Heterogeneous Firms）和企业内生边界理论（Endogenous Boundary Model of the Firm）为代表的新新贸易理论①应运而生，成为当前国际贸易的最新理论前沿。新新贸易理论突破了传统贸易理论和新贸易理论中企业同质性的假定，将异质性纳入对企业的微观分析框架中，从而将分析变量从宏观的国家和产业层面进一步细化到企业层面，从微观层面分析企业的贸易和投资等国际化路径选择，以及外包和一体化等全球组织生产选择，开拓了国际贸易研究的新领域。

新新贸易理论的概念最早由 Baldwin 等（Baldwin and Nicoud，2004）提出，不过最早的代表文献当属 Melitz（2003）和 Antras（2003），以及 Bernard 等（2003）。新新贸易理论有两个分支：其中国际化路径选择部分以 Melitz（2003）为基础，又称为异质性企业贸易理论，阐明了现实中只有部分企业选择出口和对外直接投资的原因；全球组织生产选择部分以 Antras（2003）为基础，又称为企业内生边界理论，将产业组织理论和契约理论的概念融入贸易模型，很好地解释了公司内贸易模式，并在企业全球化生产研究领域进行了理论创新。

不难看出，新新贸易理论与全球生产网络的微观研究有着高度的契合点，将新新贸易理论引入全球生产网络的研究框架，从异质性企业的角度分析全球生产网络，使得全球生产网络研究获得了新的微观基础和新的视角。新新贸易理论可以解释全球生产网络中企业的异质性和权力不对称性，包括企业本身的行为模式和内部特质，以及生产率、技术、拥有异质性技

---

①　有的文献将企业内生边界理论视为异质性企业贸易理论的拓展，因而将二者统称为异质性企业贸易理论。本书采用"新新贸易理论"的概念，以强调二者在研究方向上的差异。

术的工人都是异质性的根源,结合贸易的固定成本,解释了企业间生产率差异的原因,并可以分析企业组织形式对国际贸易和全球生产网络的影响,尤其是分析跨国公司内部国际贸易发生的特点和原因,丰富了全球生产网络研究的类型。新新贸易理论从微观层面解释全球生产网络的问题主要包括以下几点。什么样的企业会组建全球生产网络服务于国际市场?选择什么组织形式(出口还是对外直接投资,水平对外直接投资还是垂直对外直接投资,对外直接投资是新建还是跨国并购,外包还是一体化)?如何选择区位(国内还是国际,南方还是北方)?能够增强企业的绩效和竞争力吗?因此新新贸易理论是全球生产网络微观研究的重要理论依据。

新新贸易理论从企业的异质性入手说明了全球生产网络的好处:对于落后的国家和地区来讲,应积极参与国际国内分工,提高对外开放水平,这有利于提高行业生产率水平,促进本地经济发展;新新贸易理论找到了一条提高生产率的新路径,在不提高单个企业生产率水平的情况下,一国仍然可以通过贸易和开放来提高一个产业甚至全国的生产率水平。新新贸易理论也说明了全球生产网络可能给落后地区带来负面的冲击和影响:市场开放可能使落后地区某些效率不高产业的发展陷入衰退,进入落后地区的产业有可能是生产率较低而环境成本较高的产业,企业迁徙在有助于提升大国生产率收益的同时将可能导致小国生产率收益发生逆转;全球生产网络导致了资源的重新配置,使利润和市场份额向高生产率企业转移,这可能导致资源过度垄断而造成整体市场效率的损失。

2.3.1 异质性企业贸易理论

早在 20 世纪 80 年代初,新贸易理论就已经将异质性引入到贸易模型中解释产业间贸易现象,但是这些异质性主要体现在产品差异和垄断竞争上,没有关心企业生产率的差异。因此,新贸易理论假设同一产业内企业间具有对称性,拥有相同的技术水平,每个企业的生产率水平相同,如果一个企业出口,那么其他所有的企业都出口。然而,越来越多的实证研究证明新贸易理论的对称性假设存在重大局限性。20 世纪 90 年代大量关于企业层面的经验研究证明,只有一部分企业出口产品到国外,并且出口企业的规模和生产率都要优于非出口企业。

Melitz（2003）将新贸易理论的垄断竞争模型和企业异质性假设有机结合在一起，建立了产业内异质性企业的动态模型。该模型以 Hopenhayn（1992）一般均衡框架下的垄断竞争动态产业模型为基础，并扩展了克鲁格曼（1980）的贸易模型，同时引入了企业生产率差异。Melitz 分析了国际贸易与产业资源配置的关系，证明高生产率企业主动进入出口市场，低生产率企业被迫退出市场，从而推动整个产业生产率水平提高，贸易为部分企业带来发展机遇，同时给其他企业带来巨大的挑战。该模型预测基本同经验研究一致，所以被公认为是研究企业异质性和国际贸易与投资的基本框架，具有理论基石的重大意义。

异质性企业贸易理论模型如下[①]。

（一）基本模型

假设世界上存在两个国家：本国 D，外国 F。本国拥有两个部门，一个部门生产同质产品，另一个部门生产差异化产品，市场上存在许多企业，每个企业生产一种产品 j。差异化产品的支出份额为 β，同质产品的支出份额为 $1-\beta$。假设劳动是唯一生产要素，要素价格均等化（Factor Price Equalization，FPE）定理成立，生产 1 单位同质产品需使用 1 单位劳动，工资为 1。

消费者的效用函数为 CES 形式：

$$u = (1-\beta)\log z + \frac{\beta}{\alpha}\log\Big[\int_{j\in J}x(j)^{\alpha}dj\Big] \qquad (2.13)$$

其中 z 表示同质商品的消费量，$x(j)$ 是差异化部门的商品 j 的需求函数，$0<\alpha<1$，$\varepsilon=1/(1-\alpha)>1$ 表示差异化产品的替代弹性，由效用最大化得出每种产品 j 的需求函数为：

$$x(j) = Ap(j)^{-\varepsilon} \qquad (2.14)$$

其中 p 表示价格，A 表示差异化部门产品的总需求[②]。

---

① 依据 Melitz（2003），Helpman、Melitz 和 Yeaple（2004），Helpman（2006）的相关文献。

② 其中 $A = \dfrac{\beta E}{\int_{0}^{j}p(j)^{1-\varepsilon}dj}$，对单个企业来说，$A$ 可以视作外生变量，因为对每个企业来讲，市场规模都可以看作是无穷大的，其中 E 为总支出，J 表示差异化商品的种类。

在生产过程中，劳动是唯一生产要素，企业进入市场，需要投入f_E的固定成本，企业进入市场后才获悉自身的劳动生产率水平，这里以单位劳动产出a表示，其概率分布函数为$G(a)$。如果企业选择生产，那么它还需承担固定成本f_D，其对应的生产函数为：

$$l = f_D + ax \qquad (2.15)$$

其中，l表示劳动投入。企业为了实现利润最大化，根据加成定价原则制定产品价格$p = a/\alpha$，进而得出销售利润为：

$$\pi_D = a^{1-\varepsilon}B - f_D \qquad (2.16)$$

其中$B = (1 - \alpha)A/\alpha^{1-\varepsilon}$ [①]。

方程（2.16）和图2-1表明利润函数只与企业生产率水平有关，生产率更高的企业将会获得更高的利润，生产率低于临界生产率a_D的企业将被市场所淘汰。

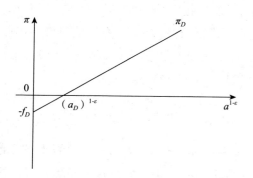

图2-1 国内经营的临界生产率

（二）出口与企业生产率

假设企业将产品出口到外国F[②]，其差异化产品需求为：

$$x(j) = A^F p(j)^{-\varepsilon} \qquad (2.17)$$

比较两国的需求函数，本国和外国的产品需求弹性相同，但是对差异

---

① 由市场出清条件可知企业的产出为$A(a/\alpha)A/\alpha^{-\varepsilon}$，总收入为$A(a/\alpha)A/\alpha^{1-\varepsilon}$，可变成本为$\alpha A(a/\alpha)A/\alpha^{1-\varepsilon}$。

② 这里的出口不包括外商独资企业的出口，因为这里只研究本国企业的企业行为。

化产品的需求不一定相同。而且如果企业出口，那么其还需承担固定出口成本 f_X 和冰山运输形式的可变贸易成本 $\tau > 1$。可变贸易成本包括：运输成本，保险，关税和其他贸易时可能产生的成本。此时，只有那些生产率更高的企业才可能通过出口获得额外的利润。企业出口产品到外国获得的利润为：

$$\pi_X = (\tau a)^{1-\varepsilon} B_X - f_X \qquad (2.18)$$

其中 $B_X = (1 - \alpha) A^F / \alpha^{1-\varepsilon}$ [1]。

图 2 – 2 说明在 $A^F = A, (\tau)^{\varepsilon-1} f_X > f_D$ 时利润函数 π_D 和 π_X 的关系。当两国需求水平相同时 $A^F = A$，由于可变贸易成本 $\tau > 1$，π_D 的斜率大于 π_X，出口的临界生产率 $(a_X)^{1-\varepsilon}$ 大于国内生产的临界生产率 $(a_D)^{1-\varepsilon}$。生产率水平低于国内生产的临界生产率的企业 $[a^{1-\varepsilon} < (a_D)^{1-\varepsilon}]$ 退出市场；生产率水平高于国内生产的临界生产率，但是低于出口临界生产率的企业 $[(a_D)^{1-\varepsilon} < a^{1-\varepsilon} < (a_X)^{1-\varepsilon}]$ 将继续在国内市场进行生产经营活动；那些生产率水平高于出口临界生产率的企业 $[a^{1-\varepsilon} > (a_X)^{1-\varepsilon}]$ 将同时经营国内外市场。这说明出口企业的生产率高于国内企业，同时企业规模也更大。

贸易自由化使贸易成本 τ 下降，从而提高出口企业利润，最终使出口临界生产率降低，更多的企业可以进入出口市场。但出口市场中企业数量的增加必将导致每个企业的产品需求下降，从而使国内生产企业的利润降低。当市场达到一般均衡时，出口临界生产率降低，国内临界生产率提高。出口企业的境遇不尽相同，高生产率的企业将会获得高的利润，低生产率的企业的利润将会减少。生产率高的企业会不断成长扩张，出口产品提高市场份额和利润；生产率稍低的企业也出口产品，虽然他们的市场份额提高了，但同时其利润下降了；还有一些企业将只会在国内生产和销售，它们的市场份额和利润同时减少，生产率最低的那一部分企业将会被市场淘汰。

上述情况的发生是因为国内要素市场对资源的重新配置，当进入新出

---

① 由市场出清条件可知企业的产出为 $A(a/\alpha)A/\alpha^{-\varepsilon}$，总收入为 $A(a/\alpha)A/\alpha^{1-\varepsilon}$，可变成本为 $\alpha A(a/\alpha)A/\alpha^{1-\varepsilon}$。

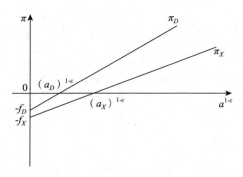

图 2 - 2   出口临界生产率

口市场的成本比较高时，贸易只为那些拥有更高生产率的公司提供新利润增长的机会。贸易导致的资源流向更高生产率的企业，促进产业平均生产率提高，资源更高效率的配置是促进生产率提高的最终推动力。

（三）不同出口市场与企业生产率

假设世界上的外国包括两个国家：发达国家（H）和发展中国家（L）。企业出口产品至不同国家，外国对其产品的需求函数为：$x(j) = A^F p(j)^{-\varepsilon}$，其中 $F = H, L$，需承担的固定出口成本分别为 f_{HX} 和 f_{LX}。由于国家间的竞争程度和需求多样化程度都不相同，所以，固定出口沉淀成本也必将不同。因此，本书假设发达国家的固定出口沉淀成本要高于发展中国家，即 $f_{HX} > f_{LX}$。此外，企业还需承担冰山运输形式的可变贸易成本 $\tau > 1$。此时，只有生产率更高的企业才可能通过进入国际市场获得额外利润，进入不同国家市场的企业获得的利润为：$\pi_{FX} = (\tau a)^{1-\varepsilon} B_{FX} - f_{FX}$，其中 $B_{FX} = (1 - \alpha) A^F / \alpha^{1-\varepsilon}$。

为了简化分析，假设各国需求水平相同，$A^F = A$，并且 $(\tau)^{\varepsilon-1} f_{HX} > (\tau)^{\varepsilon-1} f_{KX} > f_D$，此时，由于可变贸易成本 $\tau > 1$，所以 π_D 的斜率大于 π_{KX}，π_{LX} 和 π_{HX} 平行，但 π_{HX} 更低一些，如图 2 - 3 所示。均衡时，由于出口至发展中国家的企业的固定出口沉淀成本高于出口至发达国家的企业，选择发达国家作为出口市场的企业具有更高的生产率；出口至发展中国家的企业生产率低于出口至发达国家的企业，但是高于只在国内生产经营的企业。a_{HX} 和 a_{LX} 分别是由出口至发达国家和发展中国家的零利润函数得出的两种出口行为的企业临界生产率水平。生产率高于 $(a_{HX})^{1-\varepsilon}$ 的企业，将实施全球化战略，在所有市场经营；生产率位于 $[(a_{LX})^{1-\varepsilon}, (a_{HX})^{1-\varepsilon}]$ 的企业，将会选择在发展中国家和国内经营；生产率位于 $[(a_D)^{1-\varepsilon}, (a_{LX})^{1-\varepsilon}]$ 的企业，将只在国内进行生产经营活动；生产率低于 $(a_D)^{1-\varepsilon}$ 的企业，由于无法盈利而被市场所淘汰。

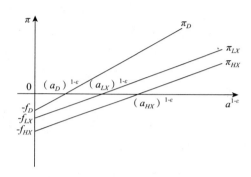

图 2 - 3　不同出口市场的企业临界生产率

至此，我们通过理论模型证明出口至不同国家的企业生产率存在差异的原因：固定出口沉淀成本不同，导致生产率不同的企业进入的国际市场也不尽相同。高生产率企业可以克服高出口沉淀成本，从而在发达国家生存；较高生产率企业只能克服低出口沉淀成本，进入发展中国家的市场。

（四）出口和对外直接投资

下面主要考察企业生产率与其选择出口还是对外直接投资作为国际化策略之间的关系。建设本国既可以通过出口服务外国，又可以在外国直接建立工厂在当地进行生产销售，即从事水平型的对外直接投资。虽然从事对外直接投资节省运输成本和贸易成本，但是建立新工厂面临更高的固定成本，因此只有企业的生产率足够高，可以抵消固定成本的增加时，选择对外直接投资才有利可图。假设每个企业只会选择一种途径，且

$$f_I > (\tau)^{\varepsilon-1} f_X > f_D \qquad (2.19)$$

其中，f_I 表示企业进行对外直接投资时的固定成本。π_I 为企业进行对外直接投资时的利润：

$$\pi_I = a^{1-\varepsilon} B_F - f_I \qquad (2.20)$$

图 2 - 4 比较了国内生产经营、出口和对外直接投资三种企业行为的利润函数曲线，由于 $\varepsilon > 1$，所以 $a^{1-\varepsilon}$ 是劳动率 a 的单调递减函数。

当本国和外国的需求水平相同时，π_D 和 π_I 利润函数曲线平行，但 π_I 更低一些。这是由于对外直接投资的固定成本 f_I 要大于国内生产的固定成本。因为 $(\tau a)^{1-\varepsilon}B < B$，所以 π_X 的斜率要小于 π_I，即对低生产率企业而言，出口比对外直接投资更有利可图。而且存在一定的生产率水平即 $[(a_X)^{1-\varepsilon}$, $(a_I)^{1-\varepsilon}]$ 使出口商可比进行对外直接投资获得更高的利润，因此有些企业选择成为出口商；不等式 $(a_X)^{1-\varepsilon} > (a_D)^{1-\varepsilon}$ 保证了一些企业只能在国内销售；生产率低于 $(a_D)^{1-\varepsilon}$ 的企业，由于无法盈利而被市场淘汰。生产率水平在 $[(a_D)^{1-\varepsilon}, (a_X)^{1-\varepsilon}]$ 的企业，将只在国内进行生产和销售，因为出口和对外直接投资所导致的激烈竞争都将使其遭受损失。生产率水平在 $[(a_X)^{1-\varepsilon}, (a_I)^{1-\varepsilon}]$ 的企业将会在出口市场上盈利。但对于生产率水平高于 $(a_I)^{1-\varepsilon}$ 的企业，对外直接投资将会为其带来更多的利润，他们将选择在投资国建立工厂直接生产并在外国市场销售。

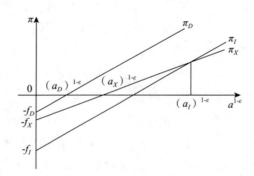

图 2 - 4　国内生产经营、出口和对外直接投资临界生产率的比较

综上所述，异质性企业与出口行为的理论模型表明出口与企业生产率之间极有可能存在密切的联系，生产率可能是企业进行国际化经营的重要决定因素。Melitz（2003）之后出现了大量理论模型，很好地解释了异质性企业与其国际化行为之间的关系。Helpman，Melitz 和 Yeaple（2004）拓展了 Melitz 模型，将异质性企业、出口和对外直接投资纳入一个分析框架，通过建立多国多部门的一般均衡模型对企业出口和对外直接投资行为进行分析，证明企业生产率差异是影响其从事出口和对外直接投资的重要因素。Yeaple（2005）的研究试图解释出口企业与非出口企业的系统性差异，他将贸易成本与企业的进入、技术选择、是否出口以及雇佣工人的类型四方面决策联系起来，有效地解释了不断增加的技术溢价的原因。Melitz 和 Ottaviano（2008）构建可变加成理论模型，分析市场规模、生产率和贸易之间的关系，证明市场规模和贸易会影响竞争的激烈程度和异质性企业的生产决策。Bernard 等（2007）将企业异质性引入到标准贸易模型中，成功地解释了产业内贸易的原因，并发现了影响企业进入出口市场的因素。Helpman 等（2007）将企业异质性特征与两种形式的对外直接投资（即垂直型与水平型对外直接投资）结合起来，建立了一个分析跨国公司一体化战略选择的理论模型。Manova（2008）将信贷约束融入 Melitz（2003）的模型中，发现生产率越高的企业，在获得出口信贷支持方面更有优势，金融发达国家的企业更易进入出口市场且出口的产品数量更多，这一效应在依赖外部融资的部门表现得尤为突出。

2.3.2　企业内生边界理论

关于企业边界有两个相对较为基础的模型：一个模型是将 Coase 和 Williamson 的交易成本理论应用在企业国际化的研究中，另一个模型是采用 Grossman，Hart 和 Moore 的产权分析方法。Antras（2003）另辟蹊径，将 Grossman-Hart-Moore 的企业观点和 Helpman-Krugman 的新贸易理论模型结合在一个理论框架下，提出了一个关于企业边界的不完全契约产权模型来分析跨国公司的定位和控制决策，这成为企业内生边界模型的起点。该模型界定了跨国公司的边界和生产的国际定位，并能够预测企业内贸易的类型，计量检验表明该模型与数据的质和量的特征相一致。Antras 和 Helpman（2004）将 Melitz（2003）的异质性企业贸易模型和 Antras 的（2003）企业内生边界模型进行结合，建立一个新的理论模型，该模型从企业组织结构差异分析企业在国际业务中的行为，认为是否进行外包或一体化，是否在国内或国外进行等决策都是企业的内生组织选择。Antras（2005）建立了一个动态一般均衡李嘉图南北贸易模型，解释国际契约的不完全性导致产品周期的出现。Antras 和 Helpman（2006）将 Antras 和 Helpman（2004）的异质性企业国际生产组织模型普遍化，将契约摩擦（Contractual Frictions）引入到模型当中，并允许其程度因不同投入品和国家而异，该模型认为企业生产率水平差异会影响企业在组织形式上的战略选择。

总的来看，企业内生边界模型从单个企业的组织选择问题入手，将国际贸易理论和企业理论结合在一个统一框架下，是异质性企业贸易理论的进一步细化和发展，为研究企业全球化和产业组织提供了全新的视角。企业内生边界模型以 Antras（2003），Antras 和 Helpman（2004）两个典型模型为发端，探讨企业的异质性对企业边界、外包（Out-sourcing）以及内包（In-sourcing）战略的选择的影响，就企业的组织制度形式是如何影响贸易模式的问题也都进行了有益的探索。本书参考赵忠秀、吕智（2009）的归纳总结，概要介绍 Antras 和 Helpman（2004）的研究是如何解释企业在生产经营活动中是如何在垂直对外直接投资和外包之间进行选择的。

（一）均衡时两国企业的战略选择依据

Antras 和 Helpman（2004）构建了一个南北贸易模型：假定劳动是唯一的生产要素，消费者具有相同的偏好；差异化产品的生产商面临完全弹性的劳动供给，所有最终产品的生产商（H）都在北方（N），它们可以选择北方和南方（S）的中间投入品生产商（M）作为合作伙伴。生产率参数 φ 是企业特有的，φ 表示生产率水平的临界值。对于中间品生产而言，所有权结构（k）有两种选择——垂直一体化（V）和外包（O），$k \in \{V,O\}$，生产位置（l）有两种选择——北方和南方，$l \in \{N,S\}$，因此中间品的生产有四种组织结构：在北方一体化生产、在北方外包生产、在南方一体化生产和在南方外包生产。

图 2-5 表示根据模型得到的总体利润最大化时的收益分配情况。图中 β 是衡量研发密集度的参数，η 是最终产品生产商的收益。更高的 β_k^l 为 H 带来更大比例的贸易收益的同时，还将令 M 降低中间产品的产出，此时 H 所得到的是较高比例的较低收入。所以最终产品生产商必须在较高的利润分配比例和较低的收益水平之间权衡。$\beta^*(\eta)$ 随着 η 的提高而提高，$\beta^*(0)=0,\beta^*(1)=1$。事前效率假设要求从事相对重要活动的投资方获得收益的相对高的份额，这导致总部研发服务所占的比例越高（η 越大），最终产品生产商 H 获得的利润分配比例就越高（β^* 越高）。

所有权结构和 M 的位置是决定分配原则的唯一工具变量，H 的选择集合仅限于 $\{\beta_V^N,\ \beta_O^N,\ \beta_V^S,\ \beta_O^S\}$。当 η 越大时，更高的 β_k^I 将会带来更高的利润；如果在组织形式的成本和收益都相同的情况下，H 将选择国内一体化。相反，当 η 越小时，更高的 β_k^I 将会带来更高的利润，H 将选择外包。因此，企业追求利润最大化时，对所有权结构和 M 的位置的选择主要取决于企业的生产率水平。在企业自由进入的情况下，达到均衡时，一个潜在进入者的预期利润和其要支付的进入成本应该相同。那些初始生产率水平低于临界值 φ 的企业经营利润为负，所以将退出市场。那些初始生产率水平高于临界值 φ 的企业将留在市场中，通过选择组织形式来使其利润最大化。

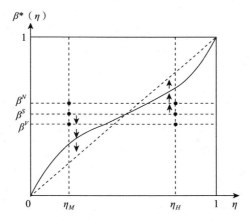

图 2 - 5　总体利润最大化时的收益分配情况

（二）影响组织形式选择的主要因素

组织形式的选择受两个主要因素的影响：①南方的可变成本更低，但是固定成本相对较高；②一体化虽然为 H 带来了更高比例的收入，但是同时也不可避免地承担更高的固定成本。为了简化分析，只考察两种组织形式：总部研发服务密度较高的企业和该密度相对较低的企业。

（1）考虑总部研发服务密度较低的部门

考虑 η 较低的部门，$\beta^*(\eta) < \beta_O^N = \beta_O^N = \beta$，如图 2 - 5 所示，$\eta = \eta_M$，图中箭头表示利润函数随着 β_k^I 的增加而减少。由于外包具有更低的固定成本，此部门的企业 H 更加倾向于选择外包战略。但是选择哪个国家的 M，

要对比考虑南方较低的可变成本和北方较低的固定成本，这和两国工资率相对于固定组织成本差异的大小有关，均衡结果可能是在两个国家都有外包业务，或是只外包给南方。

第一种情况：两国工资率差异小于固定组织成本差异。那些生产率水平低于 φ_M 的企业在所有的组织形式下都会亏损，所以将退出市场。生产率水平在 φ_M 和 φ_{MO}^N 之间的企业，将通过在北方进行外包业务来使其利润最大化。而生产率水平高于 φ_{MO}^N 的企业，将通过在南方进行外包业务来使其利润最大化。

第二种情况：两国工资率差异大于固定组织成本差异。那些生产率水平低于临界值的企业将退出市场。生产率水平高于临界值的企业，将通过在南方进行外包业务来使其利润最大化。没有企业会选择北方企业进行外包。

（2）考虑总部研发服务密度较高的部门

考虑 η 较高的部门，$\beta^*(\eta) < \beta_v^N$，如图 2-5 所示，$\eta = \eta_H$，图中箭头表示利润函数随着 β_k^I 的增加而增加。由于总部研发的边际产出较高，因此该部门的企业 H 将更加倾向于选择一体化战略。

第一种情况：两国工资率差异大于 β_v^N 和 β 之间的差异。所有四种组织形式同时存在于市场中。那些生产率水平低于 φ_H 的企业将退出市场；生产率水平在 φ_H 和 φ_{HO}^N 之间的企业将业务外包给北方企业；生产率水平在 φ_{HO}^N 和 φ_{HV}^N 之间的企业将在北方实施一体化战略；生产率水平在 φ_{HV}^N 和 φ_{HO}^S 之间的企业将业务外包给南方企业；生产率水平高于 φ_{HO}^S 的企业将在南方实施一体化战略。

第二种情况：两国工资率差异小于 β_v^N 和 β 之间的差异。这时存在两种可能：在北方实施一体化战略所获得的利润总要高于在南方实施外包战略所获得的利润，或者在北方实施一体化战略所获得的利润比在南方实施一体化战略和外包战略都高。如果在北方实施一体化战略所获得的利润总要高于在南方实施外包战略所获得的利润，均衡时至多有三种组织形式：低生产率水平企业选择在北方实施外包战略，中间生产率水平企业选择在北方实施一体化战略，高生产率水平企业选择在南方实施一体化战略。如果在北方实施一体化战略所获得的利润比在南方实施一体化战略和外包战略都高，均衡时只有两种组织形式：较低生产率水平的企业选择在北方实施外包战略，较高生产率水平的企业选择在北方实施一体化战略。

（三）模型分析的结果

模型分析发现，企业将如图2-6所示来选择组织形式。在中间投入品密集的部门中，企业更加倾向于选择外包战略；高生产率水平的企业倾向于将中间品生产业务外包给南方企业，而生产率水平较低的企业倾向于将中间品生产业务外包给北方企业，生产率水平最低的企业将会被市场淘汰。在总部活动密集的部门中，企业更加倾向于选择一体化战略；生产率水平最高的企业选择在南方实施一体化战略，生产率水平略低的企业选择在南方实施外包战略，生产率水平更低的企业选择在北方实施一体化战略，剩下生产率水平最低且比被淘汰企业稍高的企业选择在北方实施外包战略。

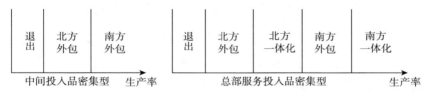

图2-6　不同部门的企业组织形式

简而言之，高生产率企业倾向于从南方获取中间品，而低生产率企业倾向于从北方获取中间品；在方式上，高生产率企业会选择一体化战略，而低生产率企业会选择外包战略；在外包的情况下，低生产率企业会选择国内外包，而高生产率企业会选择国际外包。

2.4　小　结

本章重点介绍了跨国公司理论、新兴古典贸易理论、新新贸易理论这三个全球生产网络微观研究的重要基础理论，并阐述了它们对全球生产网络经济现象的理论解释。跨国公司理论可以解释全球生产网络形成及其演进的各种要素，网络微观主体以及他们的关系，跨国公司一体化扩张行为的内在机制和条件，网络的运行机制和动态治理，网络的空间特征及其与区域经济的关系，全球生产网络的规模、形态以及企业边界等问题。以分工和专业化为核心的新兴古典贸易理论，可从较为严谨和规范的经济学理论角度分析全球生产网络这一新型生产组织方式日益盛行的经济现实，从微观层面探析技术转移与外溢、中间品和投入品贸易、贸易与经济增长、产业升级、就业增加、跨国公司的产业组织及贸易利得等问题，将与传统国际贸易理论就贸易原因、贸易模式及贸易结果等关键问题得出不同的解释。新新贸易理论与全球生产网络的微观研究有着高度的契合点，可以解释全球生产网络中企业的异质性和权力不对称性，企业间生产率差异的原因，并可以分析企业组织形式对国际贸易和全球生产网络的影响，尤其是分析跨国公司内部国际贸易发生的特点和原因，丰富了全球生产网络研究的类型。因此，跨国公司理论、新兴古典贸易理论、新新贸易理论对全球生产网络的微观研究而言，是非常重要的基础理论。

第 3 章
全球生产网络微观研究的分析框架

本章基于第 1 章和第 2 章介绍的理论基础，遵循亨德森等提出的全球生产网络分析框架，提出全球生产网络微观研究的分析框架。从微观研究的角度，本书认为全球生产网络的实质是全球价值网络，网络中主体围绕共同的价值目标形成共生的生态体系，价值是全球生产网络演变的驱动力，因此在亨德森等（2002）提出的全球生产网络分析框架的三个要素中，价值是全球生产网络微观研究的核心；嵌入将跨国公司和当地紧密联系起来，实现双向互动和共同发展，因此嵌入在全球生产网络微观研究中也具有重要的地位；而权力在很大程度上受企业对网络价值的贡献大小，以及其嵌入网络的方式的影响，因此本书不将权力作为全球生产网络微观研究的重点。所以在本章提出的全球生产网络微观研究的分析框架中，由基于价值视角的全球生产网络微观框架和基于嵌入视角的全球生产网络微观框架组成。

3.1　全球生产网络的微观研究框架概述

根据亨德森等（2002）提出的全球生产网络分析框架，价值、权力、嵌入是全球生产网络研究的三个要素。全球生产网络的微观主体是跨国公司，对包括跨国公司在内的任何企业而言，要赢得持续竞争优势并获取丰厚利润，就必须拥有自己的核心竞争力。企业核心竞争力最重要的特性就是价值性，企业只能通过满足市场需求、为顾客创造价值，才能从中获利。

符合市场需求的程度越高、为顾客创造的价值越大，核心竞争力的竞争优势也就越明显。因此从价值的视角分析，企业盈利的过程就是价值创造的过程，盈利只是复杂的价值创造过程的结果而已。

随着全球生产网络的不断推进和深化，跨国公司的价值创造并不仅仅是企业内部资源的整合所能实现的，而是越来越依赖协调全球生产网络的所有参与者。正如《2011年世界投资报告》指出，"跨国公司首要的核心竞争力是在全球价值链（网络）中协调各项活动的能力。……在典型的价值链中，跨国公司管理着从投入品采购、制造业务直到分销、销售和售后服务这一系列活动；此外，公司还从事IT服务或研发等活动，支持价值链的所有部分"。根据波特的竞争优势理论，企业在竞争中的优势是在这些特定的战略价值环节上的优势，赢得竞争优势的企业往往比其竞争对手更出色、更廉价地开展这些重要的战略价值活动。跨国公司不仅要通过整合全球生产网络资源更好地为自身创造价值，还要关注如何为其他网络参与者创造价值、实现网络整体共赢。所以围绕价值活动，跨国公司以自身为主体、联合其他利益相关者构建一个共同创造价值的网络联合体，网络中各主体的特征以及他们之间的关系会影响到网络价值的创造、获取和提升，而每个参与者对网络价值的贡献大小决定了其在网络中的地位与权力，反过来也会影响全球生产网络的组织形态。因此从微观研究的角度来看，价值是全球生产网络的核心，是全球生产网络演变的驱动力。基于价值视角的全球生产网络微观研究框架，将是全球生产网络微观研究中最重要的分析框架。

嵌入是亨德森等（2002）提出的全球生产网络分析框架中的另一个要素。嵌入不仅通过职能和地域将全球生产网络中的企业联系起来，还联系着社会和空间安排的各个方面；不仅影响嵌入网络的企业的战略、价值和优先权，还影响着管理者、劳动和社会的期望。嵌入使跨国企业在全球与本地的经济联系中扮演着关键的角色，跨国企业与地方之间的基本辩证关系是地方创造了企业，同时企业也创造着地方。嵌入的模式决定着企业在全球生产网络中的地位和权力，对网络的价值创造、提升和获取产生重要的影响。因此，嵌入成为区域经济发展和获取全球机会的关键因素。基于嵌入视角的全球生产网络微观研究框架，也将是全球生产网络微观研究中的重要分析框架。

权力也是亨德森等（2002）提出的全球生产网络分析框架中的一个要素。全球生产网络中主要有三种权力形态：企业权力、机构权力、集体权力。从微观研究的角度我们应该重点关注企业权力，然而通过上面的分析可知，企业权力并不是企业本身具有或者固定不变的，企业在网络中的权力受到其对网络价值的贡献大小，以及其嵌入网络的方式的影响，企业在网络中的价值贡献或嵌入方式的变化，决定了企业权力的动态变化。因此，本书不认为基于权利视角的全球生产网络微观研究框架，也是全球生产网络微观研究中的重要组成部分。

综上所述，本书遵循亨德森等提出的全球生产网络分析框架，依据全球生产网络微观研究的理论基础，从价值和嵌入的角度，提出全球生产网络微观研究的分析框架（见图3-1）。基于价值视角的全球生产网络微观研究框架包括五个基本要素：价值目标、全球战略、网络形态、区位选择、网络治理。基于嵌入视角的全球生产网络微观研究框架包括三方面内容：嵌入战略、嵌入维度、嵌入地区。

3.2　基于价值视角的全球生产网络微观研究框架

在本书提出的基于价值视角的全球生产网络微观研究的基本框架（见图3-2）中，包括五个基本要素——价值目标、全球战略、网络形态、区位选择、网络治理，以及四个基本组成部分——全球研发网络、全球制造网络、全球供应链网络、全球销售和服务网络。

全球生产网络以实现可持续的价值创造为总体目标，因此价值目标是网络组织形成和赖以生存的基石和灵魂，跨国公司必须在网络整体目标与个体价值目标之间进行权衡。全球战略是跨国公司帮助实现其价值目标的一整套有计划的行动方案，也是整个网络结构的行动纲领；同时，全球战略在东道国的深入也会使跨国公司越来越重视本土化策略。全球网络的参与者作为网络节点按照一定的分工、相互联结而形成的网络形态，是整个网络适应环境竞争的产物；每个参与者在网络中的地位和作用，取决于其

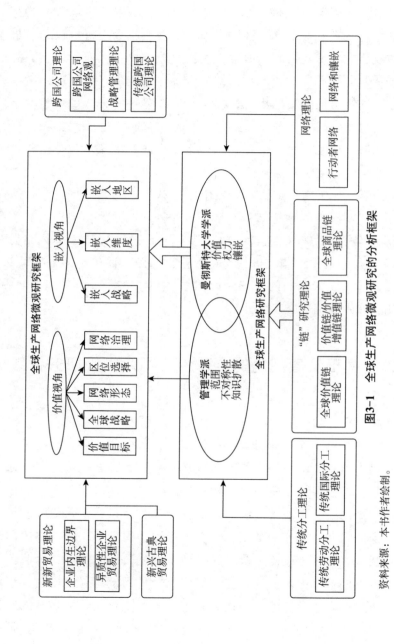

图3-1 全球生产网络微观研究的分析框架

资料来源：本书作者绘制。

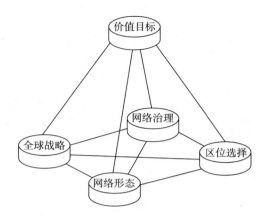

图 3 - 2　基于价值视角的全球生产网络微观分析框架

资料来源：本书作者绘制。

提供的核心资源与关键技术等对网络价值创造贡献的大小；网络组织形态既包括公司内部网络也包括公司外部网络。跨国公司在进行全球化扩张时，会针对价值链的每一个环节、选择最适合的区位，再与此区位中的公司建立网络联结，从而产生新的区域经济和社会关系网络，因此跨国公司的区位选择对于自身价值创造和区域经济发展都有着重要的影响。网络治理揭示了网络参与者之间的行为协调实现协同的过程，明确了网络运行的机制和制度；全球生产网络强调外部治理、共同治理模式，但是跨国公司往往在网络中占据支配地位，因而公司的治理方式会对网络中其他企业的权力与分配产生影响，并且使自身更具竞争力。

在跨国公司的价值活动中，研发、制造、采购、销售和售后服务通常被认为是最重要的、战略性的价值创造活动，而跨国公司的这些活动也都由于呈现明显的地域分散化而形成紧密联结的全球研发网络、全球制造网络、全球供应链网络、全球销售和服务网络，这几大网络体系是跨国公司全球生产网络最基本的组成部分。

3.2.1　价值目标

布莱克法律辞典将"价值目标"解释为，某种事物的重要性、值得获得性或者实用性。就是人们对某种客观事物（包括人、事、物）的意义、重要性、值得获得性或者实用性的总评价和总看法。全球生产网络以实现可持续的价值创造为总体目标。价值目标是网络组织形成和赖以生存的基石，是跨国公司进行网络构建、网络治理和区位选择的价值导向。共同的价值目标使得网络参与者具有较高的一致性与契合度，能够彼此精诚合作。对于跨国公司而言，网络整体目标与个体价值目标有相通性，但不完全一致，其个体价值目标的实现必须权衡二者之间的矛盾。因此，价值目标是整个网络结构的"灵魂"。

3.2.1.1　价值网络的相关研究

古典经济学的分工价值论和马克思主义的劳动价值论、剩余价值论，以及跨国公司理论中的企业竞争战略理论，都将价值作为重要的研究概念。企业竞争战略理论的核心能力学派将价值性视为核心能力的重要特性；战略资源学派将价值性视为战略资源的重要特性；行业结构学派提出价值链和价值体系的概念，后来发展出价值增值链理论、全球商品链理论、全球价值链理论。

从价值的角度，全球生产网络可被视为是一个价值网络（Value Net）。价值网络概念的提出最早可以追溯到哈佛商学院教授 Adam Brandenburger 和耶鲁大学管理学院教授 Barry Nalebuff（1996）共同出版的著作《竞合（Co-opetition）》一书。他们认为企业处在一个由利润相关者共同构成的价值网络中，参与者之间的共同努力实现了企业的价值创造和利润，价值创造受四个核心组织成分的影响：顾客、供应商、竞争者、互补者。Kathandaraman 和 Wilson（2001）的研究进一步强调了价值网络的外部客户驱动性，他们认为价值网是一种以顾客为核心的价值创造体系，卓越的客户价值是其追求的目标，合作共赢是价值网建立的理念基础，不同成员的核心能力是价值网赖以运行的关键。Mercer 顾问公司的斯莱沃斯基（Adrian Slywotzky）（2002）在《发现利润区》（The Profit Zone）也提出了关于价值网的理解。价值网集战略、结构、管理、文化于一体，是企业与不同层次的利益相关者相互耦合交织而成的关系和结构，以便实现价值的创造、分配、让渡和使用。

不少国内学者也对价值网络的概念提出了自己的观点。韩炜（2010）

基于价值驱动的视角，研究了企业网络组织的渐进型与激进型异交路径，即基于价值网结构稳定的渐变与价值网结构失灵的激变。魏明亮、冯涛（2010）分析了产业经济从全球价值链到全球价值网络的发展趋势。周煊、程立茹（2011）提出跨国公司之间的竞争已经由价值链之间的竞争演变为全球价值系统乃至全球价值网络的整体抗衡，对跨国公司的价值网络运作理念特征及组合价值模式进行了研究。

本书认为，全球生产网络是由一条或多条复杂价值链相互连接而形成的网状结构，即价值网络。价值网络更强调企业间的合作竞争，在双赢的市场格局中，网络参与主体形成了一个有机的"共生"网络，这个网络为企业的价值创造带来新的空间。价值网络中各主体的特征以及他们之间的关系会影响到网络价值的创造与获取，而具有合作性的价值创造有助于网络中企业通过广泛开展合作以扩展总体价值，从而从价值层面影响全球生产网络的组织形态。因此，价值创造是全球生产网络的核心，是全球生产网络组织演变的驱动力。

3.2.1.2　价值目标的评估方法

全球生产网络微观研究主要分析企业价值评估。20世纪中期以来，金融财务学者致力于科学评估企业价值的研究，归纳系统的价值评估理论，形成了主流价值评估方法，即相对价值法（P/E、EV/EBIT 和 EV/EBITDA）、自由现金流折现法（FCFF）、股权现金流法（FCFE）和经济增加值法（Economic Value Added，EVA）。

经济增加值是由美国学者 Stewart 提出，并由美国著名的思腾思特咨询公司（Stern Stewart & Co.）注册并实施的一套企业绩效与价值管理的评价体系，该体系于1993年9月在美国《财富》杂志上首次完整发表。经济增加值作为一种新型的公司业绩衡量指标，以经济增加值作为衡量企业业绩的标准，而不是用投资收益率（ROA）等传统的业绩评价指标，从而消除了传统业绩评价体系中存在的诸多缺陷。时至今日，经济增加值已在包括可口可乐、西门子等在内的全球四百多家公司中得到应用，经济增加值指标最大化已经取代利润最大化成为上述公司的经营管理目标。

经济增加值指标在衡量股东收益以及企业价值方面比其他会计盈余指

标有着更明显的优势，它表示股东至少要获取市场上平均的风险投资报酬才能确定企业以往的经营没有损害其价值。经济增加值思想的创立者将其计算公式表示为：

$$EVA = NOPAT - TC \times WACC \qquad (3.1)$$

其中，*NOPAT* 表示经过会计调整后的税后净营业利润；*TC* 表示经过会计调整后的总资本；*WACC* 表示考虑了股权资本成本后的综合资本成本率。

由计算公式 3.1 可知，经济增加值指标的计算涉及三大项目，思腾思特咨询公司对此给出了计算这三个项目的基本规则，其要点有二：一是如何对税后净营业利润和总资本进行会计调整，思腾思特咨询公司给出的调整项达到了 160 多项；二是如何利用 CAPM 模型计算综合资本成本率。其中，企业在实际应用经济增加值进行会计调整时，可以根据自身的实际情况选择调整项，但在选择时一般需要考虑以下原则：①重要性原则，即拟调整的项目涉及的金额应该较大；②可获得性原则，即需要调整的项目数据能够准确地获得；③易理解性原则，即调整的事项对于员工来说易于理解；④稳定性原则，即调整的事项应该在一段时间内固化下来，使其成为一种常态。

经济增加值评价指标的概念可以简单地表述为，公司税后净营业利润扣除债务和股权资本成本后的利润余额，是全部资本成本被扣除后的一种"剩余收入"。经济增加值评价指标建立在传统的会计利润指标基础之上，同时又优于会计利润指标，两者最大的区别在于对"资本成本"的不同处理。传统的会计核算方法以利息费用的形式反映债务融资成本，却忽略了股权资本成本，无法体现股东所要求的风险约束最低回报率。经济增加值评价指标全面考虑公司所使用的资本成本，将股权资本成本以投资者资金的"机会成本"的形式，加入总资本成本之中，能够全面体现所有融资来源所要求的投资收益率。经济增加值评价指标的重要意义在于给公司管理者和股东们一个清晰的"价值创造"概念，以帮助管理者真正实现对公司的价值管理。

随着我国经济的高速发展，政府越来越重视经济的可持续发展问题。2003 年，中国国务院国有资产监督管理委员会（简称"国资委"）开始尝试采用经济增加值指标对央企经理人的业绩进行考核，随后国资委把推行经济增加值的应用分成三个阶段：2004～2006 年进行了前期调研，并在2006 年选择了部分企业进行试点；2007～2009 年鼓励有条件的中央企业引入经济增加值考核理念；2009 年 12 月 28 日颁布《中央企业负责人经营业绩考核暂行办法》，规定了经济增加值指标在央企经营业绩考核体系中的主导地位，经济增加值成为三项基础指标中权重最高的指标，这标志着央企经济增加值考核正式从探索阶段进入实施阶段。

3.2.2　全球战略

全球战略又称全球化战略，是指跨国公司从全球观点出发，利用不同国家和地区的区位比较优势，把价值链上的各个环节和职能加以分散和配置，使它们有机地结合起来，实行综合一体化经营，努力降低生产经营成本，以获得长期的、稳定的全球竞争优势，实现最大化的全球效率。跨国公司的全球战略是帮助实现其价值目标的一整套有计划的行动方案，也是整个网络结构的行动纲领。随着全球化战略的深入发展，跨国公司逐渐在全球搭建研发网络、供应链网络、制造网络、销售和服务网络，以在全球范围内实现资源的最佳配置；同时，这些网络环节逐渐融入东道国经济，东道国的市场需求也愈加重要，跨国公司也会越来越重视本土化策略。所谓"本土化"，是指跨国公司的海外子公司在东道国从事生产和经营活动过程中，为迅速适应东道国的经济、文化、政治环境，淡化企业的母国色彩，在人员、资金、产品零部件的来源、技术开发等方面都实施当地化策略，使其成为地道的当地公司。"本土化"的实质是跨国公司将生产、营销、管理、人事等经营诸方面全方位融入东道国经济中的过程，也是着实承担在东道国公民责任，并将企业文化融入和植根于当地文化模式的过程。因此，从战略上分析并寻求全球化与本土化之间的平衡成为跨国公司获得全球化经营成功的重要因素。

3.2.2.1　全球战略的分类

怀尔德（John J. Wild）等（2009）将跨国公司的全球战略分为三个不同层次：公司层次的战略、业务层次的战略和部门层次的战略。

公司层次的战略是指公司将要开展经营活动的国别市场和行业，还包括为公司的不同事务部制定总体目标，规定每个部门在实现这些目标时应该起到的作用等。公司战略的四种主要方法是成长、紧缩、稳定和组合战略。组合战略的目标是将成长、紧缩和稳定战略同时运用于公司的不同业务部门，在跨国公司中非常普遍，因为极少有公司会在不同的业务部门实施完全相同的战略。

业务层次的战略采用波特提出的三种基本战略模式：低成本领先战略、差异化战略以及目标集中战略。低成本领先战略是指公司利用规模经济取得同行业竞争者中最低的成本结构的战略，一般非常适合生产标准化产品和有着统一营销战略的公司。采用差异化战略的目标是使购买者认为它所提供的产品在同行业中是独一无二的，可以通过提高产品质量的美誉度、建立与众不同的品牌形象、产品个性化设计等方式来实现差异化。目标集中战略是指公司集中为某个特定细分市场的需求服务时所采用的战略，公司通过成为低成本领导者，或对产品实行差异化，或者两者相结合来实现该目标。

部门层次的战略关注的是将资源转化成产品的具体活动，是公司和业务战略的有效支撑。部门层次战略的制定采用波特的价值链分析方法，该方法分析每一个部门的活动，包括基本活动和辅助活动，在创造顾客价值的过程中发挥作用，然后制定相应的部门战略确保公司在创造价值方面的优势。

3.2.2.2 全球战略的实现方式

跨国公司可以采用贸易（出口）、对外直接投资（全资、合资等）、非股权安排（联盟、外包、许可、合作协议、合约制造等）等多种形式实现其全球战略。从全球生产网络各个主体之间的联系方式来看，如果产权分离无法实施（比如为了避免知识或技术扩散，监督成本过高等），那么通常股权方式就是一个首要选择；如果产权分离是可行的，那么通常非股权方式就成为全球生产网络实现的重要方式。从各种方式的流行程度看，对外直接投资、外包以及联盟是三种典型的实现方式。

巴克利和卡森（Buckley and Casson，1998）拓展了巴克利和卡森（1976）建立的内部化理论模型，针对跨国公司的海外市场进入策略，包括生产位于何地、生产设施是否为进入者所拥有、分销设施是否为进入者所拥有、所有权是否通过合资企业独有或共享和所有权是否通过绿地投资或并购而获得，建立了一个详细的系统分析模型，用于分析跨国公司全球战略的实现方式。

新新贸易理论从微观角度分析了跨国公司的国际化路径和企业边界，对什么样的企业会选择进入国际市场，它们如何进入国际市场（是出口还是对外直接投资，是水平对外直接投资还是垂直对外直接投资，对外直接投资是新建还是跨国并购，是外包还是一体化），如何选择区位（国内还是国际，南方还是北方）等问题进行了分析和解答。请参见本书第2章的相关内容。

3.2.3　网络形态

网络形态描述了网络的节点、资源以及网络联结的路径和方式。网络节点是网络中不同等级层次的网络参与者，是构成网络组织的基本对象，是全球战略与网络治理有效实施的实体。节点为网络提供核心资源与关键技术，对网络价值的贡献大小决定了其在网络中的地位与作用。网络联结在网络结构中并不是不同节点的简单叠加，而是通过一定的沟通方式和相互作用的依赖路径将节点串联起来、形成有机联系的拓扑结构。网络联结可以被认为是网络成员之间建立信任的过程，既包括公司内部联系也包括公司外部联系。网络节点按照一定的分工、相互联结而形成的网络形态，是整个网络适应环境竞争的产物。

3.2.3.1　全球生产网络的参与主体

全球生产网络是一种介于企业和市场之间的组织，从参与主体看，主要可分为两类：企业和机构。在恩斯特等提出的全球生产网络框架中，对企业关系网络的研究更为细致。全球生产网络包括了旗舰企业与子公司、附属企业和合资企业，以及供应商和分包商、分销渠道和增值经销商，还包括其研发联盟和一系列合作协议（请参见本书第1章的相关内容），企业间存在明显不对称性和异质性特征，并呈现多样化的合作关系。在亨德森等提出的全球生产网络框架中，对网络中机构的研究更为细致。全球生产网络中的机构包括国家和地方机构、国际组织（如 EU、ASEAN、NAFTA 等）、世界组织（如 IMF、世界银行、WTO 等）、联合国机构（特别是国际劳工组织）等，也包括工会、雇主协会，以及关注人权、环境保护等问题的非政府组织等集体机构（请参见本书第 1 章的相关内容），机构安排影响着全球生产网络的发展。

3.2.3.2　按驱动者分类的全球生产网络形态

在全球生产网络中，领导厂商一般占据网络中的战略性环节，因而控制着整个生产网络和行业，成为整个生产网络的发起者、组织者或核心的驱动者。借鉴格里芬（1999）提出的全球商品链分类，可将全球生产网络分为两类：购买者驱动型与生产者驱动型。从驱动者的角色差异来看，不同驱动类型的全球生产网络，其网络结构也存在很大差异，全球生产网络的网络形态在很大程度上取决于网络驱动者的类型。

（一）购买者驱动型的全球生产网络

购买者驱动型的全球生产网络（网络形态见图 3 - 3）以行业中的品牌

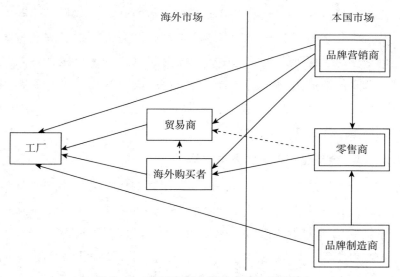

图 3 - 3　购买者驱动型的全球生产网络

资料来源：Gereffi, G., "International Trade and Industrial Upgrading in the Apparel Commodity Chain", *Journal of International Economics*, 1999, 48（1）: 37 - 70.

营销商、零售商为领导厂商，通过其在设计、品牌与营销方面的突出优势在全球范围内建立起生产网络，生产活动往往通过有序组织发展中国家的分包商并按国外买方的要求提供成品来进行。购买者驱动型的生产网络以高度竞争、当地所有、全球分布生产体系为特征，网络中的领导企业主要是管理经营生产与贸易网络，并确认所有个体厂商的商业活动能完整整合起来，承担整合全球消费品市场海外工厂的战略中间人角色，一般不通过直接的所有权关系控制全球生产网络，较为强调软件环境的建设。为了强化在网络中的地位，领导企业通常会通过渠道建设强化渠道力量或通过品牌建设来培育对消费者的影响力。

（二）生产者驱动型的全球生产网络

在生产者驱动型的全球生产网络（网络形态见图3－4）中，行业中的制造商（通常是国际寡头）成为网络的领导厂商，能够对提供原材料、配件供给的后向联系与进入分销、零售的前向联系实施控制，由他们协调生产网络。生产者驱动型的生产网络在资本、技术密集型产业中较为普遍，领导厂商往往通过垂直一体化来实现规模经济效应，注重加强基础设施等方面的硬件建设。而整个生产网络的生产销售，以及国际竞争者之间的国家策略联盟，在生产者驱动型全球生产网络中相当普遍。

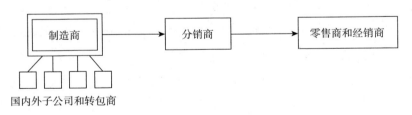

图3－4　生产者驱动型的全球生产网络

资料来源：Gereffi, G., "International Trade and Industrial Upgrading in the Apparel Commodity Chain", *Journal of International Economics*, 1999, 48（1）: 37－70.

从经济学角度来理解，在全球生产网络中，存在新厂商进入障碍的生产环节往往可以带来更多利润。这种较高的进入门槛往往是领导厂商的特质资产，由此带来类似于经济租的高额回报。生产者驱动型全球生产网络的领导厂商主要依靠技术租、组织租等。购买者驱动型全球生产网络主要涉及品牌租、营销租、关系租、贸易政策租等。不管是购买者驱动型还是生产者驱动型，生产网络中的行动主体是通过参与全球生产网络多个环节的活动，逐步获得或形成特定特质资产，进而获得种种经济租的。生产者驱动型全球生产网络与购买者驱动型全球生产网络的比较见表3－1。

表3－1　生产者驱动型全球生产网络与购买者驱动型全球生产网络的比较

项目	生产者驱动型全球生产网络	购买者驱动型全球生产网络
驱动力	产业资本	商业资本
核心竞争力	研究与开发，生产能力	设计，市场营销
进入壁垒	规模经济	范围经济
产业分类	耐用品，中间产品，资本品	非耐用品
典型产业	汽车，计算机，飞机	服装，鞋帽，玩具
制造业企业所有权	跨国性企业	当地企业，主要在发展中国家
主导的网络联结形式	基于投资关系	基于贸易关系
主导的网络结构	垂直型	水平型

资料来源：Gereffi，G.，"International Trade and Industrial Upgrading in the Apparel Commodity Chain"，*Journal of International Economics*，1999，48（1）：37－70.

3.2.3.3　按国别/民族特征分类的全球生产网络形态

全球生产网络的组织形态在很大程度上取决于组建该网络的跨国公司在其母国的公司治理形式及其激励机制。换言之，全球生产网络在一定程度上可视为国内竞争的跨国界延伸，不同国家/民族的文化禀赋特征对于全球生产网络的组织形式具有很关键的作用。Zysman，Doherty 和 Schwartz（1997）认为，可以从两个维度区分网络结构的类型：一是企业间关系的垂直性/水平性，它描绘了网络中企业之间合作关系的持久性和力量对比情况；二是网络的开放性/封闭性，它反映了网络外企业进入的难度。由此可将跨国生产网络划分为四种组织形态，即垂直封闭型网络、垂直开放型网络、水平封闭型网络、水平开放型网络。他们重点讨论了亚洲制造企业的兴起和亚洲生产网络的构建，并将国别/民族特征与生产网络的类型联系起来进行分析（见表3－2）。

表 3 – 2　亚洲生产网络的分类

	垂直一体化	水平一体化
开放	以美国企业为主导的网络	以中国台湾企业为主体的网络
封闭	以日本、韩国企业为主导的网络	以海外华人企业为主体的网络

资料来源：Zysman, J., Doherty, E. and Schwartz, A., "A Tales from the 'Global' Economy: Cross-national Production Networks and the Reorganization of the European Economy", *Structural Changes and Economics Dynamics*, 1997, 8: 45 – 85.

（1）垂直封闭型网络。日本、韩国企业通常将高附加值的生产环节保留在国内，将低附加值的组装等环节转移到国外比如中国，技术要求较高的零部件一般由跟进的母国供应商提供或从母国采购，母公司对海外附属公司保持高度控制权。因此，以日本、韩国企业为主导的生产网络呈现层级型的垂直一体化模式，领导厂商构建的网络其实是其国内生产网络的跨国界延续，封闭性相对较强，东道国的本地企业以及其他外国企业很难进入网络的核心体系，这属于典型的垂直封闭型网络。

（2）垂直开放型网络。美国企业一般倾向于将生产外包，向合作公司提供更多的管理自主权和高附加值生产制造功能，赋予海外子公司更多的自主决策权和创新的机会，母公司往往只保留附加值高的产品开发、系统集成、品牌推广等环节。因此，以美国企业为主导的生产网络更加柔性化，更具开放性和适应性，美国企业成为行业技术标准的制定者和品牌领导者。

（3）水平开放型网络。中国台湾的企业以中小企业居多，往往专注于一两种产品，供应商之间的生产网络是基于"市场反应速度"的复杂的、短期的、变化的合作关系。这种临时合作关系往往因为一份订单而产生，随着一份订单的完成而终结。因此，以中国台湾企业为主体的网络通常表现为较为开放的网络，网络成员一般具有创新能力，力量对比不很悬殊，成员之间的关系比较灵活和复杂，经常变更合作伙伴。

（4）水平封闭型网络。在中国香港、中国台湾、新加坡等地区的海外华人企业网络中，虽然各个华人企业是相互独立的，但是，相同的文化和语言以及人际关系决定了非华人企业很难真正加入进来。因此，海外华人企业组建通常是水平封闭型网络，网络运作主要基于人际关系而非市场交易，这给企业间的合作与协调带来了便利，同时也造成了网络以外企业的进入壁垒较高。

Zysman 等认为，网络组织形态不是固定不变的，它会随着环境的变化而发生变化，网络的开放性或封闭性对区域经济发展很重要，相比之下，开放型网络对发展中国家的产业升级更有利。

3.2.4　区位选择

区位选择是指按照规定的标准，通过空间分析的方法，确定分支机构的最佳区位或路径以实现预期价值目标的过程，它包括了区位动机、区位决策和厂址选择等内容。区位选择直接服务于跨国公司的全球战略，也会受区域已有的经济活动和社会变迁的影响。跨国公司在进行全球化扩张时，会针对价值链的每一个环节、选择最适合的区位，再与此区位中的公司建立网络联结，从而产生新的区域经济和社会关系网络。跨国公司的全球网络与区域产业网络的集结促使全球生产网络最终成形。跨国公司的全球网络联结着多个区位，覆盖了各种价值链环节，包含了跨国界的知识流动和扩散，因此跨国公司的区位选择对于自身价值创造和区域经济发展都有重要影响。

3.2.4.1　区位论的相关研究

区位论是经济地理学和区域经济学的核心理论基础和共轭研究领域，区位思想的演变与经济地理学的学科发展互相促进，区位论是公认的经济学和地理学两门科学的主要内涵和互通桥梁。从 19 世纪 20 年代起源至今，区位论本身经历了从创立提出到逐步形成体系的发展过程。

区位论源于古典经济学，最早可以追溯到德国的古典区位理论，经济学家很早就发现位置和场所与经济过程相关，Thunen（1826）在《孤立国》中首次提出了农业区位论，Weber（1909）提出了工业区位论，Christallor（1933）提出了中心地理论。Losch（1940）提出的市场区位论，标志着区位论研究从古典区位论发展为近代区位论。至此，区位论一方面将空间要素与区域要素纳入经济学的研究领域中，发展成区域经济学；另一方面将确定性解释融入地理学的研究中，经济地理学从地理学分化为一门独立的分支学科，区位论成为传统经济地理学的一个核心基础理论。第二次世界大战以后，区位论从古典阶段发展到现代阶段。Isard（1956）在其著作《区位与经济空间》中提出了区域科学，努力将空间问题带入经济理论的核心，遗憾的是并未成功。Moses（1958）提出一个整合区位理论与生产理论的新古典理论。Smith（1971）把 Weber 古典工业区位论的费用思想引申为空间费用曲线，并用它与 Losch 导入的空间边界分析来寻找"最佳区位""接近最佳区位"或者"次最佳区位"。

从 20 世纪 70 年代以来，随着对控制论、博弈论的成功借鉴，空间区位研究的范围更加广泛。其中，Holaham 与 Bechman 的空间定价与产出理论、Lancaster 的空间竞争理论、Beckman 的区位选择理论和空间均衡理论，构筑起了现代区位理论的基本体系。Dunning（1993）在生产折中理论中，认为区位特定优势决定了跨国公司投资的区位选择。区位优势包括两方面的内容：一是由东道国要素禀赋所产生的优势，如自然资源的状况、劳动力、地理位置等；二是由投资环境形成的优势，如政治经济制度、法律法规政策、基础设施、市场容量、外部规模经济等。这两类因素都在对外直接投资区位决策中起重要作用。生产折中理论认为对外直接投资与东道国的区位优势有关，也与跨国公司的战略目标相一致（见表 3 - 3）。

表 3 - 3　国际生产类型与区位决定因素

国际生产类型	区位优势：到哪里去投资	跨国公司的战略目标	适合哪些行业
市场开发型	原材料和劳动力成本；市场规模和特征；政府政策（如管制和进口控制，投资优惠等）	保护现有市场，反击竞争者；阻止竞争者或潜在的竞争者进入新的市场	电脑、医药、汽车、烟草、食品制造业、航空业
追求①产品②加工效率型	①产品专业化和集中生产带来的经济性；②低廉的劳动力成本，东道国政府对当地生产的优惠和鼓励	地区或全球产品合理化或获得加工专业化优势	①汽车、电器、商业服务和一些研究开发；②电子消费品、纺织和服装、照相机、医药等
追求战略资产型	上述三类中能提供技术、市场和其他资产与现有资产整合的因素	增强全球创新和生产竞争力，能够获得新的生产线和市场	固定费用比例高的行业，有巨大规模或综合经济的行业
贸易和分配型	接近原材料和当地市场，接近消费者，售后服务等	或者进入新市场，或者作为地区或全球营销战略的一部分	一系列产品，特别是那些需要与转包商和最终消费者联系的产品

续表

国际生产类型	区位优势：到哪里去投资	跨国公司的战略目标	适合哪些行业
辅助服务型	获得市场，特别是那些重要顾客	全球或区域产品或地区多样化	①会计、广告、银行、工业品；②空间联系至关重要的行业（如航空和海运）

资料来源：Dunning, J. H., *The Theory of Transnational Corporations* (London：Routledge，1993).

　　20 世纪 90 年代以来，经济活动的空间区位对经济发展和国际经济关系的重要作用在国际学术界引起人们的高度重视，新经济地理学为此做出了突出贡献。一些著名经济学家，如克鲁格曼（Paul Krugman）、藤田（Fujita）、波特（Michael Porter）、巴罗（Robert Barro）、阿瑟（W. Brian Arthur）和维纳布尔斯（Anthony Venables）等，都在积极推动新一轮的经济学与地理学的融合。新经济地理学吸收了城市经济学、区域科学和经济区位论等有关空间经济的传统思想，把区域、区位、距离等概念带进经济学，用规模收益递增、外部经济、不完全竞争、空间集聚等观念，解释国家与区域经济发展的竞争优势，并用数学模型表达出来。新经济地理学的研究主题主要有两个，一是经济活动的空间集聚，二是区域增长集聚的动力分析，其中对产业区位的研究是理论中的重要内容。

3.2.4.2　新经济地理学与区位选择

　　克鲁格曼（1991）建立的中心—外围模型是新经济地理学中最有代表性的一个两地区、两部门的一般均衡区位模型。该模型揭示了两个对称的（要素禀赋相同的）区域如何在规模报酬递增、劳动力自由流动和运输成本的共同机制作用下变成一个中心—外围的不对称结构。中心—外围模型展现了产业结构和空间布局的演变过程，而且这些演变过程都是内生的，也使得该模型在国际贸易和投资的区位选择上比新贸易理论模型更具有解释力。此后很多学者对企业在世界范围内的区位选择进行了研究（见表 3 - 4）。

表 3 – 4 　新经济地理学中研究跨国企业区位选择问题的代表性文献

分类	研究者	研究内容
基本模型 （中心—外围模型）	Krugman （1991）	借助 D – S 垄断竞争模型，把运输成本内生化，通过一般均衡的分析框架研究均衡状态下厂商的空间分布选择对不同区域的企业或劳动力的集聚程度的影响，以及由此而产生的贸易流向的变化
总部和工厂位于同一国家的单工厂企业模型	Krugman 和 Venables （1995）	贸易成本的变化对跨国企业的区位选择，跨国企业的区位选择如何影响制造业的集聚程度和一国的贸易流向
总部和工厂位于两个国家的单工厂垂直型跨国企业模型	Ting Gao （1999）	引入跨国公司的所有权结构，考察贸易成本和要素差异对垂直型跨国公司的总部和工厂区位选择的影响
两区域—两工厂的水平型跨国企业模型	Raybaudi-Massili （2000）	两区域—两工厂模型下，运输成本、建厂成本和产品替代弹性对水平型跨国公司的影响
多区域的垂直和水平型跨国企业模型	Ekholm 和 Forlid （2001）	将水平型—多区域跨国企业和垂直型—多区域跨国企业纳入到同一个模型中，考察多区域假设下，跨国企业的区位选择对产业空间集聚的影响
	Markusen （2005）	把分析的重点转移到跨国厂商和投资壁垒减少对跨国厂商位置选择的效果，在同一模型基础上同时考察跨国厂商的两种基本模式

资料来源：参考李靖（2007）的材料整理而成。

从新经济地理学的基本思路和研究方法中，可以看出其国际模型为研究跨国厂商区位选择问题所提供的新视角和其主要优点所在：①它提供了以单个跨国厂商微观选择行为为基础的一般均衡方法，内生了运输成本、规模经济程度和制造业消费份额等参数以及生产成本的变化对厂商位置选择的影响；②模型可用来研究经济体中已有的集聚对均衡结果的影响；③模型可以分析引资国的制度、政策、基础设施和通信等条件的变化如何改变集聚的向心力和离心力的对比，从而影响跨国厂商的区位选择行为等（李靖，2007）。运用新经济地理学的理论体系可以研究如下的全球生产网络区位选择问题：①跨国公司在全球网络中的整体空间布局以及形成这一布局的可能原因；②跨国公司选择特定东道国进行投资的影响因素分析；③跨国公司投资行为对国家之间收入水平的影响；④跨国公司投资行为对东道国产业集聚和地区协调发展的影响；⑤东道国如何通过建立制度、执行政策、改善基础设施和创造软环境等来影响跨国公司在本国内的区域分布等。

3.2.5 网络治理

网络治理揭示了网络参与者之间的行为协调实现协同的过程，明确了网络运行的机制和制度。要保证网络组织的有效运作，除了合理构建网络形态、进行区位选择外，还有赖于信任机制、协调机制、权利机制、决策机制、激励与约束机制等网络运行机制的建立。网络制度作为网络参与者必须共同遵守的活动规范和行为规则，相当于网络组织的法律，是网络组织的运行基础。全球生产网络的参与者是以互补性分工为基础，以互惠互利为原则，通过相互依存的关系往来以一种稳定的双边交易契约（关系型契约）相互联系在一起的，从而使全球生产网络的组织和交易更有效率。全球生产网络强调外部治理、共同治理模式，也必然要求相应的网络决策权和控制权等安排，让所有相关利益主体在一定程度上实现共同决策和共同治理。但是跨国公司往往在网络中占据支配地位，通过掌握该产业全球价值链上的战略环节，控制整个生产网络，成为网络的核心治理者，即领导厂商。

关于全球生产网络的治理模式，很多学者曾做过深入研究。Sturgeon（2002）利用电子产业案例，根据领导企业在网络中的不同作用，领导企业与供应商的关系，将以不同国家企业为主导的网络治理分为三种不同的类型：①领导型生产网络，以日本和韩国企业主导的网络为代表；②关系型生产网络，以德国、意大利以及东南亚的海外华人网络为代表；③模块型生产网络，以美国企业主导的网络为代表。

格里芬等（2005）在综合了交易成本经济学、企业网络学说、企业技术与学习能力学说等理论的基础上，提出了一个基于三方面因素的网络治理模型，这三个要素如下：①交易的复杂程度，主要是指为了完成一次交易，必须传递的信息和知识的复杂程度，特别是产品和加工过程的一些规范；②交易信息编码的能力，即这些信息和知识能够被识别和编码的程度，从而带来有效的信息传递，并且参加交易的各方不需要专门进行特定的投资；③供应商的供应能力，即相对于交易的要求来说，已有的和潜在的供应商的供给能力。这三个要素决定了网络中企业间的权力关系，根据组织间权力的差异将全球生产网络的治理模式归纳为五种类型，按照网络中主体之间的协调能

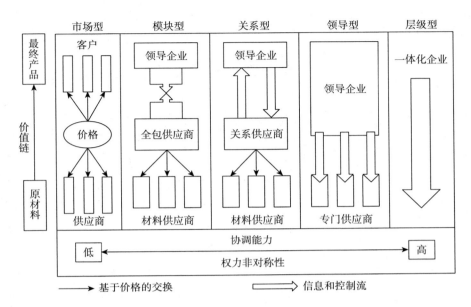

图3-5　全球生产网络的治理模式

资料来源：Gereffi, G., Humphrey, J. and Sturgeon, T., "The Governance of Global Value Chains", *Review of International Political Economy*, 2005, 12（1）：78-104.

力和权力不对称程度从低到高依次排列为：市场型（Market）、模块型（Modular）、关系型（Relational）、领导型（Captive）和层级型（Hierarchy）（见图3-5）。其中市场型和层级型属于网络的两种极端治理方式，而模块型、关系型、领导型与Sturgeon（2002）提出的三种类型比较相似。

3.2.5.1　市场型

在市场型治理模式下，网络中厂商间的交易易于编码，生产标准简单，供应商的生产能力与供应能力很强，专用性资产不易积累，网络的运行主要以市场交易关系为基础，同时也很少需要领导厂商与供应商之间的显性协调。这时双方只要通过价格和契约就可以很好地控制交易的不确定性和降低交易成本，而且市场联系也可以在重复交易中维持较长时间。对于交易双方来说，中断彼此联系，而与新的合作者建立联系的转化成本较低。市场型网络运行的核心机制就是传统的价格机制，分工交易关系是基于市场契约的保持距离型。这种模式的网络治理一般都存在于发达国家与发展中国家价值链分工体系形成初期，或者发展中国家拥有核心技术和竞争优势的产品中。其产生的原因在于发展中国家获得了某种产品的技术势力、市场势力或者某种生产要素的独特禀赋性。

3.2.5.2　模块型

模块型治理模式往往涉及较为复杂且具有模块化特征的产品的生产，其生产标准或相关知识也较易编码且生产技术已标准化，供应商有能力提供全部产品或部分模块，但由于编码信息内部化控制较难，领导厂商需要进行调控与控制，不过能够通过标准化契约来较好地降低交易成本。模块型的优点在于对市场反应快速灵活，且对于网络中的厂商尤其是领导厂商来说，虽然买卖双方具有一定的依赖性，但投入成本较低，更换合作伙伴较容易，具有市场型的许多优点，但不是建立在价格机制的基础之上。领导企业与本土企业或者网络之间，几乎不存在相互控制关系，是一种能力互补、技术比较充分交流、市场共享的双边合作关系。供应商通常都有能力提供完整的模块，这样就降低了资产专用性，交易过程所需要的监督和控制程度都很低。模块型生产网络以美国企业最具代表性，其中的供应商向领导厂商提供全承包服务，除了设计外几乎不需要领导厂商的支持或投入。网络中企业间交流的频率、强度和相互依赖程度都较关系型生产网络低。交易和沟通是通过高度格式化的程序实现的，企业之间不需要空间上的临近性和文化上的相似性。模块型生产网络中企业之间的关系不如关系型那么稳定，在转向新的交易伙伴时成本较低。

3.2.5.3　关系型

在关系型治理模式下，产品标准不易编码，产品复杂导致交易也较为复杂，但供应商的能力较强，供应商与领导厂商之间知识交换频繁，尤其是相互之间面对面的信息交流极为频繁，具有很强的相互依赖性，在这一过程中领导厂商的显性协调将发挥很大的作用，同时高度竞争的原材料和零部件供应商的存在也使得领导企业有动力把各种业务外包，从而形成互补性的竞争优势。在关系型网络中，存在着由声誉机制、社会和空间的接近、家庭和种族联系调节的双向依赖，信任和声誉机制也可能存在于空间上分散的网络中，但这种网络要花费较长的时间才能建立起来，此外还有一种方式可以对这种关系进行规制，那就是对违约方施加违约成本。因此双方转向其他交易伙伴的成本较高，关系型生产网络与市场型、模块型生产网络比较类似，双方之间的权力关系比较平等，经常产生很强的资产专用性和很复杂的相互关系。关系型生产网络在德国、意大利和海外华人企业中较为普遍，其治理主要依赖网络主体之间的社会关系，而不是领导厂商的权威。这种生产网络往往植根于社会经济体系之中，或由于家族或宗族关系原因，交易成本较低，企业与企业之间的关系具有很大的灵活性，具有很好的市场适应能力。这种关系型生产网络常常与一定地域的产业集聚相联系。如意大利北部的工业区，海外华人在东南亚的以家族为纽带的业务网络等。

3.2.5.4　领导型

在领导型治理模式下，产品专业化规范的复杂程度很高，但知识编码较容易，同时供应商供应能力较低，迫使领导厂商对其进行干预与控制。在此过程中，领导厂商将投入较多的资源并付出较大的努力，通过对供应商高度控制和监管来实现治理，同时通过提供各种支持使供应商愿意保持合作关系，因而会将自己的供应商锁定在自己建立的生产网络中，排斥其他领导厂商的进入从中分享到好处。另外，供应商由于转移成本较高，因而一般限制于较小范围内的生产活动（如简单装配），在其他很多高端业务和流程上都依赖于领导厂商，例如设计、物流、零部件采购、生产技术升级等，因此很难改变交易对象，只能隶属于某个大的领导厂商，成为"俘虏型供应商"。尽管双方权力不对称，但领导型的生产网络能够降低双方之间的机会主义行为，同时也向供应商提供了产品市场出路。领导型治理模式以日本和韩国企业主导的网络为典型代表，领导型生产网络是日本著名的精益生产系统（Lean Production System）的基础，曾经在汽车等行业产生了巨大的影响。

3.2.5.5　层级型

在层级型治理模式下，由于产品较复杂，因此生产标准难以编码，加上供应商能力较低，外部交易的成本很高，且很难通过契约来控制机会主义行为，领导厂商不得不采用垂直一体化的企业内治理方式。同时这样也可以将显性知识控制在网络内进行交换，并对复杂的生产网络进行有效管理，对资源实施有效控制，尤其是对知识产权的控制，此时，领导厂商参与的显性协调活动较多，当然，网络中领导厂商与供应商的权力地位也是极为不对称的。层级型治理模式的最大特征是垂直一体化，运行的核心就是管理控制，其存在的基础是雇佣关系，因而也被称为一体化治理模式。层级型治理模式在日本和韩国企业中比较多，母公司出于开拓发展中国家市场或者降低生产成本、获取国际市场竞争优势的目的，利用对外直接投资的形式在发展中国家建立子公司，母公司以垂直一体化层级型方式对海外分支机构实施较强的控制，其治理的最主要的方式就是上级对下级的控制，包括经理对下属的控制，或者总部对分支机构和关联公司的控制。

3.2.5.6 五种治理模式的对比分析

不同的治理模式决定了网络中主体之间的协调能力和权力不对称程度，领导企业的行为模式和外围企业参与生产网络的程度及知识转移的可能性，会对参与企业的升级速度和升级方式产生深远的影响。一般而言，关系型生产网络可以让网络中的供应商获得较多、较为复杂的转移知识，模块型与领导型生产网络次之，而市场型与层级型生产网络最不利于网络中的供应商获得转移知识。其结果是，不同的生产网络治理模式也预示着网络中供应商不同的企业学习与实现产业升级的潜力。对于领导企业而言，治理模式的选择，是权衡不同组织方式的收益和成本做出的一种选择。如前所述，交易的复杂程度、交易信息编码的能力、供应商的供应能力，是影响网络治理模式三个关键要素（见表3-5）。

表3-5　全球生产网络治理模式的决定因素

治理模式	交易的复杂程度	交易信息编码的能力	供应商的供应能力	显性协调和权力不对称程度
市场型	低	高	高	低
模块型	高	高	高	
关系型	高	低	高	
领导型	高	高	低	
层级型	高	低	低	高

资料来源：根据 Gereffi 等（2005）的材料整理。

从表3-5中可以看出，这五种治理模式中的每一种都是国际分工所带来的风险和收益之间的不同组合：从市场型到网络型再到层级型，外在的协调逐渐升高，权力的不对称程度也逐渐加强。而这五种治理模式在交易方式、冲突解决方式、弹性程度、经济体中委托数量、组织氛围以及行为体行为选择等方面也都各不相同（见表3-6）。

表3-6　全球生产网络治理五种模式的比较

治理模式	市场型	模块型	关系型	领导型	层级型
一般基础	合约—产权	互补性分工	家族关系等	市场势力	雇佣关系
交易方式	价格	网络关系	网络关系	网络关系	公司规则
冲突解决方式	杀价—法律强制执行	互惠互利	信誉	大企业主导的冲突解决	管理命令—监督
弹性程度	高	中	中	中	低
经济体中委托数量	低	中到高	中到高	中到高	中到高
组织氛围	不信任、斤斤计较	互惠互利	回旋余地大	大企业强势	官僚体系、照章办事
行为体行为选择	独立、转换成本低	相互依赖	相互依赖	中小企业依赖于大企业	从属、依赖于上级

资料来源：根据周习（2011）等材料整理。

需要指出的是，上述五种治理模式相互之间不是静止不变的，而是可以相互动态转化的。全球生产网络治理具有典型的动态特征。在全球生产网络的形成过程中，占据战略环节的特质资本起着关键性作用。但核心资本是个动态的概念，它的构成会随时间而变化，决定全球生产网络治理模式的这些变量也都在发生变化，所以特定产业的全球生产网络治理模式也一直处于动态演变之中。正是在战略环节和非战略环节、核心资本和非核心资本的逐步转化及其地位的升降过程中，全球生产网络组织结构安排不断地进行边际调整和校正，从而实现了全球生产网络的动态治理。而这一动态治理过程实际上正蕴含着后起的加工企业参与全球生产网络实现升级的可能性。

同时，全球生产网络的治理模式具有多元化特征，某一领导企业决定采用何种网络治理模式，取决于它对外包的利益与风险的权衡。领导企业根据交易类型、交易环境的变化确定合适的网络联系程度，针对不同的交易采取不同的治理结构安排，从而使交易成本最小化。因此，一个网络中可能混合着多种治理模式，而领导厂商的治理模式会对网络中其他企业的权力与分配产生影响，并且使其自身更具竞争力。

3.3 基于嵌入视角的全球生产网络微观研究框架

3.3.1 "嵌入"的概念解析

3.3.1.1 嵌入概念的相关研究

"嵌入"一词，最早是由波兰尼（Polanyi，1944）从传统政治经济学角度提出的，他认为个人的经济动机是嵌入在社会关系里的，经济行为属于社会活动的一部分。自此之后，便有大量学者分别从经济和社会子系统的角度对嵌入进行研究。特别是经济社会学的代表人物格兰诺维特（Granovetter，1985）对嵌入的经典研究被广为接受和理解，他认为核心的社会结构就是人们生活中的社会网络，嵌入的网络机制是信任，信任来源于社会网络，嵌入社会网络之中。格兰诺维特将社会网络中的嵌入分为关系型嵌入与结构型嵌入两类，并在其提出的关系强度概念的基础上将关系分为两种，即强连接与弱连接。

经济地理学领域对"嵌入"概念的发展做出了很大的努力。Zukin 和 DiMaggio（1990）沿着经济社会学的路线，认为经济行为不仅受到社会结构和关系的影响，而且还受到其他非经济性因素的影响，于是他们进一步将嵌入拓展为四种类别：结构嵌入、文化嵌入、认知嵌入和政治嵌入。经过迪肯和斯威夫特（Dicken 和 Thrift，1992）对特定区域的相关实证分析，经济地理学家开始在对企业及其生产活动的地理空间分析方面重视网络和嵌入研究，把嵌入性概念与新经济地理学的"文化转向""制度转向"的学术思潮紧密相连，继承并发展了嵌入的概念；到 20 世纪 90 年代末期，经济地理学中网络和嵌入的概念已经成为全球生产网络研究框架的一个分析基石。在亨德森等（2002）提出的全球生产网络分析框架中，嵌入是全球生产网络的三个要素（价值、权力、嵌入）之一，地域嵌入和网络嵌入是全球生产网络研究的核心内容。随着"网络"这一概念的兴起，各个学科（社会学、管理学、经济学等）学者纷纷开始使用"嵌入"这一概念。

对"嵌入"概念做出较大拓展的，还有组织和商务管理学研究领域。例如，Halinen 和 Tornroos（1998）在研究商业网络演化时把嵌入划分为两个维度（水平和垂直）和六种类型（时间性、空间性、社会性、政治性、市场性与技术性）。在经济全球化的大背景下，跨国公司的重要性日益凸显，对跨国公司"嵌入"的研究也逐渐受到重视。自 20 世纪 90 年代中期起，安德森（Andersson）和菲尔斯格瑞（Forsgren）等对跨国子公司的网络嵌入做了一系列的研究：1996 年将跨国子公司的网络嵌入划分为内部嵌入（母公司集团嵌入）和外部嵌入（东道国本地嵌入）两种形式；2001 年提出了技术嵌入的概念；2002 年进一步把本地嵌入分为业务嵌入和技术嵌入两个维度；2005 年又研究了母公司的控制机制对子公司外部嵌入的影响。此外，Humphrey 和 Schmitz（2002）从产业集群嵌入方式演化的角度提出嵌入全球价值链的 4 种方式：科层嵌入、市场嵌入、网络嵌入、准科层嵌入。Hochtberger，Zademach 和 Grimes（2003）研究发现，不仅跨国公司子公司的本地嵌入性对子公司的竞争力有影响，而且子公司与全球外部网络的联系和与跨国公司内部网络的联系也会对子公司的竞争力有影响。Whitel（2003）对位于爱尔兰共和国软件产业集群的跨国公司进行了"典型案例"研究，他认为子公司与本地的联系越广泛和越紧密，子公司自身在本地成长越好，子公司的本地嵌入程度越高。

我国学者对跨国公司的本地嵌入概念也进行了一些研究。赵蓓（2004）将嵌入性分为经济嵌入性、社会嵌入性和体制嵌入性，进而对嵌入与产业集群竞争力的关系进行探讨分析。文嫚、杨友仁、侯俊军（2007）从文化嵌入性、网络嵌入性、地域嵌入性三个维度分析了嵌入性与对外直接投资驱动型产业集群的关系。邱国栋、陈景辉（2010）提出了跨国公司嵌入的三个层次（宏观层次、中观层次和微观层次）和四个维度（经济嵌入、社会嵌入、技术嵌入和制度嵌入）。叶庆祥（2008）研究了跨国公司本地嵌入的过程和机制问题，提出跨国公司本地嵌入的"四大演进动力"，即跨国公司的整体战略部署、子公司的自主行为、地方政府的推动和本地企业的成长。

3.3.1.2　本书对嵌入的概念界定

尽管在各学科的文献中，"嵌入"是一个出现频率很高的词汇，但各学科对它的理解却不尽相同。要明确"嵌入"的含义，至少应从三个方面来界定，即"Who（主体）is embedded in what（客体），and how（方式）"。本书在总结已有研究文献的基础上，从全球生产网络微观研究的角度，对嵌入的概念界定如下：全球生产网络嵌入的主体是"企业"，客体是"地方"，嵌入方式包括"经济嵌入（Economic Embeddedness）""技术嵌入（Technical Embeddedness）""社会嵌入（Social Embeddedness）""文化嵌入（Cultural Embeddedness）""体制嵌入（Institutional Embeddedness）"，嵌入强度包括"连接（弱连接）""嵌入（平衡连接）""耦合（强连接）"，嵌入原因包括被动和主动的，嵌入方式包括单向和双向的。在全球生产网络微观框架中，主要研究跨国公司与本地的连接关系的方式、强度与结构，及其与企业组织管理和行为绩效的关系；强调企业的嵌入性依赖于特定区域的社会资本与意会知识，强调企业对本地的归属性和依赖性，以及嵌入网络对企业和全球生产网络的持续发展有着不可忽视的影响。

"嵌入"容易与"本土化"混淆。"本土化"的实质是跨国公司将生产、营销、管理、人事等经营诸方面全方位"融入"东道国经济中的过程，通俗地说就是入乡随俗。因此研究跨国公司的嵌入要比本土化问题更有意义：嵌入性强调扎根发芽，本土化则是入乡随俗；嵌入性强调跨国公司与地方互动耦合，本土化则偏于跨国公司单方适应；嵌入性涵盖经济、社会、技术和制度等多个方面，本土化则主要侧重经济技术方面；嵌入性属于跨国公司战略管理问题，本土化则属于跨国公司策略问题。本土化包含在嵌入性之中，是嵌入性的应有之义，嵌入性之内涵和外延都远远大于本土化。嵌入使跨国企业在全球与本地的经济联系中扮演着关键的角色，企业与地方之间的基本辩证关系是地方创造了企业，同时企业也创造着地方。因此，现阶段无论对跨国公司本身而言还是对地方政府而言，强调跨国公司嵌入性要比单纯本土化更有现实意义（邱国栋、陈景辉，2010）。

3.3.2　基于嵌入视角的全球生产网络微观分析框架概述

根据前文界定的嵌入概念，本书提出基于嵌入视角的全球生产网络微观分析框架（见图 3 - 6）。从嵌入视角出发，全球生产网络微观研究主要包括三方面内容：①针对嵌入强度进行跨国公司的嵌入战略研究，包括战略连接、战略嵌入、战略耦合；②针对嵌入方式进行跨国公司的嵌入维度研究，包括经济嵌入、技术嵌入、社会嵌入、文化嵌入、体制嵌入；③针对嵌入客体进行嵌入地区分析，包括宏观层次、中观层次和微观层次。

图 3 - 6　基于嵌入视角的全球生产网络微观分析框架

资料来源：本书作者绘制。

3.3.3　嵌入地区研究

从全球生产网络微观研究的角度，嵌入地区分析跨国公司"扎根"当地的具体地理位置和过程，以及对跨国公司和当地发展的影响。嵌入地区与区位选择有些类似，但是区位选择更强调从跨国公司的角度分析子公司的区位分布、母子公司的互动以及区位选择与跨国公司全球战略之间的关系；而嵌入地区更强调从"当地"的视角分析跨国公司的空间布局和联系、"跨国公司—当地"之间的互动耦合，以及嵌入对当地发展和社会福利提升的影响。

宏观层次的嵌入地区研究把一个国家视为一个整体，分析跨国公司在该国的嵌入过程和影响；比如研究跨国公司在中国或美国的嵌入问题。中观层次的嵌入地区研究将一个国家按照不同行政区域或者经济区域划分，分析跨国公司在不同区域的嵌入过程和影响；比如研究跨国公司在中国东部、中部、西部，或者在中国长三角经济圈、珠三角经济区，或者一些省份的嵌入问题。微观层次的嵌入地区研究则深入到具体的城市，甚至是更具体的区位，比如城市的商务区、开发区，下辖的乡镇、农村等。

3.3.4　嵌入维度研究

从全球生产网络微观研究的角度，嵌入维度研究跨国公司嵌入当地的具体方式，包括经济嵌入、技术嵌入、社会嵌入、文化嵌入、体制嵌入。嵌入方式是嵌入战略的体现，也影响着嵌入地区以及当地企业在全球生产网络中的地位和权力，从而对企业价值的创造、提升和获取产生重要影响。

经济嵌入是指跨国公司在当地持续投资并与当地企业之间持续而稳定的产业关联性，包括原材料采购供应及其上下游产品供应的本地化程度、与本地产业的接口等。经济嵌入可进一步分为前向嵌入和后向嵌入两种，前向嵌入是指跨国公司与当地经销商、代理商及消费者的联系，后向嵌入是指跨国公司与上游供给企业的联系，特别是对当地上游的原材料、机器及劳动力的利用程度。经济嵌入一方面为当地企业提供了市场机会，另一方面也提高了当地企业的素质，有助于协调全球和当地网络中各经济主体间的关系，从而提高跨国公司和当地网络的竞争力。跨国公司的经济嵌入体现在以下几方面：投资呈系统化、多功能，具有较强的战略意图；投资与本土（国家）战略匹配，并呈现地域集聚态势；投资结构不断升级；跨国公司与当地企业的经济关联不断加深，跨国公司注重培养当地的商业伙伴和供应商。

技术嵌入是指跨国公司与地方企业之间的技术关联性，包括对地方企业的技术转移和技术溢出效应、对地方产业结构升级的促进作用。技术溢出效应主要通过三种途径来实现：一是示范与模仿作用，二是通过人员流动来实现，三是通过产业链前向联系与后向联系而实现。技术溢出效应的产生是跨国公司间接的、无意识的、非主观性的一种行为，从本质上说是经济外在性的一种表现，但可以引致当地企业技术和生产力的提高，促进相关企业的成长和新企业的衍生，从而推动当地的产业发展。跨国公司的技术嵌入性主要表现在：研发机构向当地集聚，科技研发资金投入持续增加，技术引进与技术溢出效应明显，产品档次与技术水平大幅提升。

社会嵌入在许多研究中是一个很宽泛的概念，包含所有非经济性的嵌入甚至等同于"嵌入"。从全球生产网络微观研究的角度，本书将社会嵌入界定为很窄的概念，社会嵌入是指跨国公司与当地社区建立的人际关系与社会联系的密切程度，也包括跨国公司在当地建立信任和声誉的程度，是跨国公司在当地的社会基础。社会嵌入帮助跨国公司在当地提高企业的影响力和知名度，树立企业的亲善、可信赖形象，改善与相关利益者的关系，实现在当地的可持续发展。跨国公司的社会嵌入性体现在：扎根当地，服务当地，与当地同呼吸共命运；积极履行社会责任，做社会好公民。

文化嵌入既包括跨国公司对当地文化传统和风俗习惯等非正式规范的融入和适应，受其规制；也包括当地对跨国公司企业文化的融入和适应，接受其价值观。文化嵌入并非纯粹的经济动机，但为主体的行动选择提供了约束框架，并强调共享的文化理解在塑造经济战略和目标中的作用。跨国公司企业文化的塑造深受其形成和成长的民族文化的影响，无论嵌入到哪里，其经济行为都打上其来源国民族文化的烙印，并容易与来源于同一民族文化背景的其他企业产生凝聚力和信任。因此跨国公司的文化嵌入有利于在当地形成新的文化氛围，激励当地企业改革企业制度和文化，但也在一定程度上冲击了当地文化，所以尤其要处理好与当地文化的冲突。跨国公司的文化嵌入性体现在：融入当地文化传统，与当地企业进行文化交流和合作，基于身份认同和文化邻近形成当地化的网络关系，推行母公司文化在当地的移植策略，建立多元化的企业氛围与跨文化的沟通与管理机制，实施人员和文化本土化战略。

体制嵌入是指跨国公司与其他社会机构（包括政府、协会、银行、大学、研究机构、培训系统等）的联系和影响程度以及对当地制度变迁的影响。在跨国公司的体制嵌入中，政府和科研机构的作用非常重要。如果没有多元化的体制安排，许多问题就无法得以解决，体制嵌入加强了当地政府、协会及企业之间的联系，有利于网络成员的共同奋斗，也提高了网络内企业和各类机构的水平。跨国公司的体制嵌入性表现为：跨国公司与其他社会机构的联系，推动地方现代行政管理体制的建立和优化，促进本地网络中介机构的发展。

3.3.5 嵌入战略研究

从全球生产网络微观研究的角度，嵌入战略研究跨国公司嵌入当地的一整套有计划的行动方案，分析跨国公司与当地网络连接的强度。嵌入战略也是跨国公司全球战略的重要组成部分。

战略连接最早由 Nohria 和 Garcia-Pont 于 1991 年提出，战略连接是指厂商透过战略连接活动取得资源，可与能力互补的厂商连接取得所需资源，或者与能力相近的厂商共享资源以强化能力，以达到规模与范畴经济、降低风险、改善竞争地位的综合利益。就战略连接观点而言，跨国公司的嵌入至少有两种意义：第一，自身资源的全球性利用；第二，获取东道国的本地资源；当然也可能是二者兼而有之。战略连接的主要目的是获得资源，因此跨国公司与当地属于弱连接关系，一般为跨国公司嵌入当地的初始战略。从嵌入地区看，主要嵌入发达地区、一二线城市。从嵌入维度看，以经济嵌入为基础，逐步向社会嵌入、文化嵌入和体制嵌入演进，但是技术嵌入还比较薄弱；而且除了经济嵌入外，其他嵌入都以单向嵌入为主。

战略嵌入是指跨国公司基于当地市场的长远潜力和自身发展战略的考量，逐步将本土纳入全球战略之中，构建"全球—本土"的战略性安排，希望与当地企业及当地社会共同成长，以实现其持久发展和双赢的目标。战略嵌入时跨国公司与当地属于平衡连接关系。战略嵌入一般表现为：在投资动因方面，跨国公司看重当地市场的潜力和具有竞争力的人力资源优势；在投资类型方面，跨国公司投资主要属于市场开拓型投资，更多地把当地看作重要的销售市场；在投资方式方面，跨国公司投资主要采取独资企业或外方控股的投资形式；在投资的产业分布方面，跨国公司主要投资于资本技术密集型、产业联系广泛而深入的产业；在投资的领域范围方面，从单纯的制造活动向服务领域扩展，从制造业转移向研发机构和地区运营总部扩展；在分工定位方面，向系统化、集团化发展，把对当地投资纳入跨国公司的全球网络分工体系中；在产业关联方面，投资呈现显著的空间集聚特征。从嵌入地区看，从发达地区、一二线城市逐步向欠发达地区、二三线城市演进。从嵌入维度看，以双向的经济嵌入为基础，技术嵌入、社会嵌入、文化嵌入和体制嵌入逐步增强，尤其是技术嵌入方面明显增强。

战略耦合是指跨国公司嵌入与地方产业网络通过各自的耦合元素产生相互作用、互动融合的现象，二者建立紧密的、不可分割的连接，从而形成一个完整的产业生态网络。战略嵌入时跨国公司与当地属于强连接关系，具有三个特征。一是企业集群化。跨国公司与大量的企业以及相关支撑机构在空间上集聚，维持着一种长期的、互补的、非特定的合作关系，从而形成强劲、持续的竞争优势。二是产业链高端化。通过跨国公司与地方产业网络相互作用、互动融合，最终实现当地产业价值链逐步向高端转移。三是协同共生性。跨国公司与地方产业共同构成了一个产业价值网络，成员企业之间形成利益共生体，具有共同演化、共生共赢的特性。

3.4　小　结

本章基于第1章和第2章介绍的理论基础，遵循亨德森等提出的全球生产网络分析框架，提出全球生产网络微观研究的分析框架，包括基于价值视角的全球生产网络微观框架和基于嵌入视角的全球生产网络微观框架。基于价值视角的全球生产网络微观研究框架包括五个基本要素：价值目标、全球战略、网络形态、区位选择、网络治理。基于嵌入视角的全球生产网络微观研究框架包括三方面内容：嵌入战略、嵌入维度、嵌入地区。本章对上述每项内容的含义和分类，以及对应的实现或评估方式，都进行了说明，不仅为全球生产网络的微观研究提供了分析框架，而且进一步提供了具体的研究方法。

第 4 章
西门子公司全球生产网络研究

全球生产网络的微观主体是跨国公司，跨国公司在其中处于绝对的主导和优势地位，事实上也正是跨国公司的全球扩张促进了全球生产网络的形成，并使得经济全球化在微观层面呈现以跨国公司为核心的国际贸易新格局。国际贸易研究也从宏观的国家和产业层面进一步细化到企业层面，从而开拓了新的研究领域。然而现有的全球生产网络研究以面向国家、地区、产业的宏观层面分析为主，对全球生产网络微观层面的研究还比较少，比较缺少企业层面的数据支持，导致全球生产网络的研究内容还不是很全面。由于不同的产业特征，可能同一公司在不同产业中的全球生产网络会出现很大的差异，但是当前对于跨国公司在特定产业或者特定地区的业务表现缺少更深入的研究。此外，对于不同的海外市场，存在文化、政治和制度环境等方面的差异，跨国公司是如何克服这些困难以"嵌入"当地经济体系中，从而发展为全球性企业的，同时对当地区域经济和社会发展又产生了怎样的影响？

本章依据第 3 章提出的全球生产网络微观研究框架，首先，基于价值视角，分析西门子公司全球网络的战略框架、网络形态、区位选择和治理模式（见图 4 - 1），研究跨国公司如何以本公司价值目标为核心，构建全球研发、制造、供应链、销售和服务网络，实现跨地域跨产业的业务布局；如何利用网络的力量实现价值活动的整合，提升公司的核心竞争力，实现可持续的盈利增长。其次，依据基于嵌入视角的全球生产网络微观研究框架，从嵌入战略、嵌入维度、嵌入地区几方面（见图 4 - 23）对西门子医疗业务在中国的嵌入进程进行详细分析，帮助厘清跨国公司在当地嵌入的过程及其演化规律。

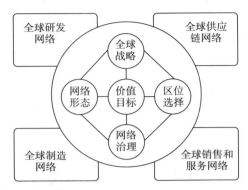

图 4 - 1　基于价值视角的西门子全球生产网络分析框架

资料来源：本书作者绘制。

4.1　西门子全球网络概述

4.1.1　西门子股份公司简介

西门子股份公司（Siemens AG）是总部位于德国柏林和慕尼黑的世界上最大的电子和电气工程公司之一，具有 160 多年的历史，主要从事产品的开发及生产、复杂系统和项目的设计及安装，并为客户的个性化需求提供广泛的解决方案，在能源、医疗、工业、基础设施与城市业务领域占据市场和技术领先地位。2014 财年（截至 2014 年 9 月 30 日）①，公司持续运营业务②的总营收达到 719 亿欧元，公司收入达到 55 亿欧元。西门子共拥有大约 36 万名员工，活跃在全球 200 多个国家，在近 30 个国家拥有约 160 个研发中心，在世界各地拥有超过 285 个制造工厂，并在全球几乎每个国家拥有办公楼、仓库、研发设施或者销售办公室。西门子在全球 100 多个国家拥有约 68 万名股东，是世界上最大的上市公司之一。公司近 60% 的股本募集于德国境外。从 2001 年 3 月开始，西门子股票在纽约证券交易所（NYSE）挂牌交易，

---

①　本书主要资料来源于西门子公司网站（www.siemens.com）和历年年报。

②　本书主要引用西门子年报中的持续经营业务数据。

西门子成为同时在法兰克福证券交易所和纽约证券交易所上市的公司。

4.1.2 全球化发展历程和跨国指数

西门子公司由维尔纳·冯·西门子（Werner von Siemens）于 1847 年在德国柏林建立，经历了创建和初期扩展（1847～1865）、成功国际化（1865～1890）、通过合并和伙伴关系发展（1890～1918）、重回世界市场（1918～1933）、纳粹主义和"二战"时期（1933～1945）、重建和开展全球业务（1945～1966）、开拓新市场和新领域（1966～1989）、全球化（1989至今）八个主要阶段，见证了世界经济的第一次全球化热潮（19 世纪中叶至 20 世纪 20 年代）、"一战"至冷战时期的全球化中断和分割以及第二次全球化推进（20 世纪 90 年代至今）的发展历程。

西门子从创建初期就迅速走上了国际化道路。"一战"前，公司在俄罗斯、英国、奥地利、法国、比利时、西班牙、中国、巴西等国家建立了海外机构，在 1914 财年所拥有的 82000 名员工中约 1/4 来自于海外。经历了两次世界大战后，公司从 20 世纪 50 年代中期起逐步恢复海外业务，1961年实现首次出口超过 10 亿马克；到 20 世纪 70 年代，公司的海外机构主要分布于西欧和北美，少量在日本、拉美国家、印度、南非以及中东地区和南太平洋的一些岛国；到 1985 年，日本、法国、芬兰、墨西哥、巴西、新加坡和马来西亚在西门子的全球体系中地位上升。自 1989 年起公司实施全球化战略，到 2000 年，公司的全球拓展更加分散化，不但原有国家的海外机构不断增多，中国、澳大利亚、韩国等国家也融入了西门子的全球化体系；2014 财年，西门子按地域分为 3 个区域和 14 个区域集群，包括共计 94个国家和地区组织单元。

联合国贸易和发展会议每年发布的《世界投资报告》，对非金融跨国公司按国外资产进行排名，并评估跨国公司的跨国指数（Transnationality Index，TNI），即下列三种比率计算的平均值：国外资产占总资产的比率、国外销售额占总销售额的比率、国外雇员占总雇员的比率。西门子在 1993 年的跨国指数为 32.5%，跨国指数排名第 73；2013 年的跨国指数为 77.8%，跨国指数排名第 25，2013 年的跨国指数约为 1993 年的 2.4 倍。1993～2013 年西门子公司的跨国指数如图 4 - 2 所示①，可以看出，1993～1999 年西门子的跨国指数每年都在上升，尽管在 2000 年受全球经济衰退的影响跨国指数出现回落，但是很快在 2002 年就超过了之前 1999 年的最高值，此后基本保持逐年上升，到 2010 年达到最高值 80.1%，之后三年稳定在 77% 左右。这反映了自实施全球化战略以来，西门子全球网络基本处于不断扩张的态势。

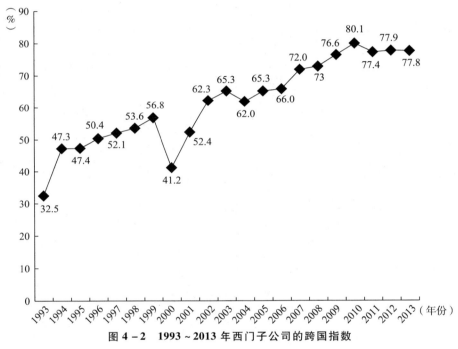

图 4 - 2　1993～2013 年西门子公司的跨国指数

资料来源：本书作者根据联合国贸易和发展会议发布的《世界投资报告》和西门子年报中的相关数据绘制。

4.1.3　价值目标和战略框架

从 20 世纪 90 年代起，为了应对新的挑战，西门子在股东压力下，基于生产力、创新和增长的战略支柱，逐渐成为全球市场的竞争者，这迫使西门子必须制定与之匹配的公司全球化战略和业务领域。简而言之，西门子的全球化以创造价值为目标，通过构建全球网络，提升公司的核心竞争力，

①　2001 年、2009 年的数据由本书作者根据西门子年报计算。

在所有业务领域获得和维护市场和技术领先者的地位，建立全球意义上的可持续竞争优势，以实现可持续的盈利增长和公司价值的持续提升。"One Siemens"是西门子公司实现愿景和目标的全球化战略框架（见图4-3）。由于西门子的业务涵盖多个领域、多个全球区域/国家，因此，在遵循统一的"One Siemens"战略的前提下，不同的业务领域、不同的区域/国家、不同的职能部门都应制定相应级别的战略，以支撑公司整体的全球化战略。

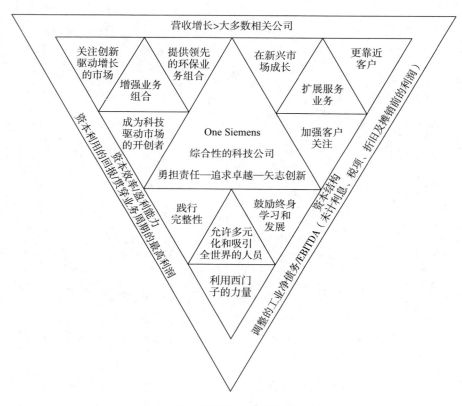

图4-3 西门子全球化战略框架

资料来源：西门子，Siemens Annual Report 2011。

西门子的愿景是成为以下业务领域的开创者：提升能源效率，优化工业生产力，打造价格合理及个性化的医疗，推进智能化的基础设施解决方案。西门子的战略反映了西门子的愿景和目标，基于公司的价值观——勇担责任、追求卓越、矢志创新，指引公司将愿景变成现实。西门子的全球化战略包括三个战略方向，并且为每个战略方向各自定义了三个具体的关注领域，以开发公司的全部潜能。①关注创新驱动增长的市场，三个关注领域分别是：成为科技驱动市场的开创者，增强业务组合，提供领先的环保业务组合。②更靠近客户，三个关注领域分别是：在新兴市场成长，扩展服务业务，加强客户关注。③利用西门子的力量，三个关注领域分别是：鼓励终身学习和发展，允许多元化和吸引全世界的人员，践行完整性。

"One Siemens"战略还包含一个针对资本效率增长的财务目标系统，以及与市场、竞争者相关的持续改进的目标。这个财务目标系统定义了营收增长、资本效率/盈利能力、资本结构优化的准则，合并在一起的这些指标组成了一个平衡的目标系统，驱动西门子公司价值的可持续增长。①营收增长：盈利的营收增长是西门子公司长期价值创造的最重要驱动器，因此营收增长要比相同市场的最佳公司更快。为了评估公司业绩，西门子将平均的营收增长与这些公司进行比较，同时西门子建立了严格的收购标准。②资本效率和盈利能力：西门子的目标是获得盈利并尽可能提高股东和贷款方提供的资本的效率，因此西门子的财务报告体系中包括了资本效率，并进一步定义了资本效率、资本额使用回报（ROCE）的主要准则。西门子制定了资本效率为15%～20%的目标。③资本结构：可靠的资本结构对于可持续的盈利和营收增长是必不可少的。在公司运营准则之外，西门子为管理资本结构定义了衡量标准，并努力进一步优化这个准则。同时，西门子确保在资本市场的债务工具和公司债券服务的无限制使用。

4.1.4　网络形态和治理模式

西门子以"One Siemens"战略框架为指导，连接公司内外部的组织机构，构建了全球研发网络、全球制造网络、全球供应链网络、全球销售和服务网络这几大网络，在战略上掌握全球生产网络的最终所有权和控制配置权，以实现公司可持续的价值创造和提升。西门子全球网络形态如图4-4所示。从网络节点来看，西门子的全球网络包括了内部的监事会、管理委员会、公司职能单元、各业务领域、跨领域服务和区域集群等组织，也包括了外部的大学和研究机构、商业公司、政府组织和公共基金、各级供应商、合资和关联制造商、合同制造商以及渠道分销商和服务提供商等组织。

从实现形式来看，西门子采用了直接投资（全资、合资、并购等）、贸易、非股权安排（联盟、外包、合作协议、合约制造等）等多种形式构建其全球生产网络。从驱动者类型来看，由于西门子的业务领域多属技术密集型产业，因此西门子主导的网络属于生产者驱动的全球网络，西门子在网络中的前向联系（与销售和服务厂商）和后向联系（与供应商）都比较紧密。从网络分工来看，西门子的全球网络既包括水平专业化分工，即在不同国家生产同类产品；也包括垂直专业化分工，即将不同生产活动安排在不同国家。从治理模式来看，作为同时在法兰克福证券交易所和纽约证券交易所上市的公司，西门子在内部采用管理委员会和监事会的双层委员会制（Two-tier Board Structare），以及公司职能单元、业务领域、跨领域服务和区域集群交叉管理的一体化层级型模式；与外部网络成员采用以关系型为主的治理模式，特别对一二级主要供应商和在德国的生产网络治理主要依赖网络主体间的社会关系（如声誉和信任）；当然西门子与网络其他企业也存在市场型的交易关系，但是模块型和领导型的治理模式目前比较少见。

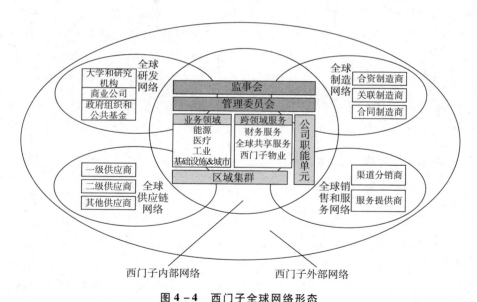

图 4 - 4 西门子全球网络形态

资料来源：本书作者根据西门子公司的相关资料绘制。

作为一家总部位于德国的股份公司，西门子遵守德国公司治理准则，实行双层委员会制，即具有包括一个管理委员会（Managing Board）和一个监事会（Supervisory Board）的管理和监督结构。由于在纽约证券交易所上市，西门子需要服从美国证券法律的若干规定，包括《萨班斯—奥克斯利法案》（SOA）以及美国证券交易委员会（SEC）、纽约证券交易所的规则和规章。尽管德国和美国的治理准则在有些地方是有冲突的，但西门子还是尽可能按美国法律的要求来完善公司治理，因此西门子从一家标准的德国上市公司演变为同时具有美英治理结构和德日公司治理结构特点的世界性上市公司，成为将欧美两种典型公司治理准则成功结合的典范。但由监事会和管理委员会组成的双层委员会制仍是西门子治理结构的主要特点。

监事会对管理委员会的业务管理提出建议并进行监督，德国的《共同决定法》（German Codetermination Act）要求公司的股东和员工各占监事会成员的一半，股东监事由股东大会选举产生，员工监事由员工代表大会选举产生。监事会定期讨论业务发展规划、战略和实施，商讨西门子的季度财报、半年财报，批准独立的年度财报和合并公司财报，也审核独立审计人的审计报告以及审计委员会审核的结果。为提高效率，同时满足德国和美国公司治理准则的要求，西门子监事会成立了6个委员会：主席委员会（Chairman's Committee）、审计委员会（Audit Committee）、合规委员会（Compliance Committee）、提名委员会（Nominating Committee）、调解委员会（Mediation Committee）、金融和投资委员会（Finance and Investment Committee）。在主要职责上，西门子的监事会与美英模式中的董事会基本是一致的；但在人员规模和构成上，德国的监事会人数多，其中一半由员工担任，而美英模式公司治理中的董事会成员主要由独立董事担任。

管理委员会作为公司的最高管理实体，致力于为公司利益服务并实现公司价值的持续增长。管理委员会的成员共同负责公司的全部管理、决定基本业务政策和公司战略以及每年和多年的规划。管理委员会为公司准备季度、半年、年度独立的财报和公司的合并财报。管理委员会成员包括首席执行官（CEO）、首席财务官（CFO）以及特定公司职能单元的领导和业务领域的 CEO 等。根据德国的公司法，管理委员会可以选举 1 名总裁，但并没有赋予他特殊的权力，目前西门子总裁的角色越来越像美国的 CEO，或直接由总裁兼任 CEO。近年来，西门子公司中管理委员会和 CEO 的权力和重要性正在不断加大，针对管理委员会特别是 CEO 的薪酬和股权激励也在不断上升。因此从职权上看，管理委员会接近于美英模式的管理层。

西门子每年四次向股东汇报公司的业务发展、财务状况和收入，一般情况下年度股东大会将在每个财年的第四个月举行。年度股东大会决定净收入的分配，批准管理委员会和监事会提案，任命独立审计人。公司章程的修正案和改变公司股本的措施只能在年度股东大会进行批准并由管理委员会来实施。股东大会由监事会主席主持，此外在五年一次的股东大会上，还有选举新一届股东监事的议题。

西门子是在管理委员会的领导之下进行公司运营的。西门子基本的组织原则是：①CEO 原则；②业务领域（Business Sectors）、业务集团（Business Divisions）和业务单元（Business Units）端对端的业务责任；③特定的公司职能拥有自由的权利，在法律允许的情况下发布与该职能范围有关的指导说明。在管理委员会之下，西门子的组织机构包括各业务领域、跨领域服务、公司职能单元，以及区域集群。从 2012 财年起，西门子组成四大业务领域：能源、医疗、工业以及基础设施与城市。业务领域包括若干业务集团，业务集团又包括若干业务单元。跨领域服务包括财务服务、全球共享服务、西门子物业等。公司职能单元包括公司发展、公司财务与控制、公司人力资源、公司法务与合规、公司研究院、公司供应链管理、公司沟通与治理事务、公司信息技术、管理咨询人员、公司数据保护、公司安全办公室、公司可持续办公室等。此外，主要的股权投资企业包括博世—西门子家用电器、诺基亚—西门子通信网络、企业网络。

2014 年 5 月，西门子发布"2020 公司愿景"，宣布将专注于电气化、自动化、数字化增长领域，同时大幅优化业务组合。根据"2020 公司愿景"，西门子的组织架构将更加扁平化，更具客户导向。已经实施的措施包括从 2014 年 10 月 1 日起撤销业务领域层级，把业务集团数量从 16 个减至 9 个，包括发电和天然气、风力发电与可再生能源、发电服务、能源管理、楼宇科技、交通、数字化工厂、过程工业与驱动和金融服务，以及单独运营医疗业务部门，即"9 + 1"结构。西门子将强化服务于全公司的职能部门的整合与精简，通过减少中间层级以及向区域和业务集团下放职权，加快公司的决策流程。这些措施预计将带来 10 亿欧元的生产力提升效益，其中大部分将在 2016 年底前实现。图 4 - 5 显示了自 2015 财年起西门子的实体业务组织（不含发电服务业务）。

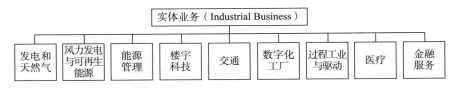

图 4 - 5　自 2015 财年起西门子的实体业务组织

资料来源：西门子，Siemens Annual Report 2014。

4.1.5　区域分布和全球业务表现

2014 财年，西门子按地域分为 3 个区域（Regions）和 14 个区域集群（Regional Clusters），在财务报告上一般按照三个区域划分：欧洲、独联体、非洲和中东，美洲，亚洲和澳大利亚。有时也针对特定的国家，比如德国、美国、中国和印度等报告财务信息。欧洲、独联体、非洲和中东区域包括 7 个集群：德国，西北欧，西南欧，中东欧，俄罗斯/中亚，中东，非洲。美洲区域包括 3 个集群：北美，巴西，安迪那南部。亚洲和澳大利亚区域包括 4 个集群：东北亚，南亚，日本，亚太。各集群下包括共计 94 个国家和地区组织单元，如表 4 - 1 所示。

表 4 - 1　西门子的区域集群和国家/地区组织单元

区域/集群	国家和地区	数量
欧洲、独联体、非洲和中东		63
德国	德国	1
西北欧	英国，丹麦，爱尔兰，荷兰，挪威，芬兰，波兰，瑞典	8
西南欧	比利时，瑞士，西班牙，法国，希腊，意大利，葡萄牙	7
中东欧	亚美尼亚，奥地利，阿塞拜疆，波斯尼亚和黑塞哥维那，保加利亚，捷克，格鲁尼亚，克罗地亚，匈牙利，以色列，摩尔多瓦，黑山共和国，罗马尼亚，塞尔维亚，斯洛文尼亚，斯洛伐克，土耳其，乌克兰，科索沃	19
俄罗斯/中亚	俄罗斯联邦，哈萨克斯坦，白俄罗斯，乌兹别克斯坦，塔吉克斯坦，吉尔吉斯斯坦，土库曼斯坦	7

续表

区域/集群	国家和地区	数量
中东	阿联酋，埃及，伊朗，科威特，巴基斯坦，沙特阿拉伯，巴林，伊拉克，约旦，黎巴嫩，利比亚，阿曼，卡塔尔，叙利亚	14
非洲	南非，埃塞俄比亚，尼日利亚，安哥拉，阿尔及利亚，突尼斯，摩洛哥	7
美洲		18
北美	美国，墨西哥，哥斯达黎加，多米尼加共和国，危地马拉，巴拿马，萨尔瓦多，尼加拉瓜，洪都拉斯	9
巴西	巴西	1
安迪那南部	阿根廷，玻利维亚，智利，哥伦比亚，厄瓜多尔，秘鲁，乌拉圭，委内瑞拉	8
亚洲和澳大利亚		13
东北亚	中国大陆，中国香港，中国台湾	3
南亚	印度，孟加拉	2
日本	日本	1
亚太	印度尼西亚，马来西亚，菲律宾，新加坡，泰国，越南，韩国	7
合计		94

资料来源：本书作者根据西门子公司（www. siemens. com）相关材料整理。

在 2014 财年，西门子在德国的营收额 109 亿欧元、员工数是 115000 人、主要的工厂 69 个，分别约占总数的 15%、33% 和 24%；欧洲（不含德国）、独联体、非洲和中东区域的营收额 279 亿欧元、员工数是 96000 人、主要的工厂 70 个，分别约占总数的 38%、29% 和 25%；美洲区域的营收额 188 亿欧元、员工数是 70000 人、主要的工厂 76 个，分别约占总数的 26%、20% 和 26%；亚洲和澳大利亚区域的营收额 144 亿欧元、员工数是 62000 人、主要的工厂 74 个，分别约占总数的 20%、18% 和 26%。由于在欧洲、美洲和亚洲这世界三大经济区域的营收额都超过了 20%（见图 4-6），因此西门子可以被视为是真正意义上的全球性企业[①]。

---

① Alan M. Rugman and Alain Verbrke 在《区域性的多国企业：新的研究议程》一文中，提出在全球"三大经济区域"（欧盟、北美和亚洲）的销售额都达到总销售额的 20% 或以上的跨国公司，才能被视为全球性企业。该文是《什么是国际商务》一书（Buckley P. J.，赵忠秀、王炜瀚译，对外经济贸易大学出版社，2009）的第七章。

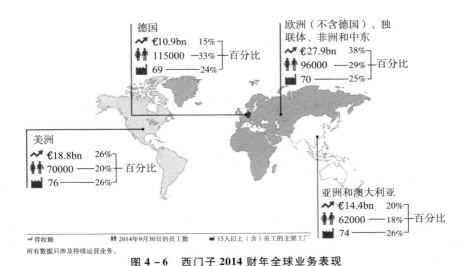

图4-6 西门子2014财年全球业务表现

资料来源：西门子，*Siemens Company Presentation 2015*。

4.2 基于价值视角的西门子全球生产网络研究

4.2.1 西门子全球研发网络

4.2.1.1 价值目标和全球创新战略

西门子全球研发网络的主要目标是：①确保长期的、未来的成功可能性，②增强技术的竞争力，③优化研发（R&D）资源的分配。西门子一直秉承"创新是我们的生命线"这一理念，其智能创新管理为市场成功研发关键技术并带来重要的创新。

西门子希望有更多的专家和创意提供者参与创新，从而加速创新的过程，这需要建立跨部门和区域的、跨公司内部和外部的强有力的协同创新网络。西门子在2009财年引入了"开放式创新"（Open Innovation，OI）这一新的创新方法，作为未来可持续发展的关键，实施开放、协作和企业家精神的原则，使西门子的创新过程变得更加高效、强有力和动态。开放式创新使得研究室关门的时代一去不复返了，其目标是将全世界科学和商业领域的最佳人员吸引在一起。对于西门子而言，曾经，"实验室是整个世界"。今天，"整个世界是西门子的实验室"。

西门子已建立的开放创新活动包括以下几点。①公司研究院作为创新网络的中央枢纽，利用西门子整体的创新力量跟踪主要目标，确保公司长期的技术竞争力。②西门子与全世界大约 70 个国家的 600 所大学以及许多研究机构，建立基于信任的合作关系；与大学和研究伙伴在小的团队中从事合作和研究项目的工作。③在伯克利和上海的技术到业务中心（Technology-to-Business Centers，TTB）利用来自学校团队的创意，支持西门子研发新的技术和业务模式，这种"转入（Spin-in）"模式已经推动了超过 30 种创新产品和服务的成功上市。④西门子技术加速器（Siemens Technology Accelerator，STA）采用转出（Spin-out）模式，为西门子内部研发的、但是仍找不到应用的高度创新技术提供可能性；作为替代，可投资于新创办的公司。

西门子全球研发网络包括了内部和外部的全球网络，如图 4 - 7 所示。

4.2.1.2 内部研发网络

西门子公司的研发工作曾在"二战"后一度停顿。1955 年，西门子公司才得以重新与国际科研接轨，并在慕尼黑设立了实验室。1965 年，西门子公司设立埃尔兰根研究中心，之后又陆续在柏林和普林斯顿设立研究实验室，还在美国、奥地利和英国设立了重要的研究基地。1969 年，西门子公司对科研开发机构进行了调整，组建中央技术部。1996 年，西门子将中央技术部和开发中心合并到了一起，一般称之为公司研究院。2006 年，在北京宣布成立西门子中国研究院。目前，西门子内部研发网络由公司研究院与各业务领域的研发团队组成。在 2014 财年的持续经营业务中，西门子在全世界近 30 个国家、160 个研发中心有大约 28800 名研发人员。其中，在德国大约有 13200 名研发人员，在德国之外的国家，有大约 15600 名研发人员。

公司研究院主要包括首席技术办公室、公司研究中心、公司开发中心、公司知识产权等部门，拥有超过 6400 名员工。在区位选择上，公司研究院实施了更靠近客户、更靠近运营中心、更靠近人力资源中心的战略。公司研究院的领导是西门子的首席技术官，也是管理委员会的成员之一。公司

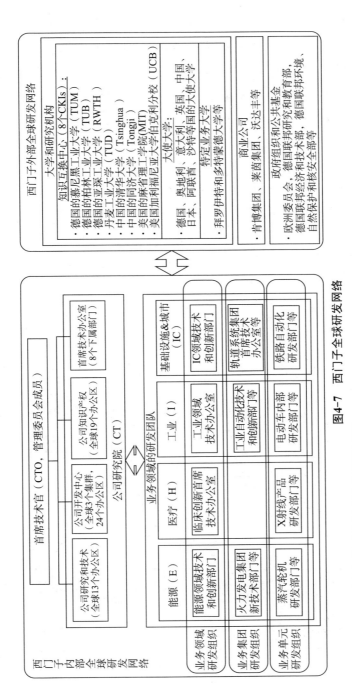

图4-7 西门子全球研发网络

资料来源：本书作者根据西门子公司的相关资料绘制。

研究院的目标是成为西门子各运营业务单元的强有力的创新伙伴，利用他们的专业知识，在战略的重要领域保证公司技术上的未来、获得专利权以保护公司业务运营的成功。面对人口变化、城市化、气候变化和全球化这些大趋势，公司研究院关注于那些在西门子感兴趣的领域内长期的、有潜力改变游戏规则的创新。公司研究院的员工为西门子贡献他们对基础性的技术、模型和趋势的深刻理解，以及在可持续的软件和过程方面的专业技能。公司研究院组织与全世界的大学和研究团队进行合作。除了研发，公司研究院也为西门子处理全球的专利管理事务。在西门子的全球研发网络中，公司研究院作为中央枢纽，利用西门子整体的创新力量实现主要的创新目标，持续地吸引世界上最有才华的人来参与联合研究项目。西门子每年超过 1000 个的研究合作关系有近一半由公司研究院发起，因此公司研究院是西门子全球研发网络的催化剂。

公司研究中心主要关注对超过一个业务单元有战略意义的关键技术和跨业务领域技术，与各业务单元的研究团队一起在很多面向应用的项目中从事新方案的研发，并与客户和顶级大学保持密切的联系。目前研究中心在全球有 13 个办公区（见图 4 – 8），包括：德国的慕尼黑、埃尔兰根、柏

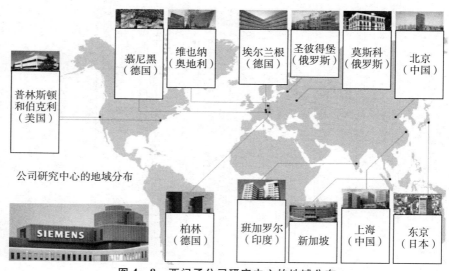

公司研究中心的地域分布

图 4 – 8　西门子公司研究中心的地域分布

资料来源：西门子公司（www. siemens. com）。

林，奥地利的维也纳，俄罗斯的莫斯科、圣彼得堡，美国的普林斯顿、伯克利，中国的北京、上海，日本的东京，新加坡，印度的班加罗尔。

公司开发中心集中了西门子各业务领域软件开发的资源，作为各业务领域的合作伙伴，为新产品、服务研发和实施软件。目前开发中心在中东欧、中国和印度3个集群有24个办公区（见图4-9），其中中东欧的16个办公区位于德国、奥地利、捷克、罗马尼亚、斯洛伐克、土耳其等地，中国的3个办公区位于北京、南京和上海，印度的5个办公区位于班加罗尔、普纳、加尔各答、金奈（马德拉斯）、古尔冈。

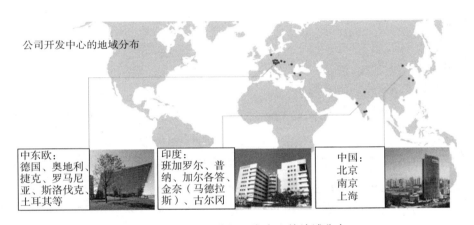

图4-9 西门子公司开发中心的地域分布

资料来源：西门子公司（www.siemens.com）。

公司知识产权部门通过专利、品牌、标准以及关于市场、公司和技术的信息，保护公司的知识产权，为西门子的创新过程提供支持。全球超过400名专家工作在19个办公区，支持公司在工业产权和商标权利方面的注册、实施和开发。知识产权部门是西门子按国际规范和标准建立委员会的代表，为业务领域和区域单元提供技术和与市场相关的信息，也负责所有西门子专利的全球管理。

各业务领域在全世界近30个国家有大约21400名研发人员，研发工作集中在他们下一代的产品和解决方案，为其成功上市做准备。大多数的研发人员在业务单元内完成研发工作，但是业务领域和集团也设置相应的部门进行创新和合作管理（见图4-7），与公司研究院保持密切合作，促进知识和经验的交换。业务领域的研发团队也会选择外部伙伴进行合作。各业务领域的研发人员主要负责：前瞻性的分析和识别与潜在业务相关的科学趋势，与学术界和商业界的伙伴一起建立国际化的创新网络、积极的促进创新，从战略匹配、可行性、市场潜力和研发方案等角度分析和评估新的创意与建议，推动创新项目的原型研究或者可行性研究，管理多个业务单元之间或业务单元之外的合作，在一些研究组织中代表西门子发展和实施合作战略等，以及提供业务领域当前利用的核心技术和竞争力的介绍，与公司研究院保持交流，提升在新兴的跨部门领域的能力，识别对产品规格影响的新规则、尽早翻译和解释产品与服务的需求规格，在业务领域内实施专利流程、为新的潜在的业务领域管理专利组合，在产品生命周期过程提供新技术的知识交换平台等。

4.2.1.3　外部研发网络

对于西门子的研发活动而言，与国际顶级的大学和研究机构合作是必不可少的，因此开放式创新非常关键。一个国际化的网络结构确保西门子与时代保持同步，增强其作为创新者的优势，能够更深刻地洞察学校研究的最新成果，并接近能胜任的年轻天才，为研发团队招聘最佳人选，将多样化的文化和研究方法集成到一个组织中。因此，西门子每年与全世界的大学、研究机构和商业公司建立或维护超过 1000 个研究合作关系（见图 4－10）。为了增强创新过程、确保西门子业务和研究专家能够参与领先的科学网络，西门子与世界杰出的大学和研究机构设置了两个长期的战略合作伙伴项目：①知识交换中心（Center of Knowledge Interchange，CKI），②大使项目（Ambassador Program）。此外，西门子基于特定的项目与大学构建多样的协作伙伴关系。

CKI 项目是西门子与大学合作最深入的手段。西门子选择那些满足其在不同研究领域创新需要的特定大学与之建立 CKI 合作伙伴关系，这种长期合作的目标是在西门子和这些合作大学之间培养深入的知识转移。西门子在每一个 CKI 大学校园设置 CKI 办公室作为单一的联系点来管理 CKI 活动，此外 CKI 合作伙伴关系以一个协同研究的框架协议为基础。目前西门子建立了 8 个 CKIs，具体包括：①德国的慕尼黑工业大学（TUM—Technical

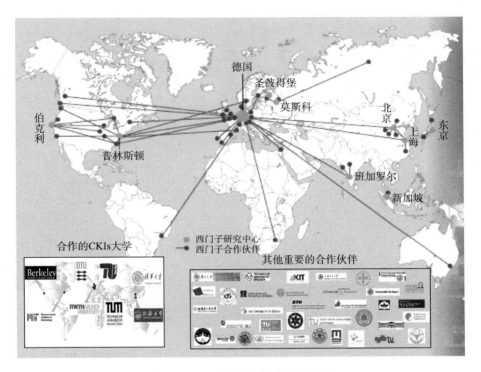

图4-10　西门子的全球合作伙伴

资料来源：西门子公司（www. siemens. com）。

University Munich，Germany），②德国的柏林工业大学（TUB—Technical U-
niversity Berlin，Germany），③德国的亚琛工业大学（RWTH Aachen Univer-
sity，Germany），④丹麦工业大学（TUD—Technical University of Denmark，
⑤中国北京的清华大学（Tsinghua University，Beijing，China），⑥中国上海
的同济大学（Tongji University，Shanghai，China），⑦美国麻省理工学院
（MIT—Massachusetts Institute of Technology，Cambridge，USA），⑧美国加利
福尼亚大学伯克利分校（UCB—University of California，Berkeley，USA）。

　　Ambassador项目加强西门子与战略重要的学术机构之间的长期合作。与
CKI项目相比，Ambassador项目是注重实用的组织，组织结构简单且没有正
式的流程，因此联合活动主要受单个西门子Ambassador项目的特定兴趣的
驱动。公司研究院大学和研究合作部门基于西门子业务集团、公司研究院

或者区域业务的关注点，选择大学来驱动一个研究合作项目。公司的战略关注点可能需要吸收特定的大学进入西门子的大学协作网络。Ambassador 项目提供一个对研究范围、技术领域、特定项目、招聘活动等开放的协作环境，相关的西门子管理人员，被称为"学校大使（University Ambassadors）"，与学校对应人员一起驱动两个组织的协同工作。西门子大使一般是业务领域、集团、单元或者国家业务的 CEO，对选定大学的研究核心能力具有特殊的兴趣。西门子期望大使能够促进全西门子与大学的合作，动员不同的业务集团从新的合作机会中受益。CTO 办公室帮助大使识别相关的西门子合作部门，进入与大学联系的网络，并为可持续的合作模式提供顾问工作。西门子与众多大学建立了 Ambassador 项目，具体包括：德国的德累斯顿工业大学（TU DRESDEN），卡尔斯鲁厄理工学院（KIT），多特蒙德工业大学（TU Dortmund）等；奥地利的林兹大学（JKU），维也纳工业大学（TU Wien），格拉茨大学（TU Graz）等；意大利的米兰理工大学（Politecnico di Milano）等；英国的兰卡斯特大学管理学院（LUMS）等；中国的复旦大学、上海交通大学、北京航空航天大学、北京大学、中国科学院、哈尔滨工业大学、浙江大学等；日本的东京大学（The University of Tokyo）；阿联酋的马斯达尔理工学院（Masdar）；沙特阿拉伯的阿卜杜拉国王科技大学（KAUST）；等等。

　　除了 CKI 项目和 Ambassador 项目之外，西门子还根据特定的业务与大学合作，根据合作的主题可以选择多样的合作模式（见表 4 - 2），比如合同研究、联合研究、博士奖学金、专家讲座等。西门子针对不同的合作方式提供了一个法律框架、成本范围及指导方针，依赖于特定的大学和选择的合作方式不必保护所有的细节也不要求完整性。由于具体的项目总是需要特殊的考虑，因此该指导方针不会替代任何与伙伴大学的谈判。

表 4 - 2　基于特定业务与大学的合作方式

已建立的方法	研究项目（合同研究）	联合研究项目	公共基金联合研究项目	联合研究实验室	博士研究奖学金
	讲习班/研讨会/专题会	讲座	西门子实验室访问	西门子大学会议	

续表

新建立的方法	创意竞赛	开放研究基金	创新经纪人		大学能力巡演
	职位捐赠	专家集成		科学家租借	

资料来源：西门子公司（www. siemens. com）。

同时，西门子还参与欧洲委员会，德国联邦研究和教育部，德国联邦经济和技术部，德国联邦环境、自然保护和核安全部等组织赞助的公共基金研究计划。自1984年以来，西门子的研究人员参与了数百个欧盟资助的项目。根据当前的分析，西门子是欧洲委员会研究计划中最成功的工业公司之一。大多数重要的研究领域包括可持续技术的研发、机器网络、新技术材料，以及在公共卫生系统中的诊断和治疗的创新方法。西门子在这些项目中的参与，确保公司在不同的创新和研究领域与最新的研发保持并列，并从国际研究合作伙伴那里获得大量的新知识。同时，西门子与世界最佳的研究机构、客户和竞争对手，以及极具天赋、积极进取的年轻研究人员一起，形成了特殊的全球研发价值网络。

以"推动发电机的效能"项目为例，该项目由德国联邦经济和技术部建立，西门子为该项目建立了一个包括众多大学和公司的联合体，包括德国的拜罗伊特大学和多特蒙德大学，以及肯博集团（KREMPEL-GROUP）、莱茵集团（RWE）、纳米树脂股份公司（Nanoresins）等。再以哈茨电动交通项目为例，西门子公司研究院与14个伙伴合作，包括研究机构、德国联邦铁路公司（Deutsche Bahn Railroad Company）、英国无线电讯供应商沃达丰（Vodafone）等，使德国的哈茨地区成为一个电动车的示范区。

4.2.2 西门子全球供应链网络

4.2.2.1 价值目标和全球供应链战略

西门子全球供应链网络管理的目标是通过显著可持续的、安全的供应方式，基于职业道德和负责任的原则，通过全盘的供应链网络设计，实现全球供应链潜在的内在的价值创造的最佳开发，为业务领域和集群做出持续的贡献，从而确保形成竞争优势、为西门子的业务成功贡献力量。所有供应链网络管理活动的首要目标是确保西门子为客户提供所需要的产品和保证服务的质量、可用性及价格，因此西门子需要一个全球平衡与本土化紧密结合的供应链网络，通过提供流程标准、基本指导方针、方法和工具，充分利用供应链的创新力量，一起关注全球运营的卓越执行。

供应链网络管理直接负责占营收额近 50% 的材料成本，对西门子的经济成功做出至关重要的贡献。所以，西门子全球供应链网络的管理战略必须是系统化的而且是紧密关注"One Siemens"战略和各业务领域及业务集团的战略，利用外部的最佳实践，对西门子形成有益的补充。2009 年，西门子启动了"供应链管理举措（The Supply Chain Management Initiative）"，最开始关注供应链的流程、标准和材料集中（Pooling）。2010 年，西门子成立了一个固定的组织，即公司供应链管理，超越之前的项目开始关注价值生成。自 2011 年起，西门子更新了供应链管理举措，将供应链网络完全集成到西门子的价值创造网络之中（见图 4 – 11）。

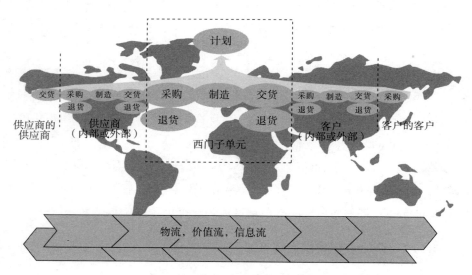

图 4 – 11　集成到西门子全球价值网络的供应链网络

资料来源：本书作者根据西门子公司的相关资料修改而成。

西门子全球供应链网络管理战略包括四个核心要素，以确保充分利用全球供应链网络实现价值创造、形成竞争优势。

（1）利用全球供应商网络的力量促进西门子的创新。西门子关注创新驱动的高科技市场，考虑到全球竞争结构和更短的创新周期，未来不再只是单个公司在创新领域之间的竞争，而是公司网络之间的竞争。当前西门子高质量和创新的全球供应商网络代表着战略收益，而且通过供应链网络管理将在未来得到更好的开发，这需要公司总部以及各业务领域和业务单元的创新专家与全球供应商网络进行紧密的合作。

（2）通过可持续的和全球平衡的供应链网络支持全球的业务增长。西门子正实施更靠近客户的战略，一个关键的方面是价值创造的本地化，特别是在全球增长的市场。考虑到材料成本在价值创造中的重要作用，伴随着供应链网络的设计和改造，供应链网络管理对公司长期战略的实施负有特殊的责任。供应链网络管理可以基于西门子的一个传统优势，即西门子在世界超过170个国家的多年的网络布局和供应链管理组织。供应链网络管理的战略目标是通过全球价值采购项目，更加充分地利用全球供应商的潜力。另外，在新增市场加强供应链网络管理结构建设是非常必要的，通过与本地和全球级别的公司合作来支持、扩展西门子在本地和全球的竞争力及业务增长，并确保世界最先进的供应链风险管理的长期使用。

（3）实现世界级的卓越执行以达到最高标准。为实现西门子在全球竞争中价值创造的最大化，供应链网络管理也关注于系统地拓展管理组织的能力。①交付世界级的材料成本和生产力目前是、未来也将是供应链网络管理的一个核心的优先考虑的事情，供应链网络管理组织能够在近些年成功工作的基础上，进一步的发展那些重要的方法、流程和工具。②通过高效、精益的端对端（从订单进入或客户交付）的供应链网络来增强客户价值，是实现供应链网络卓越执行的另一个成功关键，供应链网络管理的角色是从端对端的清晰视角与相应的合作伙伴一起工作，以进一步的优化供应链的绩效。③加强跨职能的协同是在供应链网络的战略层面、运营层面充分利用"One Siemens"力量的一个核心能力。

（4）吸引和发展最好的员工。供应链网络管理战略实施成功的基础是一个具有高度积极性和活力的达到世界最高标准的供应链网络管理团队。通过有针对性的全世界培训项目和结构化的能力管理，促进供应链网络管理团队的发展，是人力资源战略的一个关键要素。另一个核心要素是供应链网络管理人才和新生项目（Talent and Trainee Program），以及结构化的长期的继任计划。

通过关注这四个战略核心要素，供应链网络管理作为西门子主要的价值创造手段，支持可持续的实现公司目标。西门子为业务领域制定了供应链战略的实施路线，通过联合供应链部门、业务和跨职能等部门，确保关键人员的早期参与，在业务单元级别实施导航项目，驱动业务领域和跨业务领域的供应链战略举措，支持业务领域的价值创造。

4.2.2.2 供应链管理网络的组织形态

西门子供应链网络是基于客户在价值、成本和时间上的需求，提供产品及服务的业务和组织的全球性网络。西门子所有的供应链管理部门在一个全球网络中协同工作（见图 4-12），由公司供应链管理部门（Corporate Supply Chain Management，CSCM），各业务领域、集团和业务单元的供应链管理团队，以及各区域集群的供应链管理团队组成，西门子还设置了供应链管理委员会负责协调西门子的供应链管理网络。供应链管理网络通过聚合公司的谈判力量、提供统一的标准、集中供应商，优化质量、后勤、生产和采购，充分利用节约的优势。因此，供应链网络关注四个基本问题。产品质量如何改进？如何通过加速研发和生产来提高产品的可用性？如何降低产品的生产成本？如何优化供应链网络来为西门子创造更大的价值？

供应链管理委员会负责协调西门子的供应链管理网络，主席是西门子管理委员会中负责供应链管理的成员，也是 CSCM 的领导。供应链管理委员会的成员包括：CSCM 的领导，CSCM 首席财务官，业务领域供应链管理部门的领导，CSCM 各部门的领导等。CSCM 是公司级的职能单元，负责治理全球供应链的相关议题，如控制环境、方法/流程/系统、财务/控制、人员发展等，在西门子全球供应链网络中发挥主导作用。各业务领域、集团和业务单元都设置相应的供应链管理团队，负责全球的直接材料并驱动和协调各自业务范围内的所有采购活动。各区域集群的供应链管理团队负责驱动和协调各自集群范围内的所有采购活动。西门子在有的区域集群下的业务领域级别也设置供应链管理部门组织，负责该区域特定业务的直接材料；在有的区域集群下也设置了国家级别的供应链管理部门组织，同样在有的国家业务领域级别也设置了供应链管理部门组织。

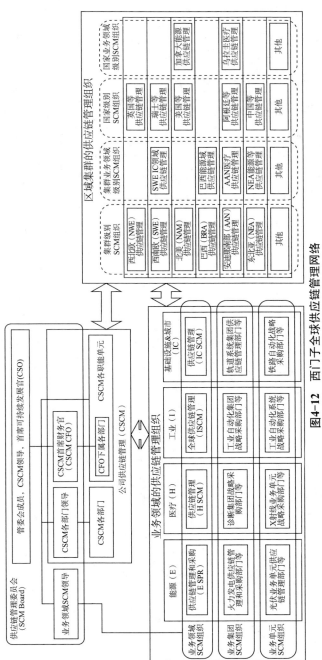

图4-12 西门子全球供应链管理网络

资料来源：本书作者根据西门子公司的相关资料绘制。

4.2.2.3 供应链网络的治理体系

（一）供应商管理流程

西门子的供应商管理是一个整体的、综合的系统，以此为基础与供应商合作并实现持续的价值链优化。供应商管理流程包括供应商选择和资格认定、供应商战略和提前采购清单（Forward Procurement List，FPL）、采购决策、供应商评估和分级、供应商发展和逐步淘汰（见图 4 – 13）。供应商评估采用全公司标准的强制的方法，由三部分组成：绩效评估、战略评估、风险评估。绩效评估的目标是实现供应链成本的最小化，从采购、质量、后勤、技术四个方面评估供应商，将供应商从 1 到 5 进行评级。战略评估的目的是基于战略相关性，从业务协同、运营能力、集成三方面评估供应商对未来业务关系的可持续性，战略评估本身是可选的，但是一旦选择，战略评估的流程是强制的，并且与绩效评估一样根据总得分对供应商进行评级。风险评估的程序与绩效评估和战略评估相同，评估准则包括可持续性和业务连贯性。根据供应商评估的机构，对供应商进行分级，级别包括：优选（Preferred）、高级（Advanced）、批准（Approved）、标准以下（Sub-Standard）。西门子每年在公司级别进行供应商奖励，授予那些在突破和创

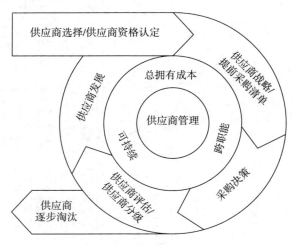

图 4 – 13　西门子供应商管理流程

资料来源：西门子公司（www. siemens. com）。

新、全球战略采购、可持续性、整体最佳等方面表现优秀的供应商。此外，也有可能奖励业务领域某一业务单元的供应商，或者某一材料领域的供应商。

（二）全球价值采购项目

西门子供应链管理举措的主要元素是建立一个有竞争力的、全球平衡的供应链网络，而获得平衡的关键之一就是增加来自新兴市场的采购份额，这通过全球价值采购（Global Value Sourcing，GVS）项目来实现，该项目的目标是以适当的方式获得西门子总体采购量中来自定义的 GVS 国家的最佳比例。GVS 项目的关键绩效指标是 GVS 份额，即来自定义的 GVS 国家的商品和服务的采购份额，由两部分组成：①来自 GVS 国家的直接采购量，这被视为一级 GVS 的份额；②支持非 GVS 国家的供应商将价值链转移到 GVS 国家，这种间接来自 GVS 国家的采购比例被视为二级 GVS 的份额。

西门子通过三个关键手段影响 GVS 采购量的增长（见图 4-14）：①通过在 GVS 国家增加业务活动来提高 GVS 国内采购量，即"本土为本土（Local for Local，L4L）"；②减少西门子在 GVS 国家办公区从非 GVS 国家的进口，即"本土化（Localization）"；③提高 GVS 国家对非 GVS 国家的出口，即"本土为全球（Local for Global，L4G）"。为实施 GVS 项目，西门子制定了标准化的流程，包括：目标和战略、路标和结构、行动实施、行动执行、监控。

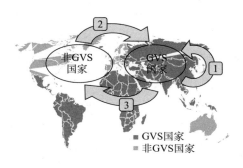

图 4-14　西门子 GVS 项目改进的关键手段

资料来源：本书作者根据西门子公司的相关资料修改而成。

（三）其他供应链管理举措

供应链管理的另一个重要主题是供应链的可持续性。西门子要求所有供应商遵循《西门子供应商行为准则》，并在其供应链中促进该准则的执行。西门子也利用外部专家在世界范围内启动现场可持续审计，确保西门子准则的执行，促进所有全球供应链的可持续业务发展。

此外，西门子于 2010 年推出其面向全球的"供应商能源效率优化项目"（Energy Efficiency Program for Siemens，EEP4S），旨在建立一条达到最高可持续发展标准的绿色供应链，把西门子致力于保护全球气候的理念贯穿到价值链的各个环节，这对于改善供应商的能效、确保整个供应链的可持续竞争力有着重大意义。该项目将根据全球各地 19000 家供应商各自的供货量，以及所在行业的能耗状况，开展不同层级的能源和环境评估，有效帮助改善供应商的能效和成本结构，最终提升双方的长期竞争力。

4.2.2.4　全球供应链的区位选择

根据西门子相关资料，从 2006 财年至今，西门子每年持续运营业务的采购量占营收额的 50% 左右。通过对主要国家采购量的分析，并考虑 2008～2014 年的 GDP 增长，结合外部的市场分析资料，西门子选择了 58 个国家进行市场分析，并根据产品、工业、制造三个特征，将这 58 个国家分为四类工业类型（见表 4-3）。在 2010 年，西门子全球大约 87% 的采购量来自于这 58 个国家。

表 4-3　西门子的主要采购来源国家和对应的工业类型

分类特征	第一类：初始阶段经济	第二类：农工业经济	第三类：工业化经济	第四类：先进工业化经济
产品	原材料，半成品	消费品，轻工业商品	轻工业和重工业商品	复杂机器，高价值的资本品，服务外包
工业	外资企业，手工业贸易	国有企业，很少资本密集型	国有企业，较多资本密集型	国际化运营公司
制造	初始阶段的生产和农业	劳动力密集型生产	现代的和老式的工业生产	高度自动化，高科技生产，在服务领域占据主导地位

分类特征	第一类：初始阶段经济	第二类：农工业经济	第三类：工业化经济	第四类：先进工业化经济
对应国家	阿尔及利亚，伊朗，尼日利亚，巴拉圭，秘鲁，沙特阿拉伯，乌拉圭	阿根廷，孟加拉，白俄罗斯，保加利亚，哥伦比亚，埃及，希腊，印度尼西亚，摩洛哥，巴基斯坦，罗马尼亚，俄罗斯，塞尔维亚，斯洛文尼亚，突尼斯，乌克兰，委内瑞拉，越南	澳大利亚，巴西，中国，克罗地亚，捷克，匈牙利，冰岛，印度，立陶宛，马来西亚，墨西哥，挪威，菲律宾，波兰，葡萄牙，新加坡，斯洛伐克，南非，西班牙，泰国，土耳其	奥地利，加拿大，法国，德国，以色列，意大利，日本，韩国，瑞典，瑞士，英国，美国
国家数量	7	18	21	12
采购方式	主要的本地采购（Local for Local，L4L）有限的全球采购（Local for Global，L4G）		本地和全球采购（L4L & L4G）	

资料来源：西门子公司（www. siemens. com）。

根据世界银行的世界发展指标（World Development Indicators，WDI）和全球金融发展（Global Development Finance，GDF）数据，本书收集这些国家在1995~2020年的宏观经济数据，结合西门子的数据，计算这些国家在1995~2010年的当前市场指数（Current Market Index，CMI），以及2011~2020年的市场动态指数（Market Dynamic Index，MDI），二者之和为国家模型总指数（Total Index of a Country Model）。根据对这58个国家模型总指数的分析，西门子将所有的采购来源国分为非GVS国家和GVS国家。非GVS国家主要有20个，包括：澳大利亚，奥地利，比利时，加拿大，丹麦，芬兰，法国，德国，爱尔兰，意大利，日本，卢森堡，荷兰，新西兰，挪威，西班牙，瑞典，瑞士，英国，美国。此外还有5个采购量很小的国家，包括：安道尔，梵蒂冈，列支敦士登，摩纳哥，圣马力诺。

西门子将非GVS国家之外的世界其他采购来源国都视为GVS国家，有近170个。根据国家模型总指数，西门子定义了到2016年排名前20的GVS国家，排名依次为：中国，印度，巴西，俄罗斯，墨西哥，韩国，土耳其，印度尼西亚，马来西亚，新加坡，沙特阿拉伯，泰国，南非，匈牙利，伊朗，捷克，波兰，乌克兰，巴基斯坦，埃及。这20个GVS国家，都具有先进发达的基础设施，以及巨大的经济增长潜力。2010财年西门子在这20个国家的采购量超过了总采购量的16%，其中从中国的采购量最大，超过了总量的5%。通过全球价值采购项目，西门子可以有效地降低采购成本并确保高效的全球采购网络。

4.2.3 西门子全球制造网络

4.2.3.1 价值目标和全球制造战略

自主生产是西门子最重要的元素之一。西门子在世界范围内超过40个国家运营超过289个主要的制造和生产工厂，包括一些合资企业和关联企业的设施。西门子全球制造战略的核心元素是针对产品和解决方案，以及新市场的开拓，实现成本方面的持续改进。日益增长的流程和技术的复杂性，需要西门子对客户和区域市场的需求有深刻的了解，这意味着维护大规模的自主生产对西门子而言是至关重要的，同时通过技术进步提高生产的价值增值也是非常重要的。西门子全球制造战略的另一个核心元素是提高生产率。在西门子，大约2/3的生产率提高是通过过程改进获得的，西门子正在实施基于精益原则的过程改进方法——西门子生产体系（Siemens Production System，SPS）。另外1/3的生产率提高是通过结构化的变更，比如全球工厂布局和优化来获得的，西门子采用了统一的系统化的方法——全球制造布局（Global Manufacturing Footprint，GMF）。此外，西门子将高质量作为满足客户需求、实现公司成功的一个关键因素，因此致力于维护持续改进和高透明度的质量文化，开展全面的质量管理。

4.2.3.2 全球制造的治理体系

西门子生产体系的目标是持续改进西门子的全球生产流程。西门子生产体系是一个结构化的方法，根据精益原则来设计和运营西门子生产业务，通过不同的方法和原则，减少业务过程中不产生客户价值增值的活动，从而直接生成客户价值，实现西门子全球生产过程的持续改进，帮助西门子满足日益增长的客户需求，并且与竞争对手相比加强成本优势。西门子生产体系的目标是实现精益管理，包含5个总体的基本原则：①管理者熟悉精益生产的原则，并且在每一天作为榜样展示它们；②在每一个活动系统地应用当前的最佳方法，直到发现更好的方法；③在正确的时间正确地生产需要的产品；④在起点直接检测问题，并系统地改正它们；⑤每一个人都知道做什么和挑战什么。

西门子生产体系提供了一个标准化的框架（见图4-15）来优化所有必要的活动领域，包括：指导原则/生产战略、产品生命周期管理、供应链管理、客户关系管理、目标和绩效管理、人员和持续改进。西门子生产体系以生产工厂为基本业务节点，连接西门子的全球研发网络、全球供应链网络、全球制造网络、全球销售和服务网络，充分利用西门子全球网络的力量，实现制造业务的持续改进。目前，西门子生产体系已经在世界超过150个主要工厂成功实施。

图4-15　西门子生产体系框架

资料来源：西门子公司（www.siemens.com）。

（1）指导原则/生产战略。指导原则是生产体系的独特的引导，与运营战略和业务目标定义一起作为先决条件，对未来制造实体进行清晰地描述。生产战略支持相关业务部门的战略，并考虑未来的技术趋势、内部的/外部的基准和全球条件。指导原则/生产战略的主要活动领域包括：应对挑战的愿景和指导原则、精益生产的战略发展。

（2）产品生命周期管理。产品生命周期管理（Product Lifecycle Management，PLM）支持产品组合、过程和服务的管理，从最初的概念，经设计、上市、生产，直到最终的报废。PLM整合贯穿产品全生命周期的产品、项目和过程信息，以及所有相关的内部/外部合作伙伴。根据西门子生产体系，制造在所有 PLM 过程中扮演前瞻性的角色。PLM 的主要活动领域包括：协同产品研发、面向供应链设计。

（3）供应链管理。西门子生产体系中的供应链管理（Supply Chain Management，SCM）优化计划、采购、制造、交货（退货）以获得精益的价值增值过程。卓越生产需要在供应链内组织很好的信息流和物料流，用以增强灵活性、速度和可靠性。特别是与关键供应商和制造商在高质量、精益过程和可持续、可靠性方面的高度集成，对满足客户需要是非常必要的。SCM 的主要活动领域包括：精益生产和价值流优化、消费驱动生产、持续的供应商集成、可靠性和零缺陷的过程。

（4）客户关系管理。客户关系管理（Customer Relationship Management，CRM）关注客户需要。客户需要决定从产品设计到生产和交货的所有的内部流程。CRM 的主要活动领域包括：客户导向优先。

（5）目标和绩效管理。根据业务目标和生产战略，制定清晰的、充满挑战的目标来鼓励员工。系统的关键绩效测量，以一致的方法评估所有相关的数据，确保在产生偏差的情况下采取正确的对策。目标和绩效管理的主要活动领域包括：系统的目标协议、有效的测量和执行系统、直观的透明度。

（6）人员和持续改进。人员技能和能力生成价值增值，因此员工是制造环节最重要的因素。在一个学习型组织中，员工持续的吸收和发展额外的能力，以逐渐地增强卓越制造。人员和执行改进的主要活动领域包括：价值增值的持续改进、鼓励领导力、协同和责任、面向目标的报酬、按照学科的组织和整合、总体的精益管理、前瞻性的变更管理和沟通。

4.2.3.3 全球制造的工厂布局

基于统一的系统化的方法——全球制造布局，西门子进行全球工厂布局和优化并提高生产率，确保其成为全球制造管理方面的世界领先者，并据此为确保盈利增长提供进一步的支持，这是获取与其他公司相比竞争优势的一个重要因素。GMF 的主要原则包括以下几点。①客户满意是优先级最高的，西门子系统地分析客户的最终购买决策，即西门子的关键成功因素（Key Success Factors，KSF），与设计的全球制造网络一起合作，获得最佳的客户满意度。②优化总拥有成本，西门子基于 KSF 设计全球制造网络，优化总拥有成本（包括生产成本、采购成本、运输成本等），而不只是局部（职能单元或区域集群）的优化。③通过本地化实现价值流和信息流的优化，尽量避免浪费（非价值增值的过程），并通过本地化实现"绿色布局"，比如根据需要通过本地研发和生产，将采购、制造和销售紧密连接起来，从而避免长途的运输、沟通、差旅等。④持续改进和前瞻性的 GMF，定期审核已有 GMF 的质量，运行持续改进的流程。

GMF 框架主要包括 GMF 设计和 GMF 实施，并为全球制造网络提供特定的指导和参考流程、支持的工具、能力和专业知识建设的测量。GMF 设计支持业务单元的战略规划，GMF 实施支持业务单元的运营布局。因此GMF 框架（见图 4－16）主要包括以下活动：①战略网络规划；②工厂重组；③外包、合并/收购/剥离；④工厂搬迁；⑤工厂规划。

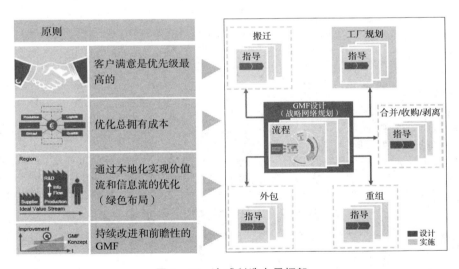

图 4－16　全球制造布局框架

资料来源：西门子公司（www. siemens. com）。

（一）GMF 设计（战略网络规划）

GMF 设计提供规划新的或重新构造全球制造网络的方法。GMF 设计依靠特定的准则提供公司生产站点的全球优化，实现有竞争力的布局、获得高效的全球网络。制造网络优化需要满足不同的需求，包括新市场开发、降低成本、加速/缩短交货周期、确保产品/工艺质量、获得高灵活性等，其中降低成本和新市场开发是全球生产的最主要的两个动因。通过 GMF 框架可以避免网络规划常见的缺点：网络规划通常只是一次性的、事件驱动的，而不是定期的过程；经济计算高于其他决策准则（受财务决策准则支配）；定性准则考虑不充分；战略准则（客户/市场需求）的弹性不总是能经受考验；不统一的独立的方法（组织内非标准的流程、公司内对方法的认识水平较低）；缺少成功的控制等。西门子总结之前网络规划项目的成功经验，定义了一个 GMF 设计的流程（见图 4-17）作为参考，包括 3 个大阶段（准备阶段、分析阶段、设计阶段）、6 个子阶段（准备阶段、分析阶段 1、分析阶段 2、设计阶段 1、设计阶段 2、设计阶段 3）和 6 个对应的里程碑，每个子阶段包含不同的活动。

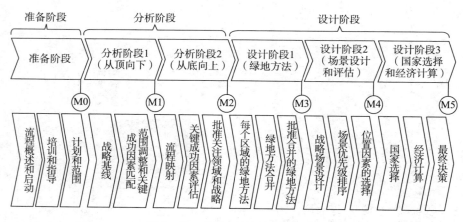

图 4-17　GMF 设计的参考流程

资料来源：西门子公司（www.siemens.com）。

（二）GMF 实施

通过 GMF 实施，西门子可以实现快速、创新、低成本的本地化生产，满足当前和未来全球客户的需要，具体包括：确保业务单元以更低的价格交付产品，并且实现更短的交货时间和零缺陷；在一个深思熟虑的生产网络中完成特定的位置，因此能够更加灵活的应对市场需求的快速变更；展现西门子的环保可持续的责任，并为员工提供安全的、有吸引力的工作环境；在各自的价值链确保精益的和透明的生产与集成。每一个 GMF 实施项目都定义了清晰的项目组织，以确保项目透明的沟通和信息流。西门子提供了项目组织结构、子团队和角色描述的模板，每一个项目可以根据具体情况定义特定的项目组织，但是必须指定一个项目经理负责整个项目（而不是整个团队），项目经理由包括项目所有相关关系人（如业务单元、区域集群的 CEO/CFO 等）组成的指导委员会来任命和授权。项目团队包括产品转移、工业工程/工厂规划、供应链管理、人力资源、信息技术、财务控制、建筑设计和建造子团队。同时西门子也定义了 GMF 实施的标准流程（见图 4 - 18），这与西门子的项目管理框架是一致的，具体包括需求澄清、项目分析、项目定义、项目批准、项目移交、项目开始和澄清、详细规划、实施、验收、项目结束、保修 11 个阶段，每个阶段包含不同的活动。

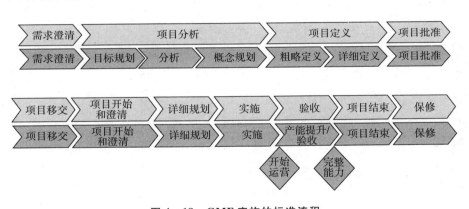

图 4 - 18　GMF 实施的标准流程

资料来源：西门子公司（www.siemens.com）。

4.2.3.4　全球制造网络的区域分析

2014 财年西门子在全球近 40 个国家拥有超过 289 个制造工厂，大约 139 个工厂位于欧洲、独联体、非洲和中东区域，大约 76 个工厂位于美洲区域，大约 74 个工厂位于亚洲和澳大利亚区域。在西门子最大的市场之一——中国，西门子拥有 45 个主要生产和制造工厂。表 4 - 4 列出了 2010~2014 财年西门子各区域的工厂比例和营收比例。

表 4 - 4　2010 ~ 2014 财年西门子各区域的工厂比例和营收比例

地区	2010 财年		2011 财年		2012 财年		2013 财年		2014 财年	
总工厂数（个）	320		285		290		290		289	
总营收额（10亿欧元）	75978		73515		78296		75882		71920	
地区	工厂比例	营收比例	工厂比例	营收比例	工厂比例	营收比例	工厂比例	营收比例	工厂比例	营收比例
欧洲、独联体、非洲和中东	50%	55%	49%	53%	48%	51%	48%	53%	48%	54%
美洲	25%	27%	26%	28%	28%	29%	28%	28%	26%	26%
亚洲和澳大利亚	25%	18%	25%	19%	24%	20%	24%	20%	26%	20%

资料来源：本书作者根据西门子各年报数据整理。

尽管由于不同财年的持续运营业务范围和区域范围有所不同，导致财报中的统计数字会有一定的偏差，但是根据上表大致可知：在 2010 ~ 2014 财年，三个区域的工厂比例与营收比例变化都不是很大，而且二者之间的差距也很小，说明西门子的全球制造和全球销售比较均衡。欧洲（包括德国）地区是西门子主要的制造基地和市场，工厂比例与营收比例基本都占 50% 上下，但是工厂比例比营收比例略低。从欧洲、独联体、非洲和中东区域整体来看，工厂比例略有下降趋势。美洲地区的工厂比例与营收比例都占 25% 以上且差距很小，近两个财年二者已经基本相同。而亚洲和澳大利亚地区的工厂比例略高于营收比例，在一定程度上说明亚洲制造的出口有所增加。

4.2.4　西门子全球销售和服务网络

对西门子而言，构建持续的、关注客户的战略合作关系是重要的。因此西门子有一个结构化的关键客户管理方法，允许一个特制的、建立适合客户规模和地区的结构。西门子的区域客户经理负责在某些国家和地区的跨业务领域的客户。西门子的全球客户经理负责在特定业务集团的全世界客户的业务活动。西门子的公司客户经理负责跨地理区域和超过一个集团的大客户的业务活动。

西门子以客户为导向的一个重要驱动器是高管关系项目。该项目关注西门子的大客户，与大约 100 个客户的高管建立和形成长期的关系。西门子在管理委员会级别建立这个项目：所有西门子管理委员会的成员，与关键客户保持直接的联系，与他们保持经常的对话，当面倾听客户的需要。此外，该项目被引入国家级别的组织，西门子区域公司的高级管理代表参与其中。

西门子的业务领域、业务集团和业务单元，负责自身业务的全球销售，能够直接从他们各自的总部支持全世界的客户，特别是针对大的合同和项目。然而，大多西门子的客户是需要本地支持的中小型企业和组织，为了与他们开展本地业务，西门子通过区域性公司指导全球销售，他们负责在各自的国家、跨业务领域和集团的销售。这使得西门子与全世界的客户保持密切联系，为客户提供本地的合作关系，为客户的业务需要提供更快的特制的解决方案。西门子活跃在大约 200 个国家，在市场上处于具有竞争力的领先地位。由于在当地长时间持续的表现，西门子通常被认为是当地公民。西门子全球市场营销和销售活动的一个基本组成部分是遵从适用的法律、国际规则和规章。

4.2.5　西门子全球网络的价值增值评估

4.2.5.1　全球研发网络

发明和专利权被西门子视为业务战略的关键因素，为西门子的业务活动创造了巨大的价值增值，并增强了核心竞争力，是衡量全球研发网络价值增值的主要指标。图 4－19 显示了 1950～2014 财年 65 年间西门子每年注册发明和申请专利的数量。

与 1950～1990 财年的小幅震荡相比，自 20 世纪 90 年代实施全球化战略后，1990～2001 财年西门子每年注册发明和申请专利的数量迅速增长。2001 财年申请了 6330 项新专利，申请专利数是至今为止的历史最高值；2001 财年新注册 9060 项发明，仅次于 2006 财年，为注册发明数的历史次高。尽管在 2002～2003 财年受全球经济衰退的影响，西门子每年的发明和专利数量出现过下降，但是很快又重新呈现持续上升的态势。在 2006 财年新注册超过 10000 项发明，注册发明数是至今为止的历史最高值；2006 财年申请了 6000 项新专利，仅次于 2001 财年，为申请专利数的历史次高。同

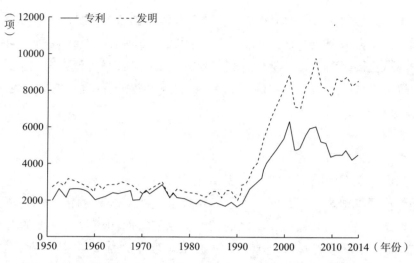

图 4 – 19　1950 ~ 2014 财年西门子注册发明和申请专利的数量

资料来源：本书作者根据西门子公司各年报的数据绘制。

样，2007 ~ 2009 财年受全球经济危机的影响，西门子的每年注册发明和申请专利数量连续下降，但是从 2009 财年起恢复震荡上升态势。2014 财年，西门子持续运营业务共注册 8600 项发明，相当于平均每个工作日有 39 项发明，研发人员的人均发明数量与 2000 财年相比增长了一倍；2014 财年西门子申请了 4300 项专利，相当于平均每个工作日有 20 项申请。

目前西门子的持续经营业务在全世界持有大约 56100 项专利。2010 年，西门子首次在欧洲专利局的专利统计数据中排名第一。2013 年，西门子在欧洲专利局的专利统计数据中排名第二；在德国获得的专利排名第四；在美国获得的专利排名第十三。表 4 – 5 列出了 2009 ~ 2013 年西门子的专利排名统计，通过专利排名可以看出西门子是全球最具创新力的企业之一。

表 4 – 5　2009 ~ 2013 年西门子的专利排名统计

项　　目	2009 年	2010 年	2011 年	2012 年	2013 年
德国专利和商标局（DPMA）	3	3	3	3	4
欧洲专利局（EPO）	2	1	1	2	2
美国专利和商标局（US PTO）	13	9	10	11	13

资料来源：西门子公司年报。

西门子的全球研发网络不但帮助西门子持续增强创新能力，其开放式创新在全世界也获得了多个奖项。比如 2011 财年，西门子在 41 个竞争对手中脱颖而出，荣获"欧洲最受尊敬的知识型组织（The European Most Admired Knowledge Enterprise，MAKE）"大奖。MAKE 大奖由英国著名知识管理和智力资本研发公司 Teleos 与 Know Network 于 1998 年共同发起并主办，作为年度奖项，表彰那些成功将企业知识和智力资本转化为卓越的产品、服务和解决方案，并为股东创造价值的机构或企业。2011 年，西门子中国研究院被中国商业杂志《环球企业家》评为年度最佳企业研究院，这是该研究院第三次获此殊荣。

4.2.5.2　全球供应链网络

西门子将供应链对净收入的贡献（Contribution to Net Income，CNI）作为衡量全球供应链网络价值增值的重要指标。启动全球供应链战略后，供应链网络的 CNI 持续增长，与 2008 财年相比，2010 财年 CNI 增长了 124%。

西门子对供应链管理的价值创造还制定了三个考核指标，包括公司级别集中管理的采购份额，全球价值采购的份额，供应商（采购额大于 1 万欧元）的数量。通过全球供应链网络管理战略，2008～2010 财年西门子具体实现的收益（见图 4－20）包括以下几点。

图 4－20　2008～2010 财年西门子全球供应链网络的价值增值重要指标

资料来源：西门子公司（www. siemens. com）。

（1）公司级别集中管理的采购份额增加。2008 财年为 29%、2009 财年为 44%、2010 财年为 47%，2010 财年与 2008 财年相比增加了 18 个百分点，实现了预定的 2010 财年的目标。

（2）全球价值采购的份额增加。2008 财年约为 20%、2009 财年约为

21%、2010 财年约为 24%，2010 财年与 2008 财年相比增加了 4 个百分点；西门子设定了在中期将全球价值采购份额增加到 25% 的目标，并在 2011 财年实现了这一目标，这一年总体的来自新兴市场的采购份额达到了 27%。

（3）供应商（采购额大于 1 万欧元）的数量减少。2008 财年约为 11.3 万家、2009 财年约为 9.7 万家、2010 财年约为 9 万家，2010 财年与 2008 财年相比减少了约 20%；西门子设定了在中期将该类供应商减少到 9.1 万家的目标，在 2010 财年已经实现了这一目标。

4.2.5.3 全球制造网络

通过全球工厂布局和西门子生产体系的实施，西门子构建并优化了全球制造网络，帮助其优化总生产成本、优化本地的价值流和信息流、获得更短的交付时间和更高的质量。近几年，西门子平均每年的生产率提高都在 8% 左右，从而明显提升西门子的制造业务绩效。由于没有获得制造环节的具体数据，我们使用西门子的经济价值增值，作为对全球制造网络的价值增值评估。

西门子使用经济价值增值评估业务的价值创造和经济成功。经济价值增值是将运营的税后净利润减去资本使用成本的结果。因此一项业务只有在至少弥补资本使用成本，并且实现符合资本市场需求的经济价值增值改进时，该业务才创造价值。对于将制造视为最重要要素之一的西门子而言，经济价值增值可以在一定程度上反映制造业务的价值增值。2001～2007 财年西门

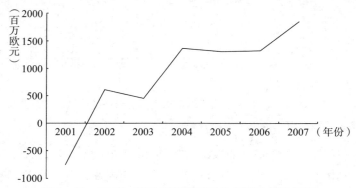

图 4－21 2001～2007 财年西门子的经济价值增值值

资料来源：本书作者根据西门子公司各年报的数据绘制。

子整体的经济价值增值值如图 4 - 21 所示。从中可以看出 2001 ~ 2007 财年
西门子整体的经济价值增值基本呈上升趋势，这也从一方面反映了全球制
造有效降低了运营成本、提高了业务的价值增值，另一方面分散化生产也
有助于降低自然灾害引发的区域经济风险。

4.2.5.4　全球销售和服务网络

自 20 世纪 90 年代实施全球化战略后，西门子全球营收额增长迅速。图
4 - 22 列出了西门子 1990 财年、2000 财年、2010 财年、2014 财年各区域的
营收份额。

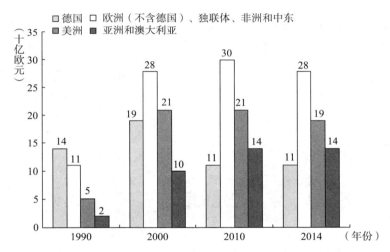

图 4 - 22　西门子 1990 财年、2000 财年、2010 财年、2014 财年各区域营收份额

资料来源：本书作者根据西门子各年报的数据绘制。

其中 1990 财年、2000 财年的营收额根据德国公司治理准则计算，2010
财年、2014 财年的营收额使用持续运营业务的数据，再考虑到在此过程中
西门子对每区域的范围也做出了一些调整，因此数据可能有一些偏差。但
是可以明显看出，从 1990 财年到 2000 财年，西门子的总营收额从 320 亿欧
元增长到 780 亿欧元，增长了 1 倍多。其中德国的营收额从 140 亿欧元增加
到 190 亿欧元，然而营收额占比从 44% 降低到 24%。欧洲（不含德国）、独
联体、非洲和中东的营收额从 110 亿欧元增加到 280 亿欧元，增长了 1.5 倍
左右，所占比例也从 34% 增加到 36%。美洲区域的营收额从 50 亿欧元增加

到 210 亿欧元，增长了 3 倍多，所占比例从 16% 增加到 27%。亚洲和澳大利亚区域的营收额从 20 亿欧元增加到 100 亿欧元，增长了 4 倍，所占比例从 6% 增加到 13%。可见通过构建全球销售网络，西门子增加了海外销售，特别是新开拓市场的销售，从而增加了全球市场销售额。

在经历了"贿赂门"事件、美国金融危机、欧洲债务危机之后，2010 财年、2014 财年西门子的持续业务营收额与 2000 财年的总营收额相比略有下降。其中德国的营收额降低到了 110 亿欧元，甚至低于 1990 财年的营收额，营收额比例降低到了 15% 左右。欧洲（不含德国）、独联体、非洲和中东的营收额在 2010 财年略有增加，2014 财年与 2000 财年基本持平，但是营收额比例增加到了 39% 左右。美洲区域的营收额在 2010 财年与 2000 财年基本持平，2014 财年比 2000 财年略有下降，但是营收额比例基本保持在 26% 左右。亚洲和澳大利亚区域的营收额在 2010 财年、2014 财年增加到了 140 亿欧元，与 2000 财年相比增长了约 40%，营收额所占比例增加到 20% 左右。可见通过构建全球销售网络，西门子加大了在新兴市场的销售，有效地在全球范围内降低了销售波动、稳定了收入流。

4.3 基于嵌入视角的西门子医疗网络研究

4.3.1 医疗器械产业全球生产网络概述

4.3.1.1 医疗器械产业概述

"十二五"是我国全面建设小康社会的关键时期，是提高自主创新能力、培育战略性新兴产业、建设创新型国家的重要阶段，也是进一步深化医药卫生体制改革的攻坚时期。医疗器械是医疗卫生体系建设的重要基础，具有高度的战略性、带动性和成长性，其战略地位受到了世界各国的普遍重视，已成为一个国家科技进步和国民经济现代化水平的重要标志。

——摘自《医疗器械科技产业"十二五"专项规划》

医疗器械，是指单独或者组合使用于人体的仪器、设备、器具、材料或者其他物品，包括所需要的软件。医疗器械是典型的高新技术产业，具有高新技术应用密集、学科交叉广泛、技术集成融合等显著特点，是一个国家前沿技术发展水平和技术集成应用能力的集中体现。当前国际医疗器械领域的科技创新高度活跃，电子、信息、网络、材料、制造、纳米等先进技术的创新成果向医疗器械领域的渗透日益加快，创新产品不断涌现。医疗器械也被称为"永远的朝阳产业"。

4.3.1.2　医疗器械产业的全球网络格局

医疗器械市场是当今世界经济中发展最快、国际贸易往来最为活跃的市场之一。据欧盟医疗器械委员会的统计，全球医疗器械市场销售额从 2001 年的 1870 亿美元增长到 2011 年的 4353 亿美元，复合增长率达 8.35%，高于同期 5% 左右的全球药品市场年均增长率，是同期国民经济增长速度的 2 倍左右。即使是在全球经济衰退的 2008 年和 2009 年依然逆流而上，分别实现 6.99% 和 7.02% 的增长率。随着经济的复苏和新兴市场国家中等收入水平消费者对医疗保健服务需求的增长，医疗器械市场将会持续增长。

全球高端医疗器械市场基本由美国、德国、日本公司的产品占据着统治地位，其他欧洲公司只是在一些专业项目上有一定优势。美国是世界上最大的医疗器械生产国和消费国，其消费量占世界市场的 40% 以上；欧洲占比 30% 以上；日本约占 10%。医疗器械的市场竞争是全球化的竞争，作为全球高新技术产业竞争的焦点领域，市场寡头主导的局面越来越明显。据欧洲医疗器械行业协会统计，目前排名前 25 的医疗器械公司的销售额（其中 70% 为总部设在美国的公司）合计占全球医疗器械市场销售总额的 60% 以上，市场集中度显著提高。美国生物医药媒体 FierceBiotech 评选出 2011 年全球研发投入前 10 名的医疗器械公司[①]，数据显示，尽管受到全球性经济不景气的严重威胁，但全球医疗器械巨头均投入重金用于研发，医疗器械行业的研发投入逆势上扬。

未来全球医疗器械产业将形成两大格局和网络。一方面是美、欧、日发达国家主导的以高科技为主的新型医疗器械产业网络，发达国家垄断了

---

① 　具体排名为：强生，雅培，西门子医疗，美敦力，通用电气医疗，飞利浦医疗保健，百特国际，波士顿科学，Ovidien 公司，碧迪。

全球绝大多数的市场，中国的高端新型医疗器械产品有 70% 都是从国外进口。另一方面是劳动密集型且技术含量不高的传统医疗器械产业网络，产品生产逐渐从欧美发达国家向劳动力成本比较低的发展中国家，特别是中国和印度等亚洲国家转移。中国正在成为全球新的医疗器械制造中心，多种基础产品的产量已居世界第一。随着全球医疗器械产业的高速发展，这两大格局和网络的形成也越来越明显。

4.3.1.3 中国医疗器械产业的贸易结构分析

（一）从贸易规模看，中国是医疗器械的主要市场以及生产和进出口基地

据中国医疗器械行业协会统计，2004～2011 年，中国医疗器械行业的年增长率均保持在 20% 以上，远高于同期国民经济平均增长水平。2011 年中国医疗器械产品销售收入达 1354.27 亿元，有望在 2015 年达到 1900 亿元的产销规模。从市场空间角度来看，2011 年中国医疗器械市场规模占医药总市场规模的 14%，与全球水平 42% 相去甚远，中国市场有 5～6 倍的提升空间。预计到 2050 年，中国在全球医疗器械市场的份额将达到 25%。经过 30 年的持续发展，中国已初步建立了多学科交叉的医疗器械研发体系，产业发展初具规模。目前，中国医疗器械进出口贸易共涉及 47 大类、5000 个品种、30000 余种规格的产品。中国已成为全球医疗器械的主要生产和进出口基地。2010 年，先进医疗设备、医用材料等生物医学工程产品的研发和产业化被列为中国战略性新兴产业的发展重点，中国医疗器械产业迎来了前所未有的重要战略发展机遇。

（二）从市场结构看，中国对传统市场和新兴市场的进出口都在持续增长

从进口市场看，中国医疗器械产品主要进口地域为欧洲、北美洲和亚洲，三大传统地域占绝对份额，2011 年三大地域合计占总进口额的 96.67%。从国家和地区看，美国、德国和日本是三大传统进口国家且进口额持续增长，2011 年合计占比为 64.52%。此外，中国从瑞士、马来西亚和芬兰等国家的进口增长显著，说明新兴进口市场的重要性在不断增加。从出口市场看，中国医疗器械产品主要出口地域为亚洲、欧洲和北美洲，2011 年三者合计占比为 86.14%。从国家和地区看，美国、日本和德国是三大传统出口国家，2011 年前三位合计占比为 41.45%。此外，中国对俄罗斯、印

度和菲律宾等新兴市场的出口增长显著，可见新兴出口市场发展迅速。从进出口国家和地区来分析，中国对传统市场和新兴市场的进出口都在持续增长，说明中国医疗器械进出口贸易的发展形势非常好。

（三）从商品结构看，中国的竞争优势集中在中低端医疗器械产品

2011 年，中国的"药棉、纱布、绷带"和"导管、插管类产品"等产品的出口额较高，"彩色超声波诊断仪"和"X 射线断层检查仪"的产品进口额较高。从进出口商品结构中可以看出，高附加值的大型高端医疗设备主要依赖进口，而出口产品以附加值低的一次性或中低端产品为主，印证了中国在医疗器械产业的竞争优势集中在中低端产品。目前中国正在成为全球新的医疗器械制造中心，多种中低端产品的产量已居世界第一。而在国内医疗器械市场中，高端产品只占 25% 左右，其中超过 70% 需要从国外进口。国内医疗器械行业相对低下的技术水平，极大地影响着中国医疗器械行业的发展。

（四）从贸易主体看，医疗器械制造企业两极分化比较明显

从进出口贸易主体看，进出口企业的数量增长显著。在出口数量上民营企业占优，在出口额上外资企业明显占优、占据一半份额。在出口额排名前 10 的企业中，外资企业有 8 家。在进口额上外企、民营、国企三分天下，在进口排名前 10 的企业中，民营企业 1 家，外资企业 4 家，国有企业 5 家。

医疗器械制造企业两极分化比较明显。在高端产品上，绝大多数领域的外资企业在技术和质量上领先于国内企业。目前世界医疗器械制造企业前 10 强中有 8 家已在中国建立生产基地，美国通用电气医疗、德国西门子医疗和荷兰飞利浦医疗（通常合成"GPS"）等公司在高端市场中竞争优势明显。而生产高技术含量产品且收入规模过亿的国内企业仅几十家，但也产生了一批诸如深圳迈瑞、东软医疗等从事高端医疗器械产业具有国际声誉的品牌企业。在中低端产品市场上，中国本土企业竞争优势明显，出现了一批如新华医疗、鱼跃医疗等具有国际竞争力的基础医疗器械制造企业。但是国内 90% 的企业是年收入不足 1000 万元的中小型企业，来自越南和泰国等东南亚国家的竞争压力正在不断加大，此外跨国公司还试图向一部分颇有潜力的低端市场扩张，中国医疗器械企业很可能将面临大洗牌的局面。

（五）从国内省区市看，进出口的地区集中度比较高

从国内进口的地区看，2011 年进口额排在前 4 位的是上海、北京、广

东和江苏，上海进口额最多、占比超过 30%。进口额排在前 10 位的省（区、市），其占比合计高达 90.22%，体现了进口地区集中度较高的特点。从国内出口的地区看，2011 年出口额排名前 4 的是广东、江苏、上海和浙江，广东出口额最多、占 25%。出口额排名前 10 的省（区、市）出口额占比合计高达 93.03%，同样体现出集中度较高的特点。

4.3.2　西门子医疗业务简介

西门子医疗是全球医疗解决方案最大的供应商之一，是医学影像、实验室诊断、医疗信息技术和听力仪器等领域的领先制造商和服务供应商，有 130 多年的历史。西门子医疗的全球总部位于德国的埃尔兰根，西门子医疗在全球超过 138 个国家拥有办公室，大约有 40 个主要工厂。2014 财年（截至 2014 年 9 月 30 日），西门子医疗的营收额为 124.29 亿欧元，占西门子总营收额的 17%；员工数大约 51000 人，占西门子总员工数的 14%；利润额为 20.27 亿欧元，利润率为 16.3%；研发投入超过 13 亿欧元，研发投入比为 9.6%；利润率和研发投入比都是西门子各业务领域中最高的。在三大区域中，欧洲、独联体、非洲和中东区域的营收额为 43.91 亿欧元，占总营收额的 35%。其中，德国营收额为 8.8 亿欧元，占 7%；美洲区域的营收额为 47.29 亿欧元，占 38%；亚洲和澳大利亚区域的营收额为 32.81 亿欧元，占 26%。

西门子最早在中国开展经营活动可以追溯到 1872 年，当时西门子公司向中国出口了第一台指针式电报机，并于 1904 年在中国上海成立了第一个永久办事处。中国实行对外开放政策之后，西门子同中国的合作也进入了一个新的时期。1982 年，西门子作为首批国际公司在中国北京开设了代表处。1985 年，西门子与中国政府在北京签署《西门子公司与中华人民共和国在机械工业、电气工程和电子工业等领域开展合作的备忘录》，其是第一家应邀与中国进行如此深入合作的外国企业。1994 年 10 月，西门子（中国）有限公司在北京成立，该公司是中国第一家由外国企业组建的控股公司。2011 年 6 月 28 日，西门子与中国国家发展和改革委员会签署了延续全面合作的谅解备忘录。至今，西门子在中国从一个仅拥有 200 余名员工的北京代表处，发展成为拥有超过 32000 名员工、20 个研发中心、77 家运营企业的中国最大的外商投资企业之一。2014 财年，西门子在中国持续运营业务的总营收额达到 64.4 亿欧元，占全球营收的比例接近 9%，中国是西门子在德国之外的第二大海外市场。西门子已经成为中国经济不分可割的一部分，中国也已经成为西门子公司在全球及亚太地区业务发展的主要支柱之一。

4.3.3 西门子医疗嵌入中国的演进过程

自 1899 年西门子向中国提供第一台 X 光机起，西门子医疗在华开展业务已有 117 年的历史。目前西门子医疗在中国拥有 6 家运营公司，33 个办事处，60 个服务站，3000 多名员工，为中国、亚洲和全球市场提供包括CT、磁共振系统（MR）、X 光、超声、听力和实验室诊断设备在内的众多医疗产品。西门子医疗中国总部坐落于上海国际医学园区，北方区总部位于北京，南方区总部位于广州。凭借其在创新领域的优势，西门子努力为中国全面提升医疗服务提供支持，满足中国不同地区与不同层次医院的需求，这包括从领先的医疗科研机构与医院，到病人流通量大的大型综合性医院，从城市社区医院到中小型乡镇医院的各种需求。

根据本书第 3 章提出的基于嵌入视角的全球生产网络微观分析框架，本节将对西门子医疗在中国的嵌入过程，从嵌入战略、嵌入维度、嵌入地区几方面进行分析（见图 4 - 23）。

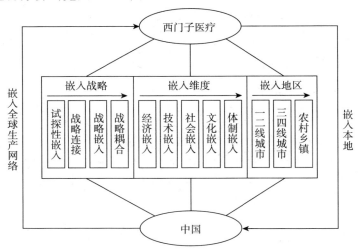

图 4 - 23　西门子医疗产业嵌入中国的分析框架

资料来源：本书作者绘制。

自1982年西门子在中国开设代表处以来，西门子医疗逐步实施了"深度嵌入"的战略，根植到中国经济社会网络中，并将中国纳入其全球战略之中，实现与中国医疗产业相互作用、互动融合，建立了双向嵌入的完整产业网络。从嵌入战略看，中国实行对外开放政策之后，西门子医疗在中国的嵌入按时间可以分为四个阶段：试探性嵌入阶段（1982～1991年），战略连接阶段（1992～2000年），战略嵌入阶段（2001～2005年），战略耦合阶段（2006年至今）。

西门子医疗在中国的嵌入战略与中国的国家开发开放战略以及中国的医疗体制改革相匹配，并具有一定的前瞻性，从"松脚嵌入"逐步向"深度嵌入"演进。从嵌入地域看，西门子医疗在中国首先嵌入东南沿海地区，逐步向中部、西部地区演进；首先嵌入一二线城市，逐步向三四线城市，甚至向农村乡镇演进。从嵌入维度看，首先是经济嵌入，逐步向技术嵌入、社会嵌入、文化嵌入和体制嵌入演进；从单向嵌入，逐步向双向嵌入演进。从分工角度看，首先嵌入销售和服务业务，逐步向本地生产、本地采购、本地研发，乃至本地产品品牌管理演进；从单纯的销售和生产活动，向研发中心、服务中心和地区运营总部扩展；本地销售首先嵌入的是高端市场，逐步向中低端和基层市场演进；本地生产首先嵌入劳动力密集型环节，逐步向资本技术密集型环节演进；本地研发首先嵌入低附加值环节，逐步向高附加值环节演进。

西门子医疗嵌入中国的演进过程以及主要事件如图4－24所示。

4.3.3.1 试探性嵌入阶段

1982～1991年为西门子医疗嵌入中国的第一阶段：试探性嵌入。

改革开放以后，西门子公司开始试探性重新进入中国。20世纪80年代，中国医疗改革的主导思想在于推进市场化，西门子医疗开始对中国市场产生兴趣。1984年，西门子在中国建立了医疗设备销售渠道，主要通过贸易途径将医疗设备出口到中国市场。1989年，西门子成立北京西门子技术开发有限公司（STDC），为西门子在中国的医疗设备提供服务支持。这一时期西门子医疗在中国的投资较小，主要是经济的单向嵌入，业务以进口销售和技术支持为主，市场仅限于东南沿海地区较少的大城市和大型医院，

图4-24　西门子医疗嵌入中国的演进过程及主要事件

资料来源：本书作者根据西门子公司的相关资料整理绘制。

主要销售高端产品。试探性嵌入阶段一方面让中国的消费者和最终用户熟悉西门子公司和医疗器械产品，另一方面西门子也借此熟悉了中国医疗市场，积累了对中国市场机会、风险和经营的知识与经验，为后续的全面嵌入奠定良好的基础。

4.3.3.2 战略连接阶段

1992～2000 年为西门子医疗嵌入中国的第二阶段：战略连接。

1992 年，邓小平同志第二次南方谈话后，中国掀起了对外开放和引进外资的新一轮高潮。与此同时，随着经济全球化和一体化的发展，西门子公司开始在全球进行战略布局并进行新一轮的国际产业转移，对华投资大幅增加。西门子（中国）有限公司于 1994 年在北京成立，旨在巩固西门子在华不断增长的业务和投资，并很快发展成为西门子在华业务的总部。1997年西门子成立了西门子管理学院。

1994 年，国务院揭开医改序幕，有条件的医院开始积极购进大型检查设备。1998 年，国务院颁布《医疗器械监督管理条例》，初步建立完善了医疗器械监督管理体制。西门子医疗利用对中国市场知识和经验的积累，意识到中国市场的价值，从战略角度考虑加大对中国的投资，在中国正式进入"嵌入"阶段。1992 年成立的上海西门子医疗器械有限公司是西门子在德国以外的第一家计算机断层扫描诊断设备（CT 机）生产基地。SSME 由上海医疗器械厂、中国医疗器械工业总公司和西门子公司共同出资，总投资为 1300 万美元，是西门子在中国投资的第一家医疗器械生产企业，也是当时中国最大的医疗器械合资企业、西门子在亚洲投资额最大的合资企业。1995 年，西门子成立了力斯顿（苏州）听力技术有限公司，生产助听器并提供听力解决方案。这是中新苏州工业园区第一家正式投入生产运作的外商独资企业，现为西门子听力仪器（苏州）有限公司。1998 年 SHIL 进行了新厂扩建，2000 年公司乔迁同时新厂开业。

在战略连接阶段，西门子医疗主要看重中国的市场和低成本优势，开始加大在中国的投资，将市场逐步拓展到东南沿海地区和中西部地区的一二线城市，但还是以销售高端产品为主。除了进口销售和技术支持，西门子医疗开始在中国成立合资或独资生产性公司，在中国生产医疗设备并在本地销售，同时供应国内和国际市场，并通过本地生产提高零部件采购本土化，培植当地配套企业，通过这些战略性连接活动取得所需资源，达到规模与范畴经济、降低投资风险、改善竞争地位的目的。这一阶段西门子医疗在中国进口和销售、本地生产和销售、本地生产和出口各项业务并行开展。从嵌入维度看，从单向经济嵌入向双向经济嵌入演进，并以经济嵌入为基础，逐步向社会嵌入、文化嵌入和体制嵌入演进，但是技术嵌入还比较薄弱，而且除了经济嵌入外，其他嵌入都以单向嵌入为主。

4.3.3.3　战略嵌入阶段

2001～2005 年为西门子医疗嵌入中国的第三阶段：战略嵌入。

随着 2001 年中国加入世界贸易组织，西门子公司对中国市场更加关注，开始全面进入中国并积极扎根中国谋求长足发展。西门子加大在华投资力度和本地化进程，不仅推进本土零部件采购和制造，而且积极实行研发本地化，努力控制产品成本。2004 年，西门子宣布了未来中国"利润与增长"战略，该战略定义了十二项具体的措施，进一步全面加强其在中国市场的领导地位。此时，西门子在华员工人数已超过 30000 人，西门子成为在中国雇佣员工人数最多的外商投资企业之一。

中国加入 WTO 以后，2000～2003 年医疗器械平均关税由 11% 降为5%～6%，2003 年初取消了原有大型医疗设备进口的审批权，由医院自行决定大型医疗设备的进口。随着国内医疗体制逐步理顺，医院的医疗服务性收入将逐步成为主角，由此产生的对中高档医疗设备的需求成为医疗器械行业发展的一个持续动力。另外，SARS 暴发的教训也使得政府支持建立医疗服务保障体系，鼓励医疗服务单位购买新医器械，加快产品更新换代。2005 年，中国医疗器械市场已成为仅次于美国和日本的世界第三大医疗市场。尽管中国市场成长迅速，但由于国外知名跨国医疗器械企业陆续在中国投资，世界医疗器械企业前 10 强中有 8 家已在中国建立生产基地，完成了在中国市场的战略布局，因此医疗器械行业市场竞争日益激烈，企业之间基于制造能力的低成本竞争已经越来越不能成为企业的竞争优势。西门子医疗逐步将其在亚太地区的战略重心向中国转移，继续加大对华投资，在中国进入"战略嵌入"阶段。

2001 年 8 月，西门子成功生产了第一台 SOMATOM 欢星 CT 机，这是全球结构最紧凑、最经济有效的 CT 设备，由中国研发人员与位于德国和美国的西门子医疗系统集团研发中心合作开发。这台在中国制造的先进 CT 机同时面向国内及国外市场，也标志着西门子在中国的本土研发进入一个新阶段。2002 年，西门子与深圳迈迪特仪器有限公司成立合资公司——西门子迈迪特（深圳）磁共振有限公司，即现在的西门子（深圳）磁共振有限公司（SSMR），该公司是西门子德国总部以外唯一的一家磁共振系统研发和生产基地。2005 年，位于深圳高科技工业园区的西门子磁共振园正式落成，SSMR 迁入新址，这提高了中国在西门子全球磁共振业务中的战略重要性。2003 年，西门子在无锡新区成立了西门子爱克斯射线真空技术（无锡）有限公司（SXVT），主要从事研发、制造及销售各种 X 射线管及管组件，SXVT 是西门子在德国本土之外唯一一家医用 X 射线管及管组件的专业生产厂家。2003 年，西门子医疗还加大了对上海西门子医疗器械有限公司（SSME）的投资力度，将 SSME 正式迁入位于浦东金桥开发区的新址，提高其开发、生产 X-CT 装置、X 线机和医疗产品零配件的能力，全面实现本地化生产并供应全球市场。2005 年，西门子听力仪器（苏州）有限公司进行新厂房二期扩建工程，扩建后的厂房面积是现有厂房面积的 3 倍，借此实现融主要生产基地、销售服务、技术支持中心为一体的世界顶尖的助听器工厂。

在战略嵌入阶段，西门子不但看重中国的优惠政策和劳动力的成本优势，而且更看重中国市场的长远潜力和具有竞争力的人力资源优势，西门子结合自身发展战略的考量，积极倡导中国本土化发展，在进一步拓展市场、加大本地生产的基础上，逐步将中国纳入其全球战略之中，全面提升中国在全球业务中的地位。西门子继续加大对华投资，新建合资或独资公司，并对已有的公司进行扩建。西门子不但把中国视为重要的制造基地，而且开始更多地把中国看作重要的销售市场。在这一时期，西门子开始将市场拓展到东南沿海地区和中西部地区的三四线城市，为不同层次的医院提供量身定制的解决方案，从而拓展医疗器械业务，实现其高速的增长计划。西门子制定了充分利用中国人才潜力的本地人才战略，进一步增加本地研发和软件开发的实力；强化整合在中国的采购业务，并将其更好地纳入西门子的全球价值链当中，提高本地附加值。从嵌入维度看，以双向的经济嵌入为基础，技术嵌入、社会嵌入、文化嵌入和体制嵌入逐步增强，尤其是技术嵌入方面，本土研发和国际合作明显增强，研发能力不断提升。西门子希望与中国企业以及当地社会共同成长，以实现其持久发展目标，与中国实现双赢。

4.3.3.4 战略耦合阶段

2006 年至今为西门子医疗嵌入中国的第四阶段：战略耦合。

随着西门子在中国战略嵌入的不断推进，2006 年至今西门子在中国已经进入"战略耦合"阶段。2006 年，西门子宣布再次向中国市场追加中期投资 100 亿元人民币，并力争到 2010 年实现销售额翻番的目标。2006 年，西门子中国研究院在北京正式成立，该研究院和西门子美国研究院成为西门子在德国以外的两个最大和最重要的研究基地。2008 年，西门子（北京）中心落成。2009 年，西门子中国研究院开发中心在南京和上海成立。2011 年，西门子（上海）中心正式投入运营。在"十二五"开局之年的 2011 年，西门子与中国国家发展和改革委员会签署了延续全面合作的谅解备忘录，延续了双方在 1985 年建立的历史性合作伙伴关系，为双方在未来实现可持续发展铺平了道路。西门子进入与中国全面合作的新时代。

2006 年中国政府正式启动新一轮"医改"，2007 年国家食品药品监督管理局着手修订《医疗器械监督管理条例》，卫生部下发了《卫生部关于进一步加强医疗器械集中采购管理的通知》。2009 年，新一轮医改方案正式出台实施，新医改将"完善医药卫生四大体系，建立覆盖城乡居民的基本医疗卫生制度"作为重要任务之一，在中国"十二五"规划中政府对基本医疗也进行了强调。与中国的医疗体制改革和西门子在中国的嵌入战略相匹配，2006 年起西门子医疗在中国也进入"战略耦合"阶段，2006 年西门子启动在中国的 100 亿元追加投资计划中，医疗业务是主要的投资项目。2006 年西门子听力仪器（苏州）有限公司新厂房落成，2007 年 SHIL 成立西安办事处，2009 年 SHIL 成立研发中心。2007 年，总投资额达 3 亿元人民币、坐落在上海南汇国际医学园区内的西门子医疗亚洲科技园投入使用，西门子医疗东北亚区总部和中国区总部位于园区内，上海西门子医疗器械有限公司进驻园区。2011 年，大型精密焊接和机加工中心在 SSME 落成，这能够进一步满足本土化研发和生产的需求。2012年，SSME的X光产品大楼正式破土动工，落成后将为公司增加32000平方米的研发和生产面积。2008年，西门子客户设备运行保障中心（USC）重新落户于西门子（上海）医学园。2010年西门子医学诊断移至上海医学园区。2011年，西门子影像研究院正式成立，这进一步推动中国医学影像事业的发展。

为配合国家医药卫生体制改革，西门子在2006年起推行"SMART"战略计划，目的是设计出简单易用（Simple）、维护方便（Maintenance Friendly）、价格适当（Affordable）、可靠耐用（Reliable）和及时上市（Timely to Market）的产品，满足基础医疗市场对高效能、实用型产品的需求，并制定了实现SMART医疗设备与传统高端设备4：6的销售比例（目前比例大致为2：8）。同时，西门子积极响应国家号召，提出了改善农村医疗服务的新模式，在中国卫生部的支持下，2008年首个"西门子新农村医疗示范中心"在陕西省洛川县落成，这也是西门子2006年宣布加入克林顿全球行动计划（CGI），承诺支持发展中国家的具体行动。西门子承诺在未来的五年内投入1000万美元改善中国医疗卫生状况，与中国卫生部联合向中国农村地区提供诊断和水净化设备。

"十二五"期间，西门子医疗将继续针对中国的政策方向，调整研发、生产、销售和服务等策略，特别是将祭出"三板斧"：发挥业务的协同作用，继续加强研发，加大并购力度。西门子将同时提供经济可靠的技术与最新的尖端技术，比如针对城镇社区医疗的、可360度旋转的X光设备，以及低辐射、采用旋速扫描技术的高端CT系统等。同时，西门子将特别重视基础医疗和区域医疗，注重推进本土化的解决方案（Local-for-Local Solutions），积极致力于研发适合基层医院和农村医院使用的产品，为人们提供负担得起的医疗服务。未来面对超过万家的县级医院客户，西门子计划加强渠道建设、增加区域性管理，通过合作伙伴力量加强对这些市场的覆盖和服务。为满足中国对基本医疗服务的需求，西门子开展"健康中国"计划，通过为广大县级医院医师提供培训，支持中国基层医疗的发展。2012年，中华国际医学交流基金会携手西门子医疗举办"健康中国——重走长征路，关注基层医疗，致中华医学会百年庆典"活动，该活动旨在支持偏远地区提高基础医疗水平，并且将从2012年持续至2015年。

在战略耦合阶段，西门子医疗与中国医疗器械产业通过各自的耦合元素产生相互作用、互动融合的现象，形成一个完整的产业生态系统，并具备了战略耦合的三个特征。一是企业集群化。西门子与大量的企业在空间上集聚，并与之维持着一种长期的、非特定的合作关系，比如上海南汇国际医学园。二是价值链高端化。西门子医疗在中国从单纯的销售和生产基地，向地区研发中心、服务中心和运营总部转变。三是协同共生性。西门子医疗在中国构建了"全球—本土"互动的研发网络、制造网络、供应链网络、销售和服务网络，与本土企业一起共同构成了一个产业价值体系，长期合作、共同发展、实现双赢是这一体系的最终目标，这一体系也强化了西门子在中国的战略：立足中国，服务中国，面向全球。

从嵌入地区看，在战略耦合阶段，西门子将由一二线城市、三四线城市，逐步嵌入农村乡镇。从嵌入维度看，双向的经济嵌入、技术嵌入、社会嵌入、文化嵌入和体制嵌入不断加深。通过战略耦合，一方面西门子医疗在中国实现了超高速增长，2010～2012年连续三年位居中国医疗器械放射领域最具竞争力企业榜首，另一方面也带动了中国医疗机械产业的高速发展和出口额的高速增长。目前，上海西门子医疗器械有限公司大约70%的产品出口销往国外，西门子听力仪器（苏州）有限公司85%的产品销往世界各地，西门子（深圳）磁共振有限公司出产的 MAGNETOM ESSENZA 磁共振系统有约90%出口全球市场。而且西门子在中国生产的医疗设备80%的零部件都来自中国，其中中国研发生产的关键零部件不断增加，这充分说明了西门子医疗在中国战略耦合的紧密程度。

4.3.4　西门子医疗在中国的嵌入维度分析

西门子在中国由试探性嵌入向战略连接、战略嵌入、战略耦合不断演进的过程中，从嵌入维度看，是以经济嵌入为基础，逐步向技术嵌入、社会嵌入、文化嵌入和体制嵌入演进的过程，从单向嵌入，逐步向双向嵌入演进的过程。

4.3.4.1　经济嵌入

改革开放以来，西门子医疗嵌入中国经济的程度不断加深，主要表现在：立足中国，不断扩大在华投资；业务领域不断拓展，投资结构不断升级；服务中国，本地经济关联不断加深；面向全球，推动中国产业融入全球生产网络。西门子医疗通过逐步打造涵盖产品管理、研发、采购、生产、销售与服务各个环节在内的完整的价值链，实现在经济上与中国的双向深度嵌入。

（一）立足中国，不断扩大在华投资

在介绍西门子医疗嵌入中国演进过程的前文中，已经对西门子医疗主要的投资内容进行了说明。目前西门子医疗在中国拥有 6 家运营公司，33个办事处，60 个服务站，3000 多名员工。表 4 - 6 列出了当前西门子医疗在中国的主要运营公司。除此之外，还有西门子 2006 年收购拜耳公司的医药保健集团诊断部之后、2007 年成立的北京西门子医疗诊断设备有限公司，2006 年收购美国 DPC（诊断试剂公司）包含的 DPC 的全资子公司——天津德普诊断产品有限公司等。

表 4 - 6　西门子医疗在中国的主要运营公司

运营公司	成立时间	区位	主要业务	员工数
北京西门子技术开发有限公司	1989 年	北京	服务和技术支持	
上海西门子医疗器械有限公司	1992 年	上海	CT 机、X 光机诊断设备及其零部件的研发、生产和服务	1000 多人
西门子听力仪器（苏州）有限公司	1995 年	苏州	助听器的研发、生产和服务	600 多人
西门子（深圳）磁共振有限公司	2002 年	深圳	磁共振系统的研发、生产和服务	近 500 人
西门子爱克斯射线真空技术（无锡）有限公司	2003 年	无锡	医用 X 射线管及管组件的研发、生产	100 多人

资料来源：本书作者根据西门子公司的相关资料整理。

西门子在跨国医疗企业中树立了新的标杆，并且计划在未来继续加大投资力度。西门子医疗在中国的业务布局反映了上海、北京、广东和江苏等地在中国医疗产业中的重要性，带动了这些地区乃至中国的医疗器械产业发展。

（二）业务领域不断拓展，投资结构不断升级

西门子医疗在中国不断扩大业务领域，表现在两方面。一方面不断丰富产品线，目前西门子医疗在中国研发和生产的产品包括 CT、X 光机诊断设备、超声设备、听力仪器、磁共振系统、X 射线管，以及相应的零部件产品。另一方面不断增加功能部门，从而使得西门子在中国成为一家可向客户提供全方位诊疗产品和解决方案的公司。西门子医疗在华的业务环节从最初的安装、装配，逐步向制造中心、研发中心、服务中心和地区运营总部扩展，投资结构不断升级。西门子医疗东北亚区总部和中国区总部位于 2007 年投入使用的西门子（上海）医学园，该医学园建立了高度综合的医疗设备与服务中心，集研发、生产、市场、销售和服务功能于一身，成为西门子医疗在华活动的核心区域。2008 年，西门子客户设备运行保障中心（USC）落户于西门子（上海）医学园，依托四大中心（设备运行监测中心、技术支持中心、资源调派中心和客户体验中心），西门子 USC 率先在在华客服方面实现了"前瞻式服务理念"。

（三）服务中国，本地经济关联不断加深

西门子在中国的前向经济嵌入和后向经济嵌入不断加深，通过大力实施本地化实现在中国的可持续发展。前者表现为不断完善销售网络、提高服务质量、加强渠道建设，特别是通过"SMART"战略计划积极开拓基层市场；后者表现为通过全球价值采购计划不断加大在华采购份额，培养本土供应商、实现配套产业本土化。目前西门子医疗设备 80% 的零部件都来自中国，而且中国研发生产的关键零部件不断增加。而 2012 财年，西门子整体将近 90% 的原材料和半成品均在中国采购，相比之下西门子医疗在中国的采购仍有提升空间。

为了灵活适应中国市场的多变性，西门子医疗在中国建立了完善的销售网络和服务体系，目前在全国设有 33 个办事处、60 个服务站，方便用户的垂询、购买和维修。为了确保服务的及时性，西门子医疗特别建立的备件中心 24 小时不间断运行，关键备件保障率达到了 80%。设在北京和上海的"即时服务中心"可以为全国各地医院里的西门子医疗设备提供 24 小时的远程遥控诊断服务，并设立"800 免费售后服务热线"及时为客户排除故障。2008 年，西门子客户设备运行保障中心率先在在华客服方面实现了"前瞻式服务理念"，2009 年率先在服务工作流程中引进 PDA 移动服务系统，进一步优化在华客户服务。

为了将高品质的、可负担的医疗产品及服务带给更多患者，西门子医疗不断加强渠道建设，与全国各地的超过 165 家经销商建立更为紧密的合作。一方面全面丰富渠道产品，将更多优质产品，如西门子磁共振系统 MAGNETOM ESSENZA 以及最新一代落地式血管造影机 Artizee Floor 列入分销渠道目录，通过打开销售渠道，西门子将有效帮助经销商提高效率，使更多的产品造福患者。另一方面，西门子还将进一步优化产品集团间的协同效应，鼓励优秀经销商从单一集团产品代理转向跨集团代理，与经销商一起发挥"合的力量"，从而将更多优质产品更快地推向市场。

西门子医疗嵌入中国的一个重要举措是自 2006 年起推行的"SMART"战略计划，而采购、研发、生产、销售的本土化战略是实现 SMART 战略的有效途径。西门子采取了双管齐下的营销手段。一种是西门子医疗和西门子财务集团联合，与各地方省/市卫生厅/局合作，根据地方实际需求贴息提供西门子基础医疗设备，装备县级和乡镇级卫生院，建立三级医疗辐射网络。比如 2009 年底，西门子医疗与黑龙江省卫生厅签署了一项共建基础医疗合作，黑龙江省将与西门子医疗在未来 2 到 3 年内共同建立一系列有成本效益的医学影像及远程诊断中心。另一种方式是与本土的医疗销售企业合作，由代理商为西门子开拓三四级市场客户，比如西门子与广东康健医疗设备有限公司达成战略合作协议，将数字 X 光设备在华南地区的销售交给康健医疗。

（四）面向全球，推动中国业务融入全球生产网络

西门子医疗在中国的投资不仅仅是服务于中国市场，而是把中国业务作为其全球生产网络中的重要节点，充分利用中国的竞争优势，在全球范围内进行价值链的配置和优化，努力降低生产经营成本，支撑其全球战略。因此，西门子医疗业务在不断嵌入中国经济的同时，也带动了其全球业务的发展，并且扩大了中国医疗产业的进出口、推动中国更好地融入医疗产业的全球网络中。

SSME 是西门子医疗业务领域供应全球市场的医疗影像设备制造基地，也是上海市最大的医疗器械研发生产高科技企业之一，大约 70% 的产品出口销往国外；2010 年在医疗器械行业出口企业中排名前 10，在出口德国市场医疗器械企业中排名第 1；2011 年在上海市医药企业中总收入排名前 5。

全球销售的每两台西门子 CT 产品中，就有一台来自 SSME。SHIL 是全球最大的助听器生产基地，年产量约占全球的 1/4，在中国市场的份额占 50% 以上；85% 的产品销往世界各地，2010 年在医院诊断与治疗设备出口企业中排名前 20。SSMR 作为亚洲磁共振中心，是西门子全球一体化磁共振战略的重要组成部分，生产的 MAGNETOM ESSENZA 磁共振系统有约 90% 出口全球市场，2010 年在医疗器械行业出口企业中排名前 10，在深圳医疗器械出口企业中排名前 3。2012 年西门子全球第 1000 台 MAGNETOM ESSENZA 磁共振系统在深圳西门子磁共振园下线，并销往日本，进一步表明了中国在西门子全球医疗网络中的战略中心地位。

自 1995 年西门子医疗在苏州工业园区投资建厂以来，占据了行业 80% 左右产量的全球前五大助听器生产制造商纷纷在中国成立公司和生产基地，包括西门子在内有 3 家在苏州建立生产基地。瑞士峰力集团在苏州设有优利康（苏州）有限公司，该公司为峰力集团最大的生产基地之一。斯达克在苏州设有斯达克助听器（苏州）有限公司，该公司作为生产和技术服务中心。苏州也因此成为中国乃至世界的助听器生产中心，这充分体现了西门子医疗对地区产业集聚的带动作用。

4.3.4.2 技术嵌入

相比经济嵌入，西门子医疗在中国的技术嵌入，更能体现西门子医疗对中国业务的重视，对中国医疗产业结构升级的促进作用也更加明显。正如西门子的员工所说："我们可能比中国企业还要中国，因为他们很多企业的技术核心还是在国外的，而我们将原创的设计就放在了这里。"

（一）研发机构多，研发投入多

西门子医疗非常注重在中国的研发投入，主要的运营公司都设置了研发机构，而且很多都是德国之外的唯一的或者最大的研发机构，近 1/3 员工是研发人员，研发机构和人员在西门子医疗全球创新网络中发挥着重要作用。SSME 是西门子医疗在德国之外的唯一的 CT 研发和生产中心，也已成为全球 X 光基础医疗产品的研发中心，目前是西门子医疗在亚太地区最大的研发和制造中心。SHIL 在 1996 年建立 ITE 实验室，2009 年成立研发中心。SXVT 是西门子医疗在德国本土之外唯一的一个 X 射线管研发和生产基地，并于 2010 年建立了实验室。SSMR 是西门子医疗在德国以外的最大的磁共振成像研发和生产基地。

（二）国际合作多，研发质量高

作为西门子医疗全球创新网络中的重要组成部分，西门子在中国的研发力量具有战略地位，西门子在中国的研发力量与西门子医疗的全球研发团队紧密合作，充分利用全球研发网络的力量进行创新，并确保遵循与总部同样的高标准，实现"中国研发、德国品质"，同时带动中国本土研发能力的提升。比如 SSME 的 CT 软件开发团队与西门子医疗在德国的研发中心紧密合作，致力于高级 CT 系统的软件开发。SSMR 与埃尔兰根总部和牛津的西门子磁体技术公司密切合作，共同研发最杰出的磁共振成像产品。此外，西门子研究院在西门子创新活动中扮演主要的角色，也在研究医疗信息系统和影像处理等方面的新解决方案。西门子中国研究院是西门子医疗在中国的直接且强大的自主创新伙伴。

研发本土化的战略带动了中国团队研发能力的提升。以 SSME 为例，2007 年，该中心向全球市场推出了全新的 6 层及 16 层 CT，在常规检查和临床研究方面都取得了骄人的成绩。2010 年推出的 6 层及 16 层 CT 的升级款，进一步提高了产品的质量和性价比。在随后的短短两年间，由 SSME CT 研发团队主导研发的新一代 128 层螺旋 CT 于 2011 年 11 月正式发布。2011 年 8 月，SSME 全球首发了最新研制的移动平板 DR，同时还成功地向市场推出了中国热销的 X 射线拍片系统等一系列优质 X 光产品。与此同时，SSME 自主研发设计和制造的关键零部件不断增加，如各类 X 光拍片、胃肠、血管造影等的机械结构件和控制单元，面向中端 MR、CT 设备的诊断病床，以及 X 光高压发生器等，SSME 已迅速成长为西门子高质量产品本地化设计和成本优化的核心力量。

（三）推进 SMART 计划，从研发本土化到走向世界

2006 年推行的"SMART"战略计划，是西门子医疗在中国技术嵌入的最有力举措。该计划一方面以中国研发力量为主、推出适合中国基础医疗市场的中低端产品；另一方面将 SMART 产品推向其他新兴国家和市场，帮助"中国创造"的产品走向世界。

2006 年，西门子第一次正式公布"SMART"战略计划，医疗领域被西

门子当作一个切入点。2007 年，西门子医疗第一台符合"SMART"理念的
CT 机问世，由于中国的研发工程师了解中国本土的医疗需求，熟知中国的
零部件配套水平，知道如何将这种零配件和西门子的技术融合，做到了
80%的零部件在中国采购，因而极大地降低了成本，它的售价只有两三百万
人民币，还不到高端 CT 产品四维螺旋 CT 的一个零头。这种强调性价比的
产品受到了中低端市场的欢迎，目前已经成为西门子所有 CT 产品中销量最
大的一款。目前 SMART 产品的销售额已占总销售额的 20%，西门子期望的
比例是 SMART 产品占比 40% 左右；同时希望不断推出其他业务领域的
SMART 产品，并能够拥有更多的二三线城市客户，最终 SMART 产品的销售
额占中国区总销售收入的 20%。因此在研发方面，西门子中国研究院在
SMART 产品上投入的人力更加激进。目前有 50% 的研究项目是着眼于
SMART 定位，另外 50% 是西门子传统的高科技研发。

　　随着"SMART"理念的产品陆续面世，西门子在基础医疗市场已经形
成了一个产品系列，并作为整体解决方案向国际市场推出。比如，在中国
研发、中国生产、由中国团队进行产品经营管理的 SOMATOM Emotion 16 型
号 CT 产品，目前 70% 出口全球市场。同样在中国研发、中国生产、由中国
团队进行产品经营管理的 MAGNETOM ESSENZA 型号磁共振产品，目前
90% 出口全球市场。

　　（四）开放式创新，推动与其他公司、医院、学术团体和科研机构的合作

　　通过"开放式创新"战略，西门子的目标是将全世界科学和商业领域
的最佳人员吸引在一起，使创新过程变得更加高效、强有力和动态。西门
子在中国同样实施开放式创新战略，因此西门子医疗在中国与其他公司、
医院、学术团体和科研机构密切合作。西门子还计划将传统中国医学的精
华与西方科技进行结合，为此西门子正在积极与中国合作伙伴共同研发新
的治疗方法。表 4-7 列出了合作的部分团体和机构。

表 4-7　与西门子医疗合作的部分国内团体和机构

合作的团体和机构	开始时间	区位	合作内容
阜外心血管病医院	2004 年	北京	成立了阜外医院—西门子全球心脏中心
中国人民解放军总医院	2005 年	北京	建立一个现代化的分子成像中心

合作的团体和机构	开始时间	区位	合作内容
上海华山医院	2005 年	上海	开发融合体内外诊断解决方案的综合诊断技术
广西医科大学第一附属医院	2005 年	南宁	成立医学影像存储与传输系统培训中心
重庆海扶	2005 年	重庆	开发磁共振成像领域引导下的高强度聚焦超声治疗系统
长春瑞迪	2005 年	长春	研发 CS1300 生化分析仪
中国医学影像界	2011 年	北京	成立西门子影像研究院，36 名专家组成学术委员会，另有 17 名专家组成顾问委员会

资料来源：本书作者根据西门子公司的相关资料整理。

4.3.4.3 社会嵌入

致力于成为优秀企业公民是西门子的核心价值观之一。这一价值观所基于的理念是，公司作为雇主、客户和优秀企业公民是中国经济与社会的重要组成部分。因此，西门子在中国漫长的发展历史中，始终坚定不移地致力于社会公益事业的发展。西门子在中国的企业公民活动可以追溯到 1937 年，当时西门子在南京的业务代表、国际安全区主席约翰·拉贝在南京大屠杀期间为超过 25 万名中国难民提供了人道主义援助，并借助西门子南京的办公场所为他们提供避难场所。

多年来，西门子为中国构建和谐社会做出了积极贡献，其参与的众多企业公民活动着重于三大领域：环境保护、科学与技术教育和社会与人道援助。2012 年，西门子正式成立了员工志愿者协会，为员工、企业和社会搭建了一个志愿服务、跨界合作和三赢的平台。值得一提的是，西门子员工志愿者协会将逐步发展完善成为完全由员工自主、自治的组织。

（一）环境保护

作为一个负有社会责任的企业，西门子从自身做起，以生态友好和社会友好的方式满足商业需求。自 2007 年起，西门子开始推行"绿色楼宇计划"，旨在显著提高西门子所有生产厂和办公场所的能效。2008 年落成的位于北京的西门子中心、2011 年投入运营的西门子上海中心，都成为城市的节能新地标。西门子于 2010 年 9 月推出其面向全球的"供应商能源效率优化项目"，旨在建立一条达到最高可持续发展标准的绿色供应链。目前，全世界共有 180 多家企业——包括来自中国的 12 家企业——已被选为该项目的首批参与者，接受由西门子开展的综合能源评估。

医疗行业在能源和原材料的使用方面发生了巨大的变化。西门子医疗发起了一项名为"绿色＋医院"的计划，该计划助力医院步入未来的可持续发展之路。基于绿色、优质和高效三大成功因素，西门子的"绿色＋医院"项目由不同应用领域的产品和解决方案构成，包括能源生产与分配、楼宇自动化、IT 和通信基础设施、绿色 IT 及医疗技术等，该项目帮助医院满足可持续发展在生态、经济以及社会三方面的要求。2010 年，中国医院协会和西门子签署战略合作协议，旨在帮助中国医院确立绿色医院标准，包括节能、绿色环保的体内及体外医疗设备、先进的无胶片无纸化医疗信息技术及绿色建筑等科技，推广绿色医院建设。

（二）科学与技术教育

西门子通过支持学前教育、中小学和大学教育，致力于培养中国未来的科学家和工程师。"西门子爱绿教育计划"是西门子开展的全国性环保教育项目，旨在增强外来务工人员子女的环保意识并帮助他们更好地融入城市生活。这一计划于 2009 年启动，至今已经在 8 座城市展开，还将在其他城市陆续展开。西门子和上海真爱梦想公益基金会联手创建了 4 所"西门子爱绿梦想实验室"，帮助学生获得有关环境保护的实践知识和技能。西门子与 15 所国内知名院校签署了战略合作协议，并先后与 80 余所高校和职业教育机构建立了良好的合作关系，支持高校和职业院校建立实验中心并设立西门子奖学金。公司还在西门子中国研究院建立了博士后科研工作站。西门子与清华大学和同济大学建立了 CKI 战略合作关系，这是西门子在全球范围内与高校之间构建的最高级合作模式。2011 年 2 月，西门子与中华人民共和国教育部签订了教育合作备忘录。

西门子医疗在中国还独立开展了很多科学与技术教育活动。比如 2004年，西门子医疗与中国卫生部国际交流与合作中心签署协议，建立西门子医学奖学金项目。该项目旨在为中国优秀的中青年医师提供更多赴外培训机会，并鼓励他们同德国、美国同行及研究人员开展深入的学术研究活动。2004 年，西门子医疗与清华大学签署协议，宣布中国首项医学物理专项教育奖学金——"西门子—清华大学医学物理专项教育奖学金"正式设立。

此项合作将有助于提高中国医学物理师的理论和技术水平，满足社会各界对日益增长的专业医学物理师的需求。

（三）社会与人道援助

西门子肩负起对中国社会的责任并始终致力于帮助更多的人满足基本生活需求：基础医疗、对弱势群体的社会援助以及发生自然灾害时及时的技术和人道主义援助。在赈灾方面，西门子医疗为许多突发灾难事件提供了快速和有效的援助。2008 年 5 月，在四川大地震发生的第 2 天，西门子及其员工即实施紧急救援。为了提供更及时的医疗救援，西门子医疗协同四川大学华西医院、成都华西公用医疗信息服务公司和成都电信于 5 月 18 日建立了一套远程影像诊断系统，位于成都的华西医院实现了与 70 公里之外的地震重灾区绵竹市的远程连接，这开启了四川地震灾区的一种创新紧急救援模式。2010 年，西门子及其员工援建的四川省崇州市公议乡公立卫生院开始运营，西门子捐赠了一套远程诊断系统，并与华西医院共同启动了对卫生院的对口帮扶项目。西门子也为其他遭受自然灾害袭击的地区提供及时的技术和人道主义援助，如 2010 年的青海玉树地震和吉林洪水灾害。

西门子医疗把支持中国医疗卫生事业的发展及捐赠先进的医疗设备视为一项重要的贡献。比如 2005 年向河北阜平县医院捐赠了西门子 MULTI-MOBIL2.5 移动式 X 光机。2006 年向中国残疾人福利基金会捐赠价值超过 1000 万元人民币的助听器，这是 2002 年捐赠千台助听器之后的再次捐赠。2008 年向无锡市红十字会捐赠了一套价值约为 100 万元人民币的可移动的集约式超滤水处理装置。2011 年向井冈山中医院以及井冈山地区的 18 家乡镇医院捐赠总价约为 190 万元人民币的设备，并联合复旦大学附属华山医院一起开展为井冈山中医院提供全方位的帮扶培训项目。

4.3.4.4　文化嵌入

作为一个活跃在 140 多个国家、拥有近 40 万员工的全球性企业，西门子非常注重文化的多样性。通过"One Siemens"战略框架，强调允许多元化文化和吸引全世界的人员，将不同文化不同语言不同教育背景的员工集合在一起，这是西门子获得成功的关键。西门子利用系统化的方法来实现文化的多样性，并使用 40 种语言定期进行员工调查，用来改进多样性的管理流程。

作为西门子在华业务的重要组成部分，西门子医疗在中国的文化嵌入与西门子整体的文化嵌入方式是相同的，具体表现在两方面：一方面，西门子医疗通过"One Siemens"战略框架，将西门子统一的企业文化贯彻到中国的业务当中；另一方面西门子医疗也充分认同和尊重中国文化，在中国开展业务的过程中，把自己视为一家中国公司，促进多元化与本土化的融合，通过了解和交流，促进不同文化背景的员工在中国的合作。

（一）西门子企业文化在中国的贯彻

西门子医疗建立了完善的激励机制、沟通机制和人员培养机制，在中国进行企业文化推广，确保将公司的全球战略和价值观，贯彻到中国的业务当中。①在员工激励方面包括：个人目标与公司目标相联系，二者发展紧密绑定在一起；推行员工持股计划，使员工能够长期分享公司的成功；推行企业年金计划，帮助员工在退休后维持较好的生活水准。②在沟通方面包括：发布面向全球员工的《西门子世界》和面向中国员工的《西门子之声》杂志；在内网主页上开通与中国区总裁对话的专栏；每年举行一次"圆桌会议"和若干次的"与员工对话"；为新员工开设"新员工导入研讨会"；设定在全球有 100 多年历史的 3i 体系（Ideas，Impulses，Initiative），鼓励并奖励员工一切好的想法、创新性和主动性的行为，使每一名员工能够成为西门子"企业内部的企业家"；每年进行员工满意度调查，来了解员工的想法。③在人才培养方面包括：重视挖掘内部人才，内部招聘是第一选择，并通过对员工工作内容的扩充、内部轮换制度、内部调动等方式，为员工发展提供机会；制定人才培养计划，公司为员工提供了三条职业发展路径（综合管理、项目管理和技术专家；启动导师制度，帮助顶尖人才发展领导力；配置完备的培训机制，设立专门负责培训的西门子管理学院，提供多种、多层次的课程）；在北京成立隶属于西门子管理学院的"高校联络处"，与 20 所中国一流大学建立密切联系，在中国区还有上百个合作培训机构，为员工提供扩展性的培训内容；提供海外培训与工作机会，将员工培养成为全球化的优秀人才。

（二）西门子在中国的文化本土化

西门子在进入中国的过程中，把自己视为一家中国公司，非常注重理解并逐渐适应中国的文化，把西门子在中国的发展融入中国经济发展的大环境中。每次新高管到岗，西门子都会为依据英文名为他们取一个好听的中国名字，比如现任西门子 CEO 罗旭德（Peter Loescher）等。西门子在中国的员工多元化与本土化，是西门子在中国文化嵌入成功的一个显著标志。西门子在中国的 3 万多名员工来自于 26 个国家与地区，在多元化的工作氛围中，西门子尽量减少不同国家与文化的雇员之间在文化上沟通的误解，并充分利用不同文化所带来的不同的思维方式与想法，为西门子市场竞争带来了不同的解决之道。所以在西门子的人才素质模式中，明确提出要求员工具备"跨文化的经验"。西门子频繁将员工调派到世界各地，从事跨文化工作，锻炼跨文化管理能力。

西门子将本土化人才战略作为本土化战略的核心内容。目前在中国的西门子员工有 99% 以上都是中国员工，所以西门子又是人才管理本土化的典范。一方面是从上至下的本土化推进，另一方面是经历多年的发展，西门子中国已经培养了大批优秀的本土经理人，本土化也成为水到渠成之事。2010 年 7 月，西门子聘请程美玮为首位华裔东北亚区及中国区总裁兼 CEO，这释放了一个重要的战略信号，即西门子在中国高层领导的本土化。程美玮上任后，在西门子东北亚的管理团队中，东北亚区医疗业务总裁为吴文辉，能源业务总裁为姚振国，基础设施与城市业务领域总裁为肖松，人力资源部总监为马清，法律总监/合规官为乔钢梁。在西门子中国的"政治局"中，地地道道的东方面孔占据了绝对的主导地位。

4.3.4.5 体制嵌入

西门子把自己视为一家中国公司，严格遵守中国的各类法律法规。特别是 2006 年"行贿门"爆发后，西门子立即采取了全面措施，设立了一个全球性的合规组织，确保公司上下在道德、合法的前提下开展业务。西门子遍及中国的业务组织及区域总经理和省级总经理设置，是在中国体制嵌入很好的例证。西门子医疗在中国的体制嵌入还表现在公司经营体制与其他社会机构的联系和影响程度，以及对中国制度变迁的影响，对地区产业集聚的带动等方面。西门子医疗在技术上与中国其他公司、医院、学术团体和科研机构密切合作，在科学与技术教育方面支持学前教育、中小学教育和大学教育，与中国的高校建立长期合作关系，与中国政府和慈善福利机构合作进行社会与人道援助，这都是西门子医疗在中国体制嵌入的充分体现。

　　西门子医疗的一些先进理念和制度还将在中国生根，并将引致中国医疗产业制度和商业模式的改变。2007 年，在中国卫生部的合作指导以及中国医学装备协会的大力支持下，西门子推出了一项为期 5 年的农村医疗项目——"西门子新农村医疗示范中心"。该中心将被打造成具有中国特色的医疗设备解决方案和医疗服务的新模式。第一个西门子新农村医疗示范中心已于 2008 年在陕西省洛川县落成。西门子医疗发起的"绿色＋医院"计划，助力医院步入未来的可持续发展之路。2010 年，中国医院协会和西门子签署战略合作协议，旨在帮助中国医院确立绿色医院标准，推广绿色医院建设。

　　西门子将医疗器械融资租赁服务带到了中国，西门子也是外资同行间在中国唯一拥有资质的企业。金融危机爆发以来，医疗政策制定者面临双重挑战，既要控制不断增长的医疗成本，又要维持医疗服务的质量。由于以传统的全额付款形式购买的医疗设备冻结大量资金，因而很多国家开始重视更高效的设备融资手段（比如租赁）。医疗设备租赁的年增长率正在超越整个医疗设备市场的年增长率。在中国，随着政府承诺新医改加大投资医疗基础设备，将有巨额的医疗设备支出，医疗设备租赁的出现将会成为一种切实可行的融资途径，这也将使医疗服务最终使用者的利益最大化。要实现这一理念，医疗体系中的财务管理和融资供应链必须要实现创新改革。设在中国的西门子融资租赁有限公司，是总部位于德国慕尼黑的西门子财务服务有限公司（SFS）的组成部分之一，已在中国开设了 18 个办事处，致力于为中国本地的客户提供定制、灵活和长期的融资解决方案。济宁医学院附属医院是率先采用西门子融资租赁服务的医疗机构，迄今为止该医院采购的设备总额已达到 2.82 亿元人民币。目前西门子医疗在华业务中，已有 20% 是靠融资租赁推动的。西门子预测中国市场的租赁渗透率占所有医疗设备支出的比例将迅速上升，这一比例预计在 21 世纪第二个十年期间还将继续增长，从而有效缓解中国医疗体系中的"沉淀资本"负担。

4.4 小 结

从 20 世纪 90 年代起，经济全球化的发展和市场竞争的加剧，迫使西门子必须制定与之匹配的公司全球化战略和业务领域。西门子以实现可持续的价值创造为总体目标，以"One Siemens"全球化战略框架为行动纲领，利用公司内外的全球资源和技术力量构建全球研发网络、制造网络、供应链网络、销售和服务网络，实现跨地域跨产业的业务布局和价值活动的全球整合，帮助公司扩大市场机会、降低运营成本、增强创新能力、提高客户满意度，提升自身的核心竞争力，建立全球意义上的可持续的竞争优势，实现可持续的盈利增长和公司价值的持续提升。

本章依据本书第 3 章提出的全球生产网络微观研究框架，基于价值视角，从价值目标、全球战略、网络形态、区位选择、网络治理这五个要素，对西门子全球整体网络以及全球研发网络、全球制造网络、全球供应链网络、全球销售和服务网络进行了分析，并对各网络的价值增值进行了评估。本章还依据基于嵌入视角的全球生产网络微观研究框架，首先对医疗器械产业的全球网络格局、中国医疗器械产业的贸易结构进行了分析，其次从嵌入战略、嵌入地区、嵌入维度几方面，对西门子医疗业务在中国的嵌入进程进行了详细分析。本章的西门子全球生产网络案例研究，有助于更好地理解本书提出的全球生产网络微观研究框架，进而从微观角度分析全球生产网络的动因和利得，以及基于全球生产网络的跨国公司运作机制，这有助于厘清跨国公司在中国的嵌入过程及其演化规律，为更好地实现中国经济发展与跨国公司双赢提供理论依据。

第 5 章
华为公司全球生产网络研究

自中国政府在 2001 年确定实施"走出去"战略以来，一大批中国企业走出国门、参与国际市场竞争，中国海外投资规模在过去的十余年内开始呈现快速发展状态。中国商务部的数据显示，中国对外投资实现了连续 13 年的增长，从对外投资流量的角度看，中国已经跻身世界前三位。2014 年中国对外投资规模达到 1400 亿美元，较使用外资金额高出约 200 亿美元，资本净输出将成为新常态，这标志着中国从经贸大国迈向经贸强国。但 2008 年爆发的金融危机冲击巨大，全球经济再平衡仍未实现，复苏进程缓慢，且依然存在诸多不确定因素。中国制造业走出去对企业的竞争优势要求更高，虽然对外投资合作有利因素增多，但是面临着资本运营、管理和品牌等方面综合能力不足、风险防范能力不高、跨国经营管理中人才缺乏、规范化经营水平有待提升等问题，并受到市场不确定性和各国贸易保护政策的制约，"走出去"战略总体效果不尽如人意。

华为投资控股有限公司（简称"华为"）则在中国企业"走出去"浪潮中成为一家名副其实的全球化公司。过去 20 多年，华为公司抓住中国改革开放和信息通信技术（ICT）行业高速发展带来的历史机遇，坚持以客户为中心，以奋斗者为本，基于客户需求持续创新，赢得了客户的尊重和信赖，从一家立足于中国深圳特区，初始资本只有 21000 元人民币的民营企业，稳健成长为年销售规模近 2400 亿元人民币的世界 500 强公司。继 2013 年实现销售总收入超越爱立信之后，华为在 2014 年进一步加大了领先优势，并且在运营商业务上也首次实现了对爱立信的超越，成为名副其实的行业龙头。华为被视为是将西方管理科学与中国精华元素相结合，实现中国本土企业自主创新和全球化发展的成功典范，其经验与实践对中国企业"走出去"具有借鉴意义。

本章依据第 3 章提出的全球生产网络微观研究框架，基于价值视角，分析华为公司整体以及全球研发、生产运营、营销服务网络的价值目标、全球战略、网络形态、区位选择和治理模式；基于嵌入视角，从经济嵌入、技术嵌入、社会嵌入、文化嵌入和体制嵌入几方面对华为公司嵌入欧洲的进程进行详细分析。本章通过对西门子和华为两家公司的全球生产网络进行比较，对华为的经验进行提炼和总结，希望更多中国企业能立足自身实际，通过更好地嵌入全球生产网络，提高国际竞争优势，实现全球化背景下的崛起。

5.1 华为公司全球网络概述

5.1.1 华为公司简介

华为是全球领先的信息与通信解决方案供应商。公司围绕客户的需求持续创新，与合作伙伴开放合作，在电信网络、企业网络、消费者和云计算等领域形成了端到端的解决方案优势。公司致力于为电信运营商、企业和消费者等提供有竞争力的信息通信技术解决方案和服务，持续提升客户体验，为客户创造最大价值。2013 年华为公司实现销售收入 2390 亿元人民币，净利润为 210 亿元人民币，销售收入首次超越爱立信，成为全球最大的电信基础设施供应商。2013 年末公司总资产规模达 2315.32 亿元人民币，全球员工超过 15 万人。公司以丰富人们的沟通和生活为愿景，运用信息与通信领域专业经验，消除数字鸿沟，让人人享有宽带。为应对全球气候变化挑战，华为通过领先的绿色解决方案，帮助客户及其他行业降低能源消耗和二氧化碳排放，创造最佳的社会、经济和环境效益。

5.1.2 全球化发展历程和跨国指数

华为是中国企业成功"走出去"的典范之一。1988 年，华为在深圳成立，经过 20 多年的探索与发展，华为已成为一个名副其实的全球化跨国公司。目前，华为的产品和解决方案已经应用于 170 多个国家和地区，服务全球 1/3 的人口和超过 90% 的主流电信运营商。华为有 30000 多名外国员工，他们来自世界 150 个国家和地区。中国以外的市场在 2013 年总收入达 1550 亿元人民币，约合 249.55 亿美元，销售收入的 65% 来自海外市场。华为全球化的过程经历了多个时期不同层面的探索，总体来看可以分为三个阶段："走出去"、国际化和全球化。

（一）1996～2003 年，"走出去" 阶段

20 世纪 90 年代由于国内市场的不景气，华为 "为了活下去"，启动 "走出去" 战略。华为沿用内地市场采取的 "农村包围城市" 策略，规避发达国家的种种标准限制，凭借低价优势首先进入大的发展中国家，逐步开拓国际市场。1996 年与中国香港第二大运营商和记电信合作，在短短三个月内，顺利完成项目，就此开始了 "走出去" 之旅。华为 1996 年开始开拓独联体市场，1997 年华为在俄罗斯建立合资公司，以本地化模式开拓海外市场。华为 1997 年进入拉美市场，总部设在巴西圣保罗。华为 1998 年进入印度，同年开拓南部非洲市场。但总的来说这段时间海外业绩并不理想。

2000 年 IT 泡沫破灭，这让华为趁机在国际市场站稳脚跟。由于西方设备商开始收缩战线，并逐渐退出一些边缘市场，但运营商对设备的需求还在，华为就迅速弥补了这个空缺，海外市场进入全面拓展阶段。2000 年华为进入中东和非洲，该年度海外市场销售额达 1 亿美元；2001 年华为海外市场迅速扩大到东南亚和欧洲等 40 多个国家和地区；2002 年华为海外市场销售额达 5.52 亿美元。同时，华为在世界各地成立研发中心，充分利用各地区优势资源以提高企业的核心竞争力。1999 年，在印度班加罗尔设立研发中心；2000 年，在瑞典首都斯德哥尔摩设立研发中心；2001 年，在美国设立四个研发中心；2003 年，与 3Com 合作成立合资公司。2003 年，华为公司整个国际系统人员已达 4000 人，海外收入超过 10.5 亿美元。这段时间，华为积极与发展中各国运营商合作，东南亚、俄罗斯和东欧、拉美、非洲等成为华为主要海外市场，但是对于高技术水平、高进入门槛的欧美发达国家，还很少涉及。

（二）2004～2008 年，国际化阶段

在全球电信投资里，大约 30% 在北美，30% 在欧洲，面对巨大的市场，如果不尽快使产品实现覆盖全球的目标，那就是投资的浪费、机会的浪费。2004 年对于华为来说是机遇与挑战并存的一年。思科华为案平局，虽然使得华为暂时失去了美国市场，却提高了其在欧美市场的知名度。而这场官司，也使华为认识到进行国际合作势在必行，并使得华为开始集中精力攻克欧洲市场。华为通过与当地著名的代理商合作，陆续进入德国、法国、西班牙、英国等发达国家和地区，华为的国际化经营全面铺开。2008 年华为的海外收入已占总收入的 75%，全年合同销售额达 233 亿美元。

通过英国电信的标准认证是华为突破欧洲的第一步，从此，华为开始按照国际规则和国际标准参与国际市场的竞争，逐步成为国际电信市场的主流供应商。2003 年底，华为与西门子签署合作协议，西门子将逐年扩大华为数据通信产品在欧洲市场的销售量。2004 年，华为获得荷兰运营商 Telfort 价值超过 2500 万美元的合同，首次实现在欧洲的重大突破。2005 年，华为与沃达丰签署《全球框架协议》，正式成为沃达丰优选通信设备供应商；成为英国电信（简称 BT）首选的 21 世纪网络供应商；海外合同销售额首次超过国内合同销售额。2006 年，华为与沃达丰签署 3G 手机战略合作协议；与摩托罗拉合作在上海成立联合研发中心。2007 年，华为与赛门铁克合作成立合资公司；与 Global Marine 合作成立合资公司。华为核心通信设备已经进入欧洲所有主流运营商，华为在 2007 年底成为欧洲所有顶级运营商的合作伙伴。2008 年，华为首次在北美大规模商用 UMTS/HSPA 网络，为加拿大运营商 Telus 和 Bell 建设下一代无线网络；根据 Informa 的咨询报告，华为在移动设备市场领域排名全球第三；根据 ABI 的数据，移动宽带产品市场份额位列全球第一；全年共递交 1737 件 PCT 专利申请，据世界知识产权组织统计，在 2008 年专利申请公司（人）排名榜上排名第一；LTE 专利数占全球 10% 以上。

然而，华为进军北美之路却屡屡受挫。华为 2002 年就进入美国，在 2005 年华为的合同销售额中来自北美的比例还有 2.5%，在随后的几年却已经不到 1% 了。但华为一直未曾放弃，2007 年初，华为与美国移动运营商 Leap Wireless 达成第一次合作，帮助部署 CDMA 3G 网络；同年 7 月，华为又获得了 Leap Wireless 的 CDMA2000 网络合同。2008 年，华为正式拿到了

加拿大运营商 Telus 和贝尔的 HSPA 合同。2009 年，华为被美国电信运营商 CoxCommunications 选中，为其提供端到端的 CDMA 移动网络解决方案。2009 年，华为入选全球最大的 WiMax 运营商美国 Clearwire 公司的设备供应商名单。尽管华为公司近年来一直致力于北美市场的拓展，但依然遇到重重壁垒。2008 年，贝恩资本与华为试图联合收购美国 3Com 公司，但也是因未通过美国外国投资委员会（CFIUS）的审查而最终失败。2010 年 5 月，华为出资 200 万美元收购了美国 3Leaf 公司的部分资产，同样因未通过 CFIUS 的审查而在 2011 年宣布放弃。2010 年 8 月，美国国会多位共和党议员以华为与伊朗及中国军方存在交易关系为由，称该公司竞标美国斯普林特无线宽带网络（Sprint Nextel）的电信设备供应合约将危及美国国家安全，使得华为的竞标受阻。2010 年，华为竞购摩托罗拉无线业务，在报价比竞争对手多出 12 亿美元的情况下还是失败。在华为的国际化征途中，美国是最后一块高地，也是最难攻克的一个关键市场。

（三）2009 年至今，全球化阶段

2009 年，华为提出优化区域组织设置，进行运作上的协同，实现用全球化的视野完成战略的规划，并对战略实施进行组织与协调，灵活地调配全球资源以更好地服务客户。该年在金融危机的影响下国际电信制造业业绩普遍下滑，而华为却逆势上升，一跃成为全球第二大移动设备制造商，并成功交付全球首个 LTE/EPC 商用网络，获得的 LTE 商用合同数居全球首位。2010 年，华为在全球部署超过 80 个 SingleRAN 商用网络；在英国成立安全认证中心。

2011 年，信息通信技术行业处于一个新的发展起点，华为必须进行转型。华为提出要加快全球化步伐，建立全球化管理架构，汇聚全球优势资源，通过全球化业务布局，构筑公司全球化生存的基础；实行从过去的单一大平台运作走向多业务运营中心（运营商网络、企业业务、消费者业务），摆脱单一的电信设备制造商形象，向全球领先的信息与通信解决方案供应商迈进，把自己建设成一家真正的全球化、本地化的公司。2012 年，华为持续推进全球本地化经营，加强了在欧洲的投资，重点加大了对英国的投资，在芬兰新建研发中心，并在法国和英国成立了本地董事会和咨询委员会。2013 年，全球财务风险控制中心在英国伦敦成立，监管华为全球财务运营风险，确保财经业务规范、高效、低风险地运行；欧洲物流中心在匈牙利正式投入运营，辐射欧洲、中亚、中东非洲国家。同时期华为还进行一些小规模的并购，除了 2011 年从赛门铁克手中以 5.3 亿美元收购华赛 49% 的股权以强化企业业务之外，华为在欧洲、以色列和中东都在进行一些并购。

华为开展全球化布局，充分利用全球资源，支撑公司的全球化运作。华为利用全球不同区域在财经、服务、咨询、HR 等能力和成本上的优势，建立起 40 多个能力中心、30 多个共享中心。华为通过本地化经营及与全球伙伴的广泛合作，提升了华为的综合能力；同时，华为的全球价值链将当地的能力带到世界各地，使其发挥了更大的价值，在这个过程中，为当地创造了大量的就业机会，促进了产业发展。华为在全球各个主要地方进行人力中心建设，依托本地化的优势进行本地化的经营，在海外的人才本地化率超过 70%，成为真正的由全球员工组成的全球化企业。如今华为的发展已经与全球经济的波动息息相关。

2011 年，中国企业联合会、中国企业家协会在中国企业 500 强的基础上，参照国际组织的通行做法，首次推出"中国 100 大跨国公司及跨国指数"，并依据企业海外资产总额进行排序。跨国指数按照（海外营业收入/营业收入总额 + 海外资产/资产总额 + 海外员工/员工总数）/3 × 100% 计算得出。根据 2011 年公布的数据，华为公司 2010 年海外资产为 666.7 亿元人民币，海外收入为 1204 亿元人民币，海外员工为 21700 人，跨国指数为42.08%；按海外资产排名第 10，按跨国指数排名第 6。华为公司的跨国指数虽然远高于 2011 年中国 100 大跨国公司 13.37% 的平均跨国指数，但仅略高于 2011 年发展中国家 100 大跨国公司 40.13% 的平均跨国指数，相比2011 年世界 100 大跨国公司 60.78% 的平均跨国指数还有一定差距。

5.1.3　价值主张和全球战略

华为公司的核心价值观（见图 5 - 1）包括：成就客户、艰苦奋斗、自我批判、开放进取、至诚守信、团队合作。

华为公司坚持"以客户为中心、以奋斗者为本"的核心价值观。为适应信息行业正在发生的革命性变化，华为围绕客户需求和技术领先持续创

成就客户
艰苦奋斗
自我批判
开放进取
至诚守信
团队合作
核心
价值观

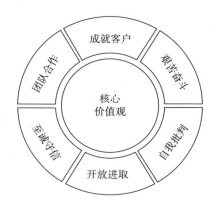

图 5 -1　华为公司的核心价值观

资料来源：华为公司（http://www.huawei.com/cn/）。

新，与业界伙伴开放合作，聚焦构筑面向未来的信息管道，持续为客户和全社会创造价值。基于这些价值主张（见图 5 -2），华为致力于丰富人们的沟通和生活，提升工作效率。与此同时，华为力争成为电信运营商和企业客户的第一选择和最佳合作伙伴，成为深受消费者喜爱的品牌。

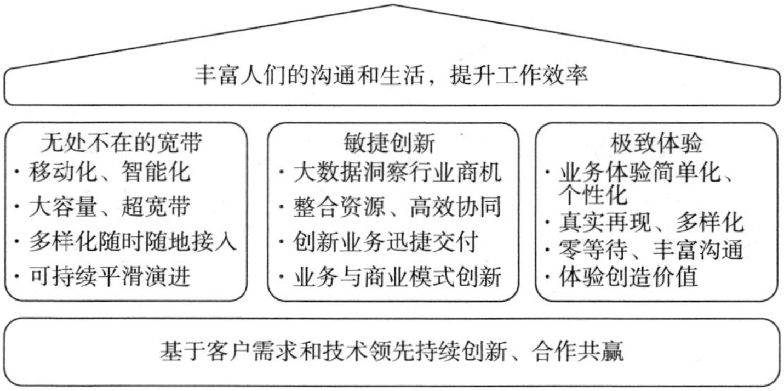

丰富人们的沟通和生活，提升工作效率
无处不在的宽带
· 移动化、智能化
· 大容量、超宽带
· 多样化随时随地接入
· 可持续平滑演进
敏捷创新
· 大数据洞察行业商机
· 整合资源、高效协同
· 创新业务迅捷交付
· 业务与商业模式创新
极致体验
· 业务体验简单化、个性化
· 真实再现、多样化
· 零等待、丰富沟通
· 体验创造价值
基于客户需求和技术领先持续创新、合作共赢

图 5 -2　华为公司的价值主张

资料来源：华为公司（http://www.huawei.com/cn/）。

在全球化背景下，华为认为开放、合作、自由的贸易政策是提升信息通信技术产业竞争力、促进数字经济发展的保障。华为以全球化的视野，实现比较优势下的最佳资源整合及全球一致性管理，以互惠共赢的理念构建全球产业链，为行业的长期发展构建良好的商业生态环境，并在每一个本地市场

都成为对当地社会卓有贡献的企业公民。华为的全球化之道主要包括：全球化＋本地化，遵循国际规则和市场秩序，开放、合作、创新（见图5－3）。

（1）全球化＋本地化。华为公司推进"全球本地化经营（Glocalization）"战略：全球化视野，站在全球角度来思索行业走向、行业机遇和行业风险，进行战略部署；全球化布局，整合全球最佳资源，提升公司的效率和能力；全球化管理，引进成套的、经过西方实践检验证明的成功理念、

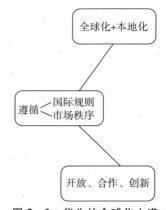

图5－3　华为的全球化之道

资料来源：《华为：企业全球化之道》，《宁波经济（财政观点）》2013年第7期。

模式、流程，支撑起华为的全球化战略；本地化运作，招聘当地优秀人才；促进本地经营团队能够承担起本地经营责任，不论国籍都能获得相应的授权；优化海外子公司运营管理机制，保证合规运营；构建和谐的商业生态环境，让华为成为对当地社会卓有贡献的企业公民。

（2）遵循国际规则和市场秩序。华为在全球化过程中，认识到遵循国际规则和维护市场秩序的必要性。除了聘请国内的法律专家以外，在全世界所有国家的所有代表处都聘请本地法律专家加入华为，本地法律专家作为公司法务部的高级员工，同时还聘请一部分当地的高级专家作为兼职顾问，解决遇到的法律问题。知识产权问题一直是困惑中国企业"走出去"的大问题，华为公司在这方面也是有教训的。如今华为将知识产权视为是鼓励创新的基础，本身投入巨额研发费用开发自己的专利，也开启了主动支付知识产权费用的先例，现在每年要支出三亿美元国际的专利费用。同时华为通过积极的谈判解决国际贸易摩擦，在国际市场面对现实问题时坚持加强沟通、加强合作，着眼于长远利益，实现共同发展。

（3）开放、合作、创新。华为坚持以客户需求为导向，在全球化背景下开放、合作、创新。华为已经在全球设立了三十多个与客户一起的创新中心，研究所建立在客户的公司里，能够快速响应客户需求，跟客户一起来开发他们所需要的东西，持续为客户创造长期价值进而成就客户，成就

客户也就是成就华为自己。

5.1.4 网络形态和治理模式

华为构建全球生产网络的路径总体特征表现为：以产品开发为龙头（"点"上突破），实施集成产品开发流程体系（"线"上蓄势），价值链的模块化（"面"上扩张），构建面向全球的价值网络（"网"上运营）。华为以产品开发为龙头经历了从代理交换机销售的学习型决策逐渐发展到专注高技术龙头产品生产的领先性决策。华为从 IBM 公司引进集成产品开发流程体系（IPD），实施 IPD 使华为从技术驱动转向了市场驱动，同时也使华为的研发向国际先进制造企业看齐。利用 IPD 模式，华为构建了完整的企业价值链，并以市场管理、流程重组、产品管理为基础构建起营销服务模块、生产运营模块、研发模块，借助模块化，华为在全球范围内将附加价值低的模块外包出去，自身则专注于持续提升核心模块的附加价值，进而占据价值链的高端环节。以模块化为基础，华为积极寻找合作伙伴，通过缔结利益共同体、大幅让利、产品兼容、资本融合、参股合作等方式与国内外多家科研机构、高等院校、高科技公司、跨国公司、供应商、销售商和客户建立战略合作关系，并与中央相关部委及地方政府保持密切的联系，充分利用企业内外部所有的资源优势互补，构建以利益相关者为主体的全球价值网络（见图 5-4）。

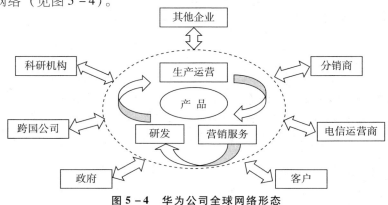

图 5-4 华为公司全球网络形态

资料来源：李放等《面向全球价值网络的中国先进制造模式构建与动态演进——基于华为公司的案例研究》，《经济管理》2010 年第 12 期。

股东会、董事会、监事会、CEO/轮值 CEO、独立审计师、业务组织等组成了华为公司的治理架构（见图 5 - 5）。

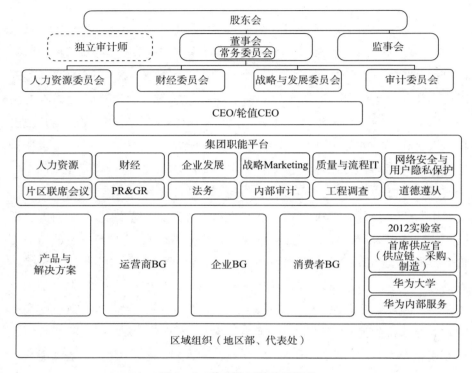

图 5 - 5 华为公司的治理架构

资料来源：华为公司（http://www.huawei.com/cn/）。

股东。华为是 100% 由员工持有的民营企业。股东为华为投资控股有限公司工会委员会（下称"工会"）和任正非。

股东会和持股员工代表会。股东会是公司最高权力机构，由工会和任正非两名股东组成。工会作为公司股东参与决策公司的重大事项，由持股员工代表会审议并决策。持股员工代表会由全体持股员工代表组成，代表全体持股员工行使有关权利。持股员工代表 51 人和候补持股员工代表 9 人由在职持股员工中选举产生，任期五年。持股员工代表缺位时，由候补持股员工代表依次递补。

董事会及其专业委员会。董事会是公司战略和经营管理的决策机构，对公司的整体业务运作进行指导和监督，对公司在战略和运作过程中的重大事项进行决策。董事会下设人力资源委员会、财经委员会、战略与发展委员会和审计委员会，协助和支持董事会运作。

监事会。按照中国《公司法》的要求，公司设立监事会。监事会主要职责包括检查公司财务和公司经营状况，对董事、高级管理人员执行职务的行为和董事会运作规范性进行监督。监事列席董事会会议。

轮值CEO。公司实行董事会领导下的轮值CEO制度，轮值CEO在轮值期间作为公司经营管理以及危机管理的最高责任人，对公司生存发展负责。轮值CEO负责召集和主持董事会常务委员会会议。在日常管理决策过程中，对履行职责的情况及时向董事会成员、监事会成员通报。轮值CEO由三名副董事长轮流担任，轮值期为6个月，依次循环。

独立审计师负责审计年度财务报表，根据会计准则和审计程序，评估财务报表是否真实和公允，对财务报表发表审计意见。审计范围和年度审计报告需由审计委员会审视。任何潜在影响外部审计师客观性和独立性的关系或服务，都要与审计委员会讨论。此外，独立审计师就审计中可能遇到的问题、困难以及管理层的支持情况，与审计委员会共同商讨。

业务构架。2014年，华为公司业务组织架构逐步调整为基于客户、产品和区域三个维度的组织架构。各相应组织共同为客户创造价值，对公司的财务绩效有效增长、市场竞争力提升和客户满意度负责。公司设立运营商网络、企业业务、消费者面向三个客户群的运营中心（BG），新成立信息通信技术融合的产品与解决方案组织。各BG是面向客户的端到端的运营责任中心，是公司的主力作战部队，对公司的有效增长和效益提升承担责任，对经营目标的达成和本BG的客户满意度负责。服务型BG是为BG提供支撑和服务的端到端责任中心，要持续提高效率，降低运作成本，包括2012实验室、首席供应官、华为大学、华为内部服务等。集团职能平台是聚焦业务的支撑、服务和监管的平台，向前方提供及时准确有效的服务，在充分向前方授权的同时，加强监管，包括人力资源、财经、企业发展、战略Marketing、质量与流程IT、网络安全、片区联席会议、PR&GR、法务、内部审计、工作稽查、道德遵从等。区域组织是公司的区域经营中心，负责位于区域的各项资源、能力的建设和有效利用。公司优化了区域组织，加大、加快向一线组织授权，在与客户建立更紧密的联系和伙伴关系、帮助客户实现商业成功的同时，进一步实现华为自身健康、可持续的有效增长。

华为建立了全球管理体系，确保企业文化的传承和业务的有效管理，以实现：①以客户为中心，成就客户；②风险可控，保证业务连续性；③承担企业社会责任，促进社会可持续发展。

华为基于质量管理体系国际标准（ISO9001）和电信业质量管理体系国际标准（TL9000）构建管理体系，并以此为基础，不断演进，使得公司能够不断进行自我评估和改进，持续满足客户和利益相关方的需求和期望。在公司战略指引下，华为在公司范围内推行并有效落实管理体系要求，不断强化以客户为中心、基于业务流程集成的管理体系建设，有效支撑业务的发展和持续改进；同时，基于各业务的优秀实践，华为构建了包括运营流程、使能流程和支撑流程在内的完整流程体系，通过流程确保质量、内控、环境、健康、员工安全、网络安全、企业社会责任等要求融入市场、研发、供应链、采购、交付和服务等各领域业务中，并实现全流程端到端贯通；推行六西格玛，提升全员改进能力，通过质量度量、审核评估，参照行业最佳实践，推动持续改进。

华为建设了"开发战略到执行（DSTE）"的战略管理体系，以战略驱动业务计划预算和绩效考核，保证公司及各业务单元中长期战略目标在年度计划预算的落地，使各业务单元协调一致，实现公司投资的有效管理，支撑公司战略与业务目标的实现。在公司年度业务计划与预算过程中，以平衡记分卡为组织绩效管理工具，通过战略解码，将公司战略目标转变为各层组织的组织绩效目标，并通过层层述职、员工个人绩效承诺管理、加强组织及个人绩效结果运用等方式，保证公司、组织、个人目标的一致性和全体员工对战略的有效理解和支撑落实。

华为致力于强化流程架构集成、保障主业务流畅通、加大一线流程授权、推动组织和流程匹配、完善流程绩效运营等方面的工作，并在流程管理体系中融入内控要素设计。华为通过一系列的变革项目落地，确保客户需求的快速响应和端到端闭环，不断降低内部运作成本，提高业务运作效率，有效支撑公司全球化战略目标和可持续发展。

5.1.5　区域分布和全球业务表现

在 2014 年年报中，华为公司将全球业务分为 4 个区：中国、美洲、亚太、欧洲中东非洲（EMEA）。美洲区包括北美的美国、加拿大，拉丁美洲的阿根廷、玻利维亚、巴西、中美洲和加勒比海、智利、哥伦比亚、哥斯达黎加、厄瓜多尔、危地马拉、墨西哥、秘鲁、巴拉圭、乌拉圭、委内瑞拉等。亚太地区（不包括中国大陆）包括澳大利亚、新西兰、孟加拉、柬埔寨、中国香港、中国台湾、印度、印度尼西亚、日本、哈萨克斯坦、韩国、马来西亚、缅甸、菲律宾、新加坡、斯里兰卡、泰国、土耳其、乌兹别克斯坦、越南等。欧洲中东非洲包括欧洲的奥地利、白俄罗斯、捷克、芬兰、法国、德国、希腊、意大利、荷兰、挪威、波兰、葡萄牙、罗马尼亚、俄罗斯、西班牙、瑞典、英国等，中东的卡塔尔、沙特阿拉伯、阿联酋，非洲的阿尔及利亚、喀麦隆、刚果、埃及、加纳、肯尼亚、摩洛哥、尼日利亚、南非、苏丹、坦桑尼亚、乌干达、赞比亚、津巴布韦等。

2014 年，华为构筑的全球化均衡布局使公司在中国、美洲、亚太、欧洲中东非洲各个区域均获得了稳定健康的发展（见图 5-6），全年实现销售收入 2881.97 亿元人民币，同比增长 20.6%。其中中国市场实现销售收入 1088.81 亿元人民币，同比增长 31.5%，运营商业务受益于 TDD 网络建设，收入同比增长 22%，企业和消费者业务继续保持快速增长势头，收入增长均超过 35%；欧洲中东非洲地区受益于基础网络、专业服务以及智能手机的增长，实现销售收入 1009.9 亿元人民币，同比增长 20.2%；亚太地区受益于韩国、泰国、印度等市场的发展，保持了良好的增长势头，实现销售收入 424.24 亿元人民币，同比增长 9.6%；在美洲，拉美国家基础网络增长强劲，消费者业务持续增长，但受北美市场的下滑影响，美洲地区销售收入同比增长 5.1%，为 308.52 亿元人民币；其他地区销售收入为 50.5 亿元人民币。

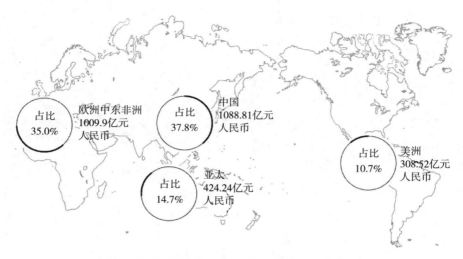

图 5 - 6　华为公司 2014 年的全球业务表现

资料来源：华为公司，华为公司 2014 年年度报告。

5.2　基于价值视角的华为全球生产网络研究

　　1998 年以前，华为的发展基本依靠"狼性"，即敏锐的嗅觉把握市场需求并迅速推出产品。这种方式主观性太强烈，完全不顾市场需求的变化和竞争对手技术的发展，"闭着眼睛"做研发。为此，华为付出了惨痛的代价。一系列的失误和巨大的损失，使任正非下定决心要引入美国 IBM 的集成产品研发流程（IPD）。IPD 强调产品创新一定是基于市场需求和竞争分析的创新，是一套以市场为导向的产品开发方法，可以有效地对产品从项目分析到推向市场的过程进行管理。利用 IPD 模式，华为构建了完整的研发模块、生产运营模块、营销服务模块，以模块化为基础，支撑运营商网络、企业业务、消费者三大运营中心和中国、美洲、亚太、欧洲中东非洲 4 大区域的运作，通过服务型 BG 和集团职能平台为 BG 提供支撑、服务和监管，形成矩阵式的业务架构，帮助华为充分利用企业内外部所有的资源优势互补，搭建沟通制造与服务、供应商与消费者的全球价值网络，适应全球跨国公司向高端服务环节转型的新趋势。截止到 2013 年 12 月 31 日，华为全球员工总数为 15 万余人，服务于华为的不同业务领域，其中研发领域员工比例达 45%，制造与供应链领域员工占 8% 左右，市场营销、销售、交付与服务领域员工占 34% 左右。

5.2.1　全球研发网络

5.2.1.1　价值目标和全球战略

华为从创立之初就重视创新，把创新作为立足之本，明确技术创新是决定企业生死存亡的生命线，持之以恒付出努力。1998 年制定的《华为基本法》规定，每年将不低于销售额的 10% 用于研发。华为一直坚守这一原则，并坚持将研发投入的 10% 用于预研，对新技术、新领域进行持续不断的研究和跟踪。而在华为的所有员工中，有 44%～48% 的人员是研发人员。2014 年，华为研发费用支出为 408 亿元人民币（66 亿美元），占销售收入的 14.2%。近十年投入的研发费用超过 1510 亿元人民币。充裕的资金和人员给华为自主创新的国际化道路提供了最基本的保障。正是源于这份对技术创新的不断坚持，如今的华为已经拥有了许多核心技术产品。

为了整合利用全球科技资源与人才，配合公司国际化经营，华为不断推进研发国际化进程，通过长期的探索与实践，逐步形成了适应经济科技全球化的开放式创新路径与做法，迅速发展成为国际一流的高科技型跨国公司。正如公司总裁任正非所言：公司运转主要依靠两个轮子，一个轮子是商业模式，一个轮子是技术创新。华为开放式创新体系恰恰形成两个轮子的聚合，对公司的跨越式发展发挥了支柱作用。"封闭系统必然死亡，开放才有活力""不创新才是最大的风险"的理念，实际上成为华为的经营哲学，渗透到经营管理活动的方方面面。华为开放式创新的核心理念包括：以国际市场需求为导向，形成为客户创造价值的创新文化；以国际一流企业为标杆，以管理和服务创新支撑开放式创新体系；拿来主义与自主研发相结合，通过集成创新实施技术和市场拓展双核路线；系统跟踪与重点突破相结合，专注优势领域突破核心技术；将知识产权管理作为企业核心战略，建立持续创新的有效机制。

（一）以国际市场需求为导向，形成为客户创造价值的创新文化

华为贯彻"为客户服务是华为存在的唯一理由，客户需求是华为发展的原动力"的理念，满足客户需求成为创新的根本宗旨。由此，华为逐步形成以市场需求为导向、强调为客户创造价值的创新文化，建立了长期稳定地为客户服务的价值观，将争取更多的客户满意度作为核心竞争力，实现从技术驱动向市场驱动的转变。华为的研发活动是以市场为核心展开的，技术人员不是只对项目的研发成功负责，而是要直接对产品的市场成功负责。为此，华为采取的措施包括：建立专门的客户需求研究部门，将全球客户声音反馈到研发部门，形成产品发展的路标；规定每年有5%的研发人员去做市场，每年有5%的市场人员去做研发；与全球知名运营商建立联合创新中心；建立个人客户和企业客户实验室等。以市场需求为导向的创新体系，使技术创新活动变被动为主动，既能够及时发现机会、顺应市场，又能够创造机会、引导市场。华为在国内外市场竞争中的成功，依赖的正是以客户为导向的核心价值观。

（二）以国际一流企业为标杆，以管理和服务创新支撑开放式创新体系

华为很早就确立了做国际一流企业、实现与国际接轨的目标定位，但他们也认识到与国外电信巨头相比，特别是在高端技术和管理领域，差距巨大。华为选择把国内外优秀企业作为榜样全方位学习，站在巨人肩膀上高起点起步，在竞争中学会竞争。华为很早就引入国际著名企业为其做管理咨询，重组管理与业务流程，向西门子、阿尔卡特、爱立信等业界最佳企业靠拢，建立与国际接轨的管理运作体系，包括从国际著名人力资源公司 HAY 集团引入"职位与薪酬体系"，从 IBM 引进集成产品开发及集成供应链管理（ISC），将英国国家职业资格管理体系（NVQ）引为企业职业资格管理体系，以及聘请德国国家应用研究院（FHG）为质量管理顾问、普华永道（PWC）为财务顾问和毕马威（KPMG）为审计顾问等，以管理和服务创新支撑开放式技术创新体系。在技术上推行跟随式创新，采取的措施包括：在行业领先厂商首先研发出新技术、新产品，并证明有商业价值时，华为才全力投入资源进行产品开发；研发投入90%以上投入到应用技术的开发，只有10%投入到基础研究；充分利用国内的低成本优势开拓国际市场，先在市场上站稳脚跟，在技术和市场实力积累到一定程度后实现

"弯道超车"。如今，华为在很多产品领域实现了全球同步开发，甚至是处于稍稍领先的地位，开始了从跟随者向领先者的转变。

（三）拿来主义与自主研发相结合，通过集成创新实施技术和市场拓展双核路线

华为的技术路线总体是基于对"拿来主义"的实践应用，将自主研发与拿来主义有机结合起来，与国际接轨进行集成创新。最初，由于华为起步较晚，技术基础薄弱，而电信领域的很多基础专利和相关的应用专利已经形成了，推行从零开始的自主研发并不适合后发的华为。因此华为在研发上采取拿来主义的技术路线，承认技术上的差距，广泛吸收世界电子信息领域的最新研究成果，在独立自主的基础上，开放合作地发展领先的核心技术。华为总裁任正非曾提出"新开发量高于 30% 不叫创新，叫浪费"，号召研发人员研发一个新产品时应尽量减少自己有的发明创造，而应着眼于继承以往产品的技术成果，以及对外部进行合作或者购买。实行拿来主义的途径多种多样，通过谈判支付合理的专利许可费是进入国际市场的通行途径，如技术合作、战略联盟、跨国并购、投资合作等，都是迅速实现技术积累的重要手段。华为通过与德州仪器、惠普、IBM、摩托罗拉、美国 3Com、西门子、英飞凌、思科、SAP 等公司合资合作及技术联盟，实施技术和市场拓展双核路线，与对手互利共赢。华为通过各种不同途径获取先进的技术，再对获取的技术基于客户需求进行再创新和集成创新，华为紧跟世界先进技术的潮流，提高了公司的核心竞争力，实现了为公司占领国内市场、开拓国际市场服务的创新目标。

（四）系统跟踪与重点突破相结合，专注优势领域突破核心技术

虽然目前已经由电信设备制造商向信息通信技术解决方案供应商转型，但是华为始终遵从专业化分工规律，坚持聚焦原则，专注优势领域，集中力量做好主业，集中精力突破核心技术。要在资本雄厚和技术垄断的跨国公司以及有政府支持的国有大企业的双重压力下突出重围，华为没有对技术进行全方位的追赶，而是在对国际通信技术进行系统跟踪的基础上，紧紧围绕核心网络技术实现进步，当看准了某项技术之后，就会采用集中资源投入、集中开发的"压强战术"，紧紧抓住核心网络中软件与硬件的关键中的关键，形成自己的核心技术。20 世纪 90 年代末，在 2G 还

在大行其道的时候，华为就开始将研发目标瞄准 3G，经过多年主攻 3G，其间放弃了做终端小灵通的市场机会，到 2003 年底，华为 3G 终于进入商业运营，并达到世界一流水平，为华为未来参与国际市场竞争奠定了坚实的基础。华为将主流国际标准与产业紧密结合，与全球主流运营商密切合作，截至 2013 年底，华为加入全球 170 多个行业标准组织和开源组织，在任 185 个职位。目前华为聚焦在信息通信技术领域的关键技术、架构、标准等方向持续投入，致力于提供更宽、更智能、更高能效的零等待管道，在未来 5G 通信、网络架构、计算和存储上持续创新，取得重要的创新成果。不搞多元化，走专业化道路，是华为一以贯之的经营战略，正是这种技术上的"压强和聚焦原则"才使得华为取得创新的领先，不断巩固和提升了自己在通信设备领域的竞争优势。

（五）将知识产权管理作为企业核心战略，建立持续创新的有效机制

为了完善创新管理体系，华为建立了强大的知识产权队伍，拥有 300 多名专门从事知识产权相关工作的技术专家、专利工程师和负责版权、商标、许可等业务的律师，不断优化国际知识产权管理制度和流程，激励员工申请国际专利的积极性。知识产权战略已成为华为的核心战略，不仅鼓励创新、宽容失败成为公司创新文化，而且形成了持续创新发展的有效机制。目前，华为知识产权战略形成四大抓手：一是主攻有优势的核心领域，强化核心竞争力、知识产权和品牌实力，拓展全球专利布局，提升全球竞争力；二是积极参与国际标准的制定，推动所有技术方案纳入标准，积累基本专利；三是始终以开放的态度学习、遵守和运用国际知识产权规则，通过协商谈判、产品合作等多元途径处理涉外知识产权纠纷；四是用专利换技术，通过交叉许可实现对全球范围内创新成果的整合应用，华为每年花费数千万美元在全球申请专利，但经过交叉许可后，每年节省的专利许可费达数亿美元甚至十亿美元以上。因此，单纯的专利申请也许对企业并无效益，但当企业将这些知识产权及技术与领先的跨国公司进行交叉许可时，不仅大大降低单向的专利许可费用，而且能促进专利技术的广泛使用，带来巨大效益。

华为全球研发网络包括了内部和外部的全球网络，如图 5 - 7 所示。

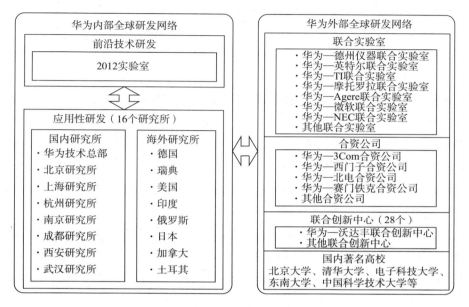

图 5 - 7 华为公司全球研发网络

资料来源：本书作者根据华为公司的相关资料绘制。

5.2.1.2 内部研发网络

华为的技术创新是国际化的，它不仅能把握国内市场的动态，更能够在国际电信设备供应市场中掌握方向，这不得不说得益于其遍布全球的研究网络。为了整合利用全球科技资源与人才，配合公司国际化经营，通过开放式创新体系，华为不断推进研发国际化进程。目前华为在德国、瑞典、美国、印度、俄罗斯、日本、加拿大、土耳其、中国等地设立了 16 个研究所，其中进行产品与解决方案的研究开发人员约 76000 名（占公司总人数 45%）。华为采用国际化的全球同步研发体系，聚集全球的技术、经验和人才来进行产品研究开发，同时和来自工业界、学术界、研究机构的伙伴紧密合作，引领未来网络从研究到创新实施。华为还与领先运营商成立 28 个联合创新中心，把领先技术转化为客户的竞争优势和商业成功。

华为全球研发分为两类。第一类是前沿技术研发，立足于对前瞻性技术的研究，着眼于 3～5 年之后的技术，不涉及产品开发。前沿技术研发由华为的 2012 实验室负责，2012 实验室的经费主要来源于公司直接拨款。第二类是应用性研发，各业务部门都设立了研发机构，针对不同产品、不同市场需求开发新产品。目前华为前沿技术研发投入和应用性研发投入占研发总投入的比例分别为 15% 和 85%。华为的 16 个研究所形成了一个功能较为齐全，有效服务于企业，有持续发展能力的全球研发体系。同时华为将 IPD 与关注过程管理的软件能力成熟度模型（CMM）有机结合，形成了华为特色的 IPD－CMM 开发流程。IPD－CMM 成为华为全球研发体系管理的重要工具，它是华为所有软件开发人员的统一规范，是华为研发人员共同的语言。统一的开发管理流程和管理工具使得华为的研究所可以通过跨文化团队合作，进行全球协同研发，使得华为可以有效管理和协调世界各地的研发机构。

"2012 实验室"是华为专事创新基础研究的一个部门，其名字来源于电影 "2012"，承载集团创新、研究和平台技术开发的使命。该实验室致力于构筑华为未来技术和研发能力的基石，是为其业务集团提供支撑和服务的端对端的责任中心，它是基于信息通信技术产业的巨大转型而做出的决策和行动。智能终端的普及、云计算的出现，推动了 IT 与 IC 的加速融合，宽带时代带来洪水般的数据流量，带来信息通信技术时代的巨大机遇与挑战。华为必须加强对前端技术的研究，破解从行业跟随者向领跑者转身之后的难题，更好发挥行业创新引领者的作用，抢占技术创新的制高点。面向未来发展，华为组建 2012 实验室，聚焦在信息通信技术领域的关键技术、架构、标准等方向持续投入，致力于提供更宽、更智能、更高能效的管道，并与来自工业界、学术界、研究机构的伙伴紧密合作，引领未来网络从研究到创新实施。

华为先后在海外和国内设有 16 个研究所，这些研究所成立的时间、区位选择的动因都有所不同，功能与定位有效互补，形成了一个功能较为齐全的全球研发体系。国外研究所包括德国、瑞典、美国、印度、俄罗斯、日本、加拿大、土耳其等，这些研究所大多设立在电子信息和软件业发达地区，拥有先进成熟的技术和完备的市场，要么是发达国家的技术高地，即在某个技术领域处于世界领先地位，要么是发展中国家的人才富地，即有丰富的人力资本和优良的研发环境，从而为华为吸引国际先进的技术和智力资源，给华为的技术创新提供有力支持。印度研究所、南京研究所、中央软件部和上海研究所等通过 CMM5 级国际认证，这表明华为的软件过程管理与质量控制已达到业界先进水平。

印度班加罗尔市是 IT 业的发展前沿地区，许多著名 IT 企业将实验室设立此地。1999 年华为在印度班加罗尔成立研发中心，迅速提升了自己的软件开发水平。目前华为在印度的研发中心是华为最大的海外研发中心，也是华为首个在外国的自有研发中心，主要负责开发平台和中间设备，覆盖华为大多数产品的应用程序和功能，也为其他业务开发网络和企业解决方案的软件。印度研究所主要服务于印度市场和中国市场，同时服务于全球市场。此外，印度研究所在华为对全球研发体系的管理中发挥着标杆的作用，印度所形成的研发管理模式被运用于其他的研发机构中。华为从 2010年开始在日本进行通信终端领域的研发，2011 年增加了通信网路领域的研发，并正式启动了日本研究所，2013 年华为把分散于东京市内两处的研发中心移至横滨并实施整合，更加贴近日本的信息通信技术企业。新研发中心将加强与已有供货商的合作并挖掘新供货商，共同研发应用于华为全球的终端产品和网络产品的新一代技术。

美国硅谷是世界 IT 技术的发动机，2001 年华为在美国设立四个研发中心，2003 年与 3Com 合作成立合资公司，2012 年华为在美国硅谷成立新的研发中心。目前美国的达拉斯和硅谷的研发中心主要从事针对美国用户的下一代通信解决方案。华为 2008 年进入加拿大市场，2010 年在加拿大渥太华设立研发中心，2014 年宣布将在渥太华建立新的研究和发展中心，新中心拥有世界级的 IT 社区，有着很多著名的学术和国家研究机构，以及大量经验丰富的技术专家。华为渥太华研发中心负责在无线、有线、光纤和 IP 网络领域的多个战略性产品开发，在全球第五代无线网络传输技术（5G）的研发工作中扮演主要角色。

华为 1997 年就进入俄罗斯市场，目前位于莫斯科的俄罗斯研究所主要负责无线和光纤通信、多媒体和云计算等领域的技术工作。瑞典是国际电信巨头爱立信的故乡，拥有多个具有国际竞争力的产业群。2000 年华为在瑞典首都斯德哥尔摩设立研发中心，目前瑞典研究所目前主要从事 GSM、3G 和 LTE 超 3G 系统的研发。德国慕尼黑是国际化城市，还是欧盟知识产权总部，是德国最适宜创业和生活的地方，同时欧洲研究所离德国电信、法国电信、沃达丰、英国电信等运营商很近，便于联合创新。2008 年华为成立总部位于德国慕尼黑的华为欧洲研究所，目前在四个国家有 5 个办公室，包括德国慕尼黑和纽伦堡、意大利米兰、英国伦敦、比利时布鲁塞尔，欧洲研究所是华为基础研究和核心技术的"海外大脑"。自 2002 年起华为公司就开始涉猎土耳其业务，2010 年在伊斯坦布尔设立了研发中心，目前该研发中心开展增值服务、定价与计费、呼叫中心与客户关系管理等方面的研究工作，还包括软件产品、无线技术（2G/3G/4G）与 ALL – IP、固网/移动融合（FMC）、新一代网络（NGN）的分析与规划、产品规划、优化、性能开发与市场调整。随着华为全面融入欧洲，华为正在把欧洲变为"第二故乡"，在未来几年内计划将公司在欧洲的员工数量增加一倍。2010 年起华为陆续在比利时、意大利米兰、芬兰赫尔辛基、爱尔兰的科克城及都柏林、英国东部伊普斯威奇和西南部的布里斯托尔市、法国巴黎和南部滨海阿尔卑斯省的索非亚科技园等地设立研发中心。目前华为在欧洲的研发机构总数为 17 个，分布在比利时、芬兰、法国、德国、爱尔兰、意大利、瑞典和英国 8 个国家。

华为在国内研究所包括华为技术总部、北京研究所、上海研究所、杭州研究所、南京研究所、成都研究所、西安研究所、武汉研究所。华为技术总部位于深圳市龙岗区坂田街道，是公司主要的研发中心。北京研究所位于北京市海淀区中关村环保科技示范园，主要从事运营商网络业务相关领域的研发。上海研究所位于上海市浦东新区金桥，主要从事运营商网络业务和消费者业务相关领域的研发。杭州研究所地位于杭州市滨江区，主要从事运营商网络业务和企业业务相关领域的研发。南京研究所位于南京市雨花区，主要从事运营商网络业务相关领域的研发。成都研究所位于成都市高新技术开发区西北端，主要承载运营商网络业务和企业业务相关领域的研发。西安研究所位于西安市高新技术开发区，主要承载运营商网络业务相关领域的研发。武汉研究所位于武汉市东湖新技术开发区未来科技城启动区，主要承载运营商网络业务和消费者业务相关领域的研发。

在华为看来，创新的核心力量是人才，要抢占高科技发展的制高点，必须抢占人才高地。在国外市场开展业务，必须立足于当地市场，能够与当地市场进行沟通并且了解当地市场需求，这是海外本地化员工的优势所在。因此，伴随公司国际化业务的拓展，华为也在加大人才国际化步伐，通过本地化运作，招聘当地优秀人才，并引进国际上先进的人才培养机制，采取国际通行的人才考核标准，促进本地经营团队能够承担起本地经营责任，不论国籍都能获得相应的授权。根据华为官方数据，近年来，华为聘请海外人员每年增长15%以上。截至2013年底，华为有30000多名外国员工，来自世界150个国家，在海外的人才本地化率超过70%，其中主要是研发人员。华为在全球各个主要地方进行人力中心建设，设立了36个培训中心，为当地培养技术人员。外籍员工的大量加入，特别是高端海外员工的加入，成为华为拓展欧洲和其他市场的重要武器。

5.2.1.3 外部研发网络

通过建立长期战略合作联盟，华为专注于自己优势领域的研发创新，同时与国内外广大供应商建立长期稳定的合作关系，并与一些跨国巨头共建研发中心，建立开放式创新体系，基于全球价值网络整合创新资源，实现互利共赢。华为全球战略合作主要有三种形式：一是与世界一流企业建立联合实验室，二是通过合作建立合资公司，三是与领先运营商建立联合创新中心。此外，华为通过与国内著名高校的合作，取得了很多成就。

华为全球战略合作的第一种形式是与世界一流企业建立联合实验室。华为与美国德州仪器的数字信号处理联合实验室联合开发研究相关通信产品的数字信号处理（DSP）硬件与软件，提高了华为公司开发工程师对数字信号处理芯片的开发应用能力，快速催生了华为在多媒体领域里的新技术应用。华为与英特尔的联合实验室旨在开发基于英特尔IX架构的通信解决方案。除此之外，华为还与TI、摩托罗拉、Agere、ALTERA、SUN、微软、NEC等世界一流企业成立联合实验室，共同进行技术研发。

华为全球战略合作的第二种形式是通过合作建立合资公司。2003年，华为与世界数据通信领域的巨头3Com公司成立华为3Com有限公司。2004年，华为与德国西门子公司组建全球性合资公司，专注于TD-SCDMA技术及产品的开发、生产、销售和服务，该合资公司取代了思科成为西门子数据产品的制造商。2006年，华为与电讯巨头北电网络成立合资公司，主要业务是面向全球市场开发超级宽带接入解决方案。2007年，华为与赛门铁克公司成立一家针对电信行业和企业用户安全存储系统设备的合资公司，这是一场硬件厂商与软件企业的联姻。多年来，华为根据自己不同的战略目的选取合资对象，与西门子的合作是为了获得西门子在 3G 领域的先进技术，与北电的合作助其开拓北美市场，与赛门铁克公司的合作则使得华为成功进军 IP 领域。建立合资公司带给华为的不仅仅是技术和市场，还有开发技术、开拓市场所必需的资金。

华为全球战略合作的第三种形式是与领先运营商建立联合创新中心。联合创新中心的建立，旨在通过双方的合作，充分借助运营商和华为在各自领域内的深厚能力，强强合作，通过持续的商业模式探索和通信技术创新，在给用户带来更好更优质的应用体验的同时，也给运营商带来更多收益。2006 年 10 月，华为和沃达丰集团在西班牙正式成立了第一个联合创新中心——移动联合创新中心 MIC。经过 7 年的耕耘，华为已经和业界 10 余个运营商共同建立了 28 个联合创新中心，包括位于中国、欧洲、北美、中东及东南亚的重量级电信运营商，成功合作的重要创新课题超过 100 个。至此，联合创新中心已经成为持续提升双方战略伙伴关系的一个重要载体。

从 1996 年开始，华为就与国内著名高校开展合作研发。华为和北京大学一起研究以 IS95 为核心的窄带 CDMA 技术，为华为未来的 CDMA 技术的发展打下了基础，培养了一批技术人才。华为在 SDH 光网络技术领域的进步，也得益于与清华大学无线电系合作所取得的成果。此外电子科技大学、东南大学、中国科学技术大学等都是华为长期的技术合作伙伴。

5.2.2　全球生产运营网络

5.2.2.1　价值目标和全球战略

华为公司的全球生产运营网络包括计划、生产、采购、物流等职能，通过集成供应链管理（ISC），对供应链中的信息流、物流和资金流进行设计、规划和控制，实现供应链的两个关键目标——提高客户的满意度和降低供应链的总成本，并将集成供应链的概念升级到全球供应链网络，构建面向全球价值网络的先进制造模式，实现"主动关注市场需求，实现快速响应、高质量、低成本和柔性的全球供应链协同运作，增强综合竞争优势，确保合同完美交付"的愿景，从而提升华为的竞争力。

华为的客户群体从运营商到企业，再从企业到消费者，规模急速扩张，伴随企业的不断成长、业务的全球化，供应链也越来越长，为应对竞争日益激烈的国内外市场、满足差异化客户的需求，基于全球视野的采购与供应链整合管理在华为全面展开。华为认为，供应链的健康稳定发展是实现整个产业链可持续发展的关键，必须以开放心态整合业界的各种资源，高度重视与供应链上企业的合作，并借此建立整合全球资源的平台，追求多赢，才能可持续发展。客户、华为、供应商及下一级供应商共同组成一个生态系统，只有每一方都健康，才能保证生态系统的健康。作为一家业务遍布 170 多个国家和地区的全球化公司，华为公司推进"全球本地化经营"战略，使价值链上每一节点所产生的价值都能够被全球客户所分享。华为通过基于各个区域和国家的本地化运营，促进就业和增加税收，对当地社会发展做出贡献。华为通过与当地优秀企业进行产业分工合作，将华为全球价值链的优势与本地创新能力充分结合，帮助本地创造发挥出全球价值。华为在自身践行可持续发展同时，持续加强供应商可持续发展管理和能力建设，与供应商携手并进。

2013 年，华为继续深化在"客户导向的供应商企业社会责任（CSR）风险管理"的基础上向效率管理转型，将可持续发展融入业务流程，引领产业链可持续发展趋势。华为的供应链可持续发展管理聚焦以下四个方面。①风险管理：聚焦重点，分级管理，把 CSR 风险管理融入采购全流程和供应商生命周期，通过业务牵引供应商持续改善，有效地监督和控制风险，展示业界最佳实践。②效率管理：超越合规遵从和客户驱动，通过 CSR 挖掘价值机会，提升供应商能力，提升采购效率，优化业务流程，减少浪费，降低业务成本，提升业务竞争力。③业务创新：前瞻性思考，深度协同，通过 CSR 探索业务创新机会，开发新产品，开拓新市场，探索新商业模式，将 CSR 深度融入业务战略和品牌。④行业合作：关注行业系统性问题，选取典型 CSR 议题展开跨界对话和合作，参与制订行业规则，树立行业标杆，引领行业发展趋势，彰显公司使命和品牌形象。

5.2.2.2　网络形态

华为公司在发展初期，包揽了生产的全部过程，将产品的不同环节分散在不同的车间，最后再进行组装，产品价值链在企业车间内部完成。但是随着公司的发展，这样的生产方式越来越不能适应公司的发展速度。1999年，经过 IBM 专家的论证，华为的核心竞争力在于研发和领先市场的优势，华为在生产运营管理的过程中只要牢牢把握住核心竞争力，其他非核心部分完全可以外包出去，形成一个有效率的供应链。IBM 为华为量身定制了集成供应链管理（ISC）流程，把公司运作的每个环节都看成是供应链上的一部分，不管是公司内部，还是外部合作伙伴，都需要对每个环节进行有效管理，以提高供应链运作效率和经济效益。华为在采纳了 ISC 流程后，对公司的组织机构进行了相应的调整，把原来生产部、计划部、采购部、进出口部、认证部、外协合作部、发货部、仓储部统统合并，成立一个统一管理供应链业务的部门，叫作"供应链管理部"。供应链管理成为公司降低成本、库存，提高供货质量、资金周转率、供货速度以及工程质量的有效手段。

自 2000 年起，华为通过业务外包，将制造、组装、包装、发货和物流等生产环节外包给一些专业公司，仅在深圳市就有上百家分包商专门为华为服务。由于非核心的产品生产和服务外包具有成本上的比较优势，华为公司越来越多的在全球范围寻找优质的供应商，将更多的零部件生产、组装环节和中间产品予以外包，在一些高端领域与跨国巨头建立长期稳定的采购供货关系，还将信息服务、软件、培训、数据恢复、管理咨询、设备测试维护及后

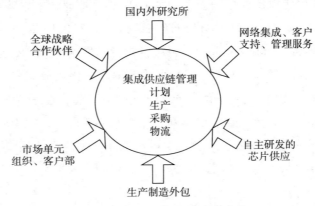

图 5 – 8 华为公司的集成供应链

资料来源：本书作者根据华为公司的相关资料绘制。

勤等非核心服务环节广泛外包，华为上下游关联企业多达数千家，包括很多国内外知名企业，形成动态的呈蛛网状的全球生产运营网络（见图5-8）。在这种生产组织形式中，产品价值链的不同功能分解到不同国家的不同企业，一个产品的生产过程是由遍布各地的多家企业合作完成的。华为公司居于核心的地位，专注于产品设计、核心模块制造和定制产品的生产；诸多分包商环绕在其周围，发挥专业分工的优势。截止到2013年12月31日，华为全球员工总数为15万余人，其中制造与供应链领域员工占8%左右。

华为的集成供应链管理实施分为四个阶段。

（1）基础阶段。这一阶段是在原有企业供应链的基础上分析、总结企业现状，分析企业内部影响供应链管理的阻力和有利之处，同时分析外部市场环境，对市场的特征和不确定性做出分析和评价，制订企业的供应链策略和方向。

（2）职能集成阶段。此阶段集中处理企业内部的运作，企业围绕核心职能实施集成化管理，对组织实行业务流程重整，实现职能部门的优化集成，通常建立跨部门团队，参与计划和执行项目，以提高部门之间的合作。

（3）内部供应链集成阶段。这一阶段实现企业直接控制的领域的集成，实现企业内部供应链与外部供应链中供应商和用户管理部分的集成，形成内部集成化供应链。从2005年开始，华为联合i2公司顾问进行全球供应链（Global Supply Chain，GSC）的建设，将已经遍布在俄罗斯、拉美、北美、欧洲、亚太、中东北非、南非等地区的供应链进行功能及职能方面的升级，贴近客户的最后一公里交付能力得到提高，并且通过企业资源计划（Enterprise Resource Planning，ERP）、高级计划调度（Advanced Planning Scheduling，APS）等先进的IT系统支撑供应链全球资源的调配，调动全球的最优履行条件满足客户需求。供应链内部根据客户个性化的需求提供供应解决方案并进行生产，以最大的柔性满足最多的客户需求，并通过IT系统对客户个性化需求进行记录和固化，保证客户的特殊需求信息准确传递到订单履行各环节，实现合同的端到端的完美交付。

（4）外部供应链集成阶段。实现集成化供应链管理关键在于这个阶段，将企业内部供应链与外部供应商和客户集成起来形成一个集成化供应链，与供应商和客户建立良好的合作伙伴关系。在供应商管理方面有严格的认证标准和体系，通过技术、质量、响应、交付、成本、环保、社会责任7个方面对供应商进行严格认证。通过供应链协作系统（Supply Chain Collaboration，SCC）与供应商的供需状况做到实时交互，这保证了供应的稳定和及时性。并且华为在2004年就加入RosettaNet组织，和战略供应商实现B2B贸易方式，极大地方便了采购流程，提高了信息的准确性。通过不断的磨合和交流与合作伙伴形成双赢的关系，华为在自身不断发展的同时也与供应商共同进步。在全球范围内，华为供应链通过认证当地物流服务供应商（LSP）、了解当地清关派送情况等支撑最贴近客户的交付服务，全球将近500条的运输线路覆盖及先进物流伙伴的战略性合作使华为的产品能精确运送到世界的各个角落。全球设置的128个备件中心，为客户提供原版返修、经济型返修、加快型返修及预返修等服务，对于重要器件提供2~4小时及NBD（Next Business Day，下一个工作日）的备件更换服务。

在完成上述四个阶段的集成以后，华为这种集财务、信息和管理模式于一体的集成供应链成为一种能快速重构的动态全球生产运营网络，管理的焦点以面向供应商和用户取代面向产品，与客户、供应商和服务提供商实现集成和合作，在适应市场变化、柔性、速度、革新、知识等方面进行了改进和增强，很好地适应了市场发展的需求。

5.2.2.3 治理模式

本着"提升客户满意度，降低供应链总成本"这一原则，华为大力创新发展集成供应链管理，致力于构建透明的、公开的商务合作环境，帮助供应商了解和知悉华为全球采购政策和要求，以尊重并保护供应商和华为的共同利益。集成供应链不仅没有拖发展的后腿，而且成功将其转化成了市场终端竞争力，是华为从中国走向世界，实现高速发展的"隐形翅膀"。

（一）富有战略性的采购模式

华为对物料族和供应商进行细化分类，建立严密的技术认证和商务认证体系，并采取集中认证、分散采购的策略，实现灵活决策快速响应市场。华为设立专门的物料专家组，负责采购某一类或一族满足业务部门或地区市场的物料，并基于物料族进行分类选择、认证供应商。供应商根据认证和考评数据划分为市场潜在供应商、合格供应商、核心供应商和战略供应商几个层级。遵循集体决定的原则，各不同的采购组则可分散实施采购流程，并在采购过程中运用"80/20"的规则，使每一物料族所对应的供应商群体更加合理化。这种富有战略性的采购模式，既实现了采购集中管控以提升采购效益，又提高了采购效率满足局部需求，保障其能够一直使用价格最优、质量最好、供货最快的供应商，为华为提供更多创新性、差异化、有竞争力的产品和服务，发挥积极的作用。

（二）高效益的供应商管理模式

华为对供应商有非常"苛刻"的要求，供应商要有周全的备货计划，即便产品规格有改动，也要做到交货迅速；即使技术条件有改变，仍要按照同样的价格进行交易。华为有着严密的供应商评估流程，评估模型包括技术表现、质量表现、响应能力、交货表现、成本情况以及合同条款履行这几项关键内容，还包括环境影响和社会责任。评估内容以细化指标的形式对其进行量化评分考察，最后汇总形成报告以供管理决策，而且定期向供应商提供反馈。华为非常重视与供应商的双向沟通，华为专家组和技术认证中心与供应商保持着密切的沟通交流，每个专家组内部都有供应商接口人，负责与供应商的接口和沟通；还专门设立了供应商反馈办公室，处理合作过程中出现的一些问题。通过"苛刻"要求、科学评估和双向沟通，华为建立高效益的供应商管理模式，给予供应商公平的竞争环境和平等的合作地位，帮助合作伙伴挺进世界舞台，提升彼此开放、有效的合作关系。

（三）持续的质量改进模式

在自主制造环节，除了工艺方面的不断优化，还要对质量有严格的监控，华为通过 TL9000 及 ISO9001：2000 的认证，关键指标如百万焊点缺陷率（Defect Per Million Opportunity，DPMO）在 5 年之内不断降低，一次直通率（First Throughput Yield，FTY）不断上升，在 5 年之内提升了将近 30%。同时质量的持续改进在华为集成供应链内从来没有停止，通过六西格玛、精益（Lean）生产、员工自主反馈、品管圈（Quality Control Circle，QCC）等质量改进活动，质量提升的观念已经深入到每一个华为员工的心中。华为内部还有先进的条码系统，给每一个条码精确的身份证明，除了实现发货、运输的精确管理，还可以对产品质量问题进行逆向追溯，保证了产品的高质量无差错交付。

(四) 全面的风险管理和可持续发展模式

在全球范围内，罢工、自然灾害、塞港等情况的发生成为供应链顺利履行承诺的障碍，如果能提早识别这些风险并做好备用方案，那将大大提高供应链的连续性。华为建立了供应链风险管理流程，每个执行环节都按照风险管理的识别、分析、评价、处理等步骤进行控制，特别是建立了生产连续性体系，对可能影响生产连续性的危机点进行识别和规范，并根据应急措施制定演习方案，全面保证供应的连续性。

此外，面对数量庞大，种类繁多，分布广泛，差异极大的供应商，华为将可持续发展相关标准融入采购全流程和供应商生命周期，通过业务牵引供应商持续改善。华为基于供应商所在国家或地区、产品类型、业务量和业务关系、可持续发展绩效、潜在环境风险、风险管理体系和能力等几个方面对所有供应商进行综合评估，评估结果分为高、中、低三个等级。华为对于全部潜在高风险供应商开展现场审核，对于潜在中风险供应商抽样审核，还与客户开展联合审核，通过分层分级的方式管理供应商可持续发展，有效地监督和控制供应链风险。

通过绿色伙伴认证计划（HW GP），华为鼓励供应商实施系统的产品环保管理和生命周期管理，从源头上控制各种限制物质的使用，并联合供应商进行绿色环保节能减排创新，降低供应链碳足迹，做到绿色设计、绿色生产，构建绿色供应链。2013 年，华为在绿色伙伴认证标准中加入环境管理体系、能源与温室气体管理等要求，将 GP 标准升级为 GP2.0，全年 34 家供应商通过华为绿色伙伴认证。华为选择了不同产品类别的 4 家试点供应商，启动了供应商能效提升和碳减排项目，通过开展一系列节能减排项目，取得了显著成效。2013 年 4 家试点供应商节能量达到 2500KWh，二氧化碳减排量超过 23000 吨。2014 年，华为计划将该项目推广到 20 家供应商。

5.2.2.4　区位选择

华为在公司网站公示总部及全球各国指定的采购接口人名单，根据该名单，华为在全球 190 多个国家和地区开展采购业务（见表 5-1），充分整合全球优质资源打造全球化的价值链，通过与各个区域和国家的当地优秀企业进行产业分工合作，将华为全球价值链的优势与本地创新能力充分结合，帮助本地创造发挥出全球价值。表 5-1 列出了除中国大陆外，华为公司开展采购业务的主要的国家和地区。

表 5-1 华为公司的主要采购区域

区域	主要国家和地区
亚太	澳大利亚、巴基斯坦、菲律宾、韩国、柬埔寨、马来西亚、孟加拉、尼泊尔、日本、斯里兰卡、泰国、新加坡、新西兰、印度、印度尼西亚、越南、中国香港等
独联体	阿塞拜疆、白俄罗斯、俄罗斯、格鲁吉亚、哈萨克斯坦、吉尔吉斯斯坦、土库曼斯坦、塔吉克斯坦、乌克兰、乌兹别克斯坦等
欧洲	阿尔巴尼亚、爱尔兰、奥地利、保加利亚、比利时、冰岛、波兰、波黑、丹麦、德国、法国、芬兰、荷兰、捷克、克罗地亚、拉脱维亚、立陶宛、卢森堡、罗马尼亚、摩尔多瓦、挪威、葡萄牙、瑞典、瑞士、塞尔维亚、斯洛伐克、西班牙、希腊、匈牙利、意大利、英国等
拉丁美洲	阿根廷、巴西、玻利维亚、巴拿马、厄瓜多尔、哥伦比亚、秘鲁、墨西哥、委内瑞拉、乌拉圭、智利等
中东北非	阿尔及利亚、阿联酋、阿曼、埃及、科威特、卡塔尔、马里、摩洛哥、南苏丹、塞内加尔、沙特阿拉伯、突尼斯、土耳其、也门、伊拉克、约旦等
北美	美国、加拿大等
南部非洲	埃塞俄比亚、安哥拉、博茨瓦纳、加纳、津巴布韦、喀麦隆、科特迪瓦、肯尼亚、卢旺达、马达加斯加、毛里求斯、莫桑比克、纳米比亚、南非、尼日利亚、坦桑尼亚、乌干达、赞比亚等

资料来源：本书作者根据华为公司的相关资料整理。

华为的自主生产主要以国内生产为主。深圳基地是华为最早建立的公司基地，2000 年开始投入使用，主要部分位于深圳市龙岗区坂田街道，是公司主要的生产运营中心。东莞基地包括北区和南区两部分，分别位于东莞市松山湖高新技术产业开发区北部和南部，北区 2009 年 4 月开始投入使用，是深圳之外在南方的主要生产基地，未来随着南区基地建设的推进，预计将有更多的业务或功能布局东莞。华为还在廊坊投资建立北方生产基地，廊坊基地位于廊坊市经济技术开发区银河北路，目前主要承载着中国区域的销售与服务职能。新的生产基地与产业链上下游企业离得更近，并陆续吸引相应的配套厂商前来，既可以扩大产能、提高效率，又可以大幅降低生产成本。在海外，华为先后在埃及、俄罗斯及巴西等国家建立合资厂；在沙特、伊朗、印度等国家，通过当地合作伙伴，成功实现了本土化生产，更好满足海外客户的市场需求。

5.2.3　全球营销服务网络

5.2.3.1　价值目标和全球战略

华为坚持"成就客户"的核心价值观，主张为客户服务是华为存在的唯一理由，客户需求是华为发展的原动力。华为坚持以客户为中心，快速响应客户需求，持续为客户创造长期价值进而成就客户。为客户提供有效服务，是华为工作的方向和价值评价的标尺，成就客户就是成就华为自己。根据自身发展和海外市场的形势，华为制定了一整套进入海外市场的战略计划和营销服务战略，包括："农村包围城市"的市场进入战略、顺应国家外交路线的市场拓展战略、"积极参展、吸引客户"的市场营销策略、"以合作联盟等方式，改变全球市场竞争格局"的联盟策略、依靠高科技产品出口的自主品牌战略、以客户为中心的服务策略等。华为通过一系列的变革项目落地，确保客户需求的快速响应和端到端闭环，不断降低内部运作成本，提高业务运作效率，有效支撑公司全球化战略目标和可持续发展。

（一）"农村包围城市"的市场进入战略

1995 年华为开始拓展国际市场，最初以"市场补缺者"的角色，运用"农村包围城市"的战略，先渗透到中国香港地区的市场，再逐渐扩散至非洲及欧美地区。1996 ~ 1999 年，华为开始进入俄罗斯、南斯拉夫、也门、巴西、南非、埃塞俄比亚、老挝等国家，主要通过与当地企业建立合作关系，通过合作的企业接触客户、参加投标。2000 年 IT 泡沫破灭，西方设备商逐渐退出一些边缘市场，华为就迅速弥补了这个空缺，海外市场进入全面拓展阶段。在此阶段，华为开始大规模派驻海外人员，在沙特阿拉伯、南部非洲等各个国家建立了销售机构，通过与当地运营商的合作，快速实现与当地资本及文化的融合，在泰国、新加坡、马来西亚等东南亚市场以及中东、非洲等区域市场获取成功。2001 年后，华为开始进军欧美的主流市场，与主流大公司正面竞争。在欧洲市场上，华为在欧洲成立 4 家研发中心和 20 多个地区性办事处。在西欧，通过与当地著名代理商合作，华为的产品开始进入德国、法国、西班牙、英国等发达国家。2004 年，华为与美国 NTCH 公司签订为其承建 CDMA2000 移动网络，进入美国市场。

（二）顺应国家外交路线的市场拓展战略

华为公司在海外市场获得成功，除了其在价格、技术、市场等各方面的因素外，还有一个非常重要的原因，就是与国家外交策略的结合。华为依照国家的外交战略设计相应的海外市场开拓的营销路线，一方面在国家外交的背景下，长期稳定海外发展方向，另一方面在为经济外交做贡献的同时，优先获得政府的支持。近年来我国外交战略呈现了三条主线：与世界大国建立战略伙伴关系，巩固和发展同周边国家友好合作关系，加强与广大发展中国家的传统友好关系。华为公司巧妙地顺应国家外交战略，开展营销攻势，屡屡成功地克服了市场进入的困难。

1996 年，中俄两国建立战略协作伙伴关系。华为意识到这一国际关系变化中隐藏的商机，开始进入大独联体市场。1997 年，俄罗斯贝托康采恩、俄罗斯电信公司和华为三家成立合资公司，华为把合资企业作为平台，以本地化模式来开拓当地市场。1997 年，（时任）中国国家主席江泽民应美国总统克林顿邀请对美国进行了国事访问，1998 年克林顿对中国进行国事访问，凸显两国政府热切期望将中美建设性战略伙伴关系带入下一世纪的姿态。顺应中美关系的改善趋势，华为在美国达拉斯开设研究所，引进世界先进企业 IBM 的管理手段。随着全资子公司 FutureWei 的成立，华为开始全面进军美国市场。

华为进入发展中国家市场，通常都有政府牵引和扶持。由于我国和这些发展中国家有着传统的友谊和援助项目，因此先以产品援助打开大门，逐步取得当地政府和电信部门的信任。1998 年 4 月，由中国政府出面赠送的华为产 08 机在乌兹别克斯坦网上开始运营，8 月华为高层应邀对乌兹别克斯坦进行访问，拉开开拓中亚市场的序幕。2000 年，华为 5 种主流产品获得乌兹别克斯坦市场准入，宣告乌兹别克斯坦移动市场的突破。2000 年，（时任）吴邦国副总理访问非洲时亲自点名任正非随行，利用中国政府对这些国家的援助，帮助华为开拓非洲市场。2001 年，任正非随时任国家副主席的胡锦涛出访中东等国，华为在中东市场向纵深挺进。

（三）"积极参展、吸引客户"的市场营销策略

在国际市场营销方面，华为拷贝国内营销的成功经验，主要通过开设试验局、投放产品广告、参加各种电信专业展览会和电信论坛、与客户进行技术交流、邀请客户参观公司等，增加客户对华为公司的全面了解。这

种本土化拓展模式的最大优势就是能够很好地实现当地融资以及融合当地的文化，在最短的时间内创出自己的品牌，获得国际的认可。1994 年，华为首次参加亚太地区国际通信展，获得了极大的成功。自此，只要是国际通信大展，华为一个不落都要参加。华为每年几乎要参加 20 多个大型国际展览，每年在参展上的投入至少是一个亿。华为每到一个新市场，都会把规模盛大的通信展办到那里。华为的展台和很多国际巨头连在一起，首先会在视觉上有一种震撼效应，让很多原本不了解华为的人开始关注华为的产品和技术，不仅宣传了公司，而且再塑了品牌。

（四）"以合作联盟等方式，改变全球市场竞争格局"的联盟策略

华为公司重视广泛的对等合作和建立战略伙伴关系，积极探索在互利基础上的多种外部合作形式，国际合作由浅到深，形成了单纯的产品销售、产品制造、资本合作与研发、销售等多种层次。在日本，华为选择与 NEC、松下合资成立宇梦公司，帮助自身快速实现了数据通信产品的销售。在美国，通过与 3Com 合作成立合资公司，大幅提升产品在北美的销售。在欧洲，通过与西门子签署合作协议，扩大了华为数据通信产品在欧洲市场的销量。国际合作帮助华为更好地了解当地的环境和市场，更快地进入市场、快速高效地进入分销渠道，获得合作企业相应的技术，并在生产、分销等更多环节进行整合，从而获得规模经济、降低成本。华为的实践充分证明，通过与其他相关企业开展合作、合资经营，或建立战略联盟，都有助于企业克服进入外国市场的障碍。

（五）依靠高科技产品出口的自主品牌战略

华为的海外战略从一开始就选择了一条最艰难的道路——自主品牌出口。华为公司以拥有自己的核心技术为前提，以自主研发的设备抢占国际市场，出口的高科技产品均为其自主的品牌。华为长期关注知识产权的积累和保护，华为标志、"华为"、"HUAWEI"在 170 多个巴黎公约成员和140 多个 WTO 成员内享受特别保护，华为已加入全球 170 多个行业标准组织和开源组织。在与众多的国际巨头结成广泛合作时，华为也因其技术的先进性，摆脱了对国际巨头的技术依赖，在这种情况下，华为与之缔结的合作才是真正平等的、双向的，才是真正的优势互补。从这个意义上说，核心技术是华为走向海外过程中最关键的因素，华为在寻找合作伙伴与战

略投资者时，也都是以自主品牌为旗帜。华为自主品牌出口和高科技出口模式的成功在某种程度上改变了世界对中国企业和中国产品的看法。

（六）以客户为中心的服务策略

从公司成立时开始，华为就把服务作为其市场竞争的重要砝码。华为最早的服务部门，主要业务为工程安装，而售后维护是中央研究部产品开发人员的职责，对客户的服务是保姆式的、终身的、免费的。自1998年起，华为开始强调有偿服务，服务收费工作在技术支援部得到有力地执行。随着海外业务的拓展，华为构建自己的市场网络和服务网络，实现营销服务的全球化。在海外市场，华为通过以顾客保留为导向、连续客户接触、高度关注客户需求等关系营销策略，与顾客结成利益共同体，由相对松散的购销关系，转变为在技术研发、产品制造、市场营销等领域开展深层次合作的更紧密关系。华为不断扩大与运营商的多层次合作，共同构建面向未来的、多赢的、共同生存的安全发展模式，实现分工合作、优势互补，更好地为全球客户创造价值。

5.2.3.2 网络形态和治理模式

随着海外业务的拓展，华为构建自己的市场网络和服务网络，实现营销服务的全球化。通过全球资源共享平台，可以方便快捷地获取所需的信息和服务。华为拥有一支包括760多名项目管理师（PMP）在内的项目管理精英团队，致力于为客户提供端到端的服务。全球客户问题管理系统（GCRMS）、工程项目管理系统（EPMS）及备件管理系统（SPMS）等全球化IT系统的有力支撑使华为的服务更专业。华为还在全球设立了36个培训中心，为当地培养技术人员，并大力推行员工的本地化。全球范围内的本地化经营，不仅加深了华为对当地市场的了解，也为所在国家和地区的社会经济发展做出了贡献。截止到2013年12月31日，华为全球员工总数为15万余人，其中市场营销、销售、交付与服务领域员工占34%左右。

在运营商网络业务领域，为解决运营商面临的挑战，华为始终将服务产业作为公司的战略投资重点，在全球构建起完善的产业化、本地化服务交付组织和平台；同时，致力于为运营商创造更大价值，通过与运营商进行战略协同，加大了与运营商联合创新的投资以及能力中心的建设，包括印尼雅加达业务运营中心（SOC）、爱尔兰都柏林大数据能力中心、中国北京全球网络演进和体验中心（GNEEC）、中国深圳客户体验转型创新中心（CETC）等。在客户体验管理领域，通过 HUAWEI SmartCare ® CEM 服务方案，华为持续引领电信客户体验管理发展，在全球实现规模交付，为客户带来可验证的商业价值，并与 TMF 合作发布指标体系，成为客户体验管理行业标准主要制定者。在管理服务领域，华为持续构筑面向 TVO（Total Value Of Ownership）提升的下一代管理服务方案；通过创新的战略协同和运维转型模型、支撑信息通信技术和 FMC 融合运维的 MSUP（Managed Services Unified Platform）业务平台和 E-iNOC 工具，提升网络运维管理效率的同时，提升网络和业务质量，帮助运营商实现价值运维。在咨询与系统集成领域，华为致力于为运营商提升投资效益、实现业务与网络的平滑演进。通过持续加强对服务解决方案及相应工具平台的投资，华为实现全球服务人才的技能提升和有效工作，同时加强与客户的联合创新，为运营商提供更有价值和竞争力的服务解决方案，帮助客户实现投资效率最大化，助力运营商实现面向价值创造的运营运维转型。

随着华为全面介入电信运营商网络部署运维环节，工程外包越来越成为其降低海外项目成本的重要手段。华为成立交钥匙（Turnkey）管理办公室，与数十家本地分包商达成合作。其中，华为主要负责网络规划、设备提供、系统集成和后期运维等环节，而将站点选取、土建、设备安装等工作交给分包商（见图 5 - 9）。

在企业业务领域，华为把构建营销和渠道两大核心能力和队伍作为首要任务，以营促销，营销并重，稳步发展渠道业务，建立成熟的渠道政策、流程及 IT 支撑系统，同时根据不同的产品大力发展专业渠道合作伙伴。截至 2013 年底，华为企业业务在全球的渠道伙伴数量超过 5000 家。华为为伙伴提供了更多的培训认证、市场发展基金、财务等方面的支持，积极与伙伴共同开展营销活动，伙伴数量和质量均得到大幅提升，并开始逐步建立起健康、开放的合作伙伴生态系统。华为为企业客户提供了融合的信息通信技术服务解决方案，涵盖技术咨询、网络规划、网络设计、部署、技术支持、网络优化、培训与认证服务，并致力于构建一个强大的全球渠道服务生态体系，为渠道伙伴提供服务认证授权、赋能、激励和全方位服务支

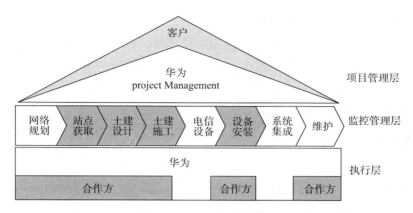

图 5 – 9　华为公司的海外工程外包模式

资料来源：华为公司（http://www.huawei.com/cn/）。

持，与渠道伙伴发挥各自优势共同服务客户。截至 2013 年底，华为拥有超过 800 个认证和授权服务合作伙伴，2013 年华为与渠道合作伙伴共同交付 5000 多个项目。目前华为企业业务已经在全球形成了完整的信息通信技术培训认证体系，包括自有培训中心，授权培训中心，以及与 30 多个高校教育合作的项目，为全球输送信息通信技术人才，全球累计渠道赋能人数超过 1.6 万人，认证工程师超过 3000 人。

在消费者业务领域，伴随着 4G LTE 在全球的迅速发展，特别是中国市场将在未来几年引领全球 LTE 的高速增长，华为通过"硬件 + 应用 + 服务"的整合体验不断提升消费者满意度，智能终端得到了快速发展。华为在夯实运营商渠道的基础上，积极实践渠道多元化战略：一是在中国、俄罗斯、意大利、英国、沙特、菲律宾、南非等零售集中度比较高的市场，加强公开渠道建设；二是与中国、西欧、中东、东南亚等各地市场的 TOP 分销商、零售商建立战略合作，取得规模销售效应；三是在中国区电商市场的互联网营销尝试取得成效。2013 年，华为消费者业务发布了"Make it Possible（以行践言）"的品牌主张，持续聚焦精品战略，并以消费者体验为中心，在全球进行了一系列品牌推广活动，包括赞助西班牙足球甲级联赛、意大利 AC 米兰足球队、德国多特蒙德足球队、英国阿森纳球队等一系列足球赞助活动，极大提升了华为手机的知名度。

同时，服务创新也迈出重大步伐，并成为推动技术创新的最终保障。

通过建立满足客户多种流程的服务供应链，来准确把握客户需求，提供增值服务，达到发现和创造市场需求的目的。华为建立了规范的服务体系和流程，为一流运营商提供完善的专业化服务平台和职业化服务队伍，并不断优化服务质量，持续构筑服务竞争力，全球的产业化、规范化、本地化服务平台和体系日臻完善，使华为的公司能力和品牌的影响力得到提升。

5.2.3.3 区位选择

目前，华为已在全球建立了 8 个销售片区，分别是中国片区、亚太片区、拉美片区、欧洲片区、独联体片区、中东北非片区、南部非洲片区、北美片区，有 112 家服务分支机构遍布全球，3 大技术支持中心为客户提供 24 小时不间断服务，更有由 14300 名专业人员组成的服务团队为客户进行服务，其中海外市场员工本地化率高达 73%，保证了服务的优质、高效。

华为运营商网络业务在全球按地区和服务语言，建立了 12 个 TAC（Technical Access Center）技术支持中心，表 5-2 列出了全球 TAC 覆盖信息。

表 5-2 华为运营商网络业务的全球技术支持中心

编号	TAC 名称	服务语言	区域	覆盖国家和地区
1	埃及 TAC	阿拉伯语，英语，法语	北非、中东、西非、东南非	埃及、沙特、尼日利亚、安哥拉等 67 个国家
2	墨西哥 TAC	西班牙语，英语	拉美北、南美南	墨西哥、阿根廷等 24 个国家
3	巴西 TAC	葡萄牙语	南美南	巴西
4	罗马尼亚 TAC	英语	东北欧、西欧、中亚和高加索、南太	罗马尼亚、德国、土耳其、澳大利亚等 38 个国家
5	俄罗斯 TAC	俄语	俄罗斯、中亚和高加索	俄罗斯、哈萨克斯坦等 12 个国家
6	马来西亚 TAC	英语	南太、东南亚	马来西亚、越南等 21 个国家
7	中国 TAC	汉语	中国、东南亚	中国大陆、中国香港、中国台湾、中国澳门等
8	北美 TAC	英语	北美	美国、加拿大
9	印度 TAC	英语，印地语	印度	印度、尼泊尔
10	巴基斯坦 TAC	英语，乌尔都语	中东	巴基斯坦

续表

编号	TAC 名称	服务语言	区域	覆盖国家和地区
11	伊朗 TAC	英语	中东	伊朗
12	日本 TAC	日语	日本	日本

资料来源：华为公司（http://support. huawei. com/）。

华为企业业务在全球建立了 11 个技术支持中心，表 5 - 3 列出了全球 TAC 覆盖信息。

表 5 - 3 华为企业业务的全球技术支持中心

编号	TAC 名称	服务国家和地区
1	中国 TAC	中国
2	马来西亚 TAC	马来西亚、新加坡、菲律宾、印尼、孟加拉等 18 个国家和地区
3	墨西哥 TAC	墨西哥、委内瑞拉、牙买加、巴拿马、洪都拉斯等 17 个国家
4	印度 TAC	印度
5	埃及 TAC	埃及、突尼斯、埃塞俄比亚、沙特阿拉伯、南非等 16 个国家
6	美国 TAC	美国
7	土耳其 TAC	土耳其
8	独联体 TAC	俄罗斯、乌兹别克斯坦、乌克兰、白俄罗斯、亚美尼亚等 11 个国家
9	日本 TAC	日本
10	欧盟 TAC	德国、意大利、瑞士、罗马尼亚、澳大利亚、加拿大等 34 个国家
11	巴西 TAC	巴西

资料来源：华为公司（http://support. huawei. com/）。

华为消费者业务在全球建立了 7 个技术支持中心，表 5 - 4 列出了全球 TAC 覆盖信息。

表 5 - 4 华为消费者业务的全球技术支持中心

编号	区域	服务语言	覆盖国家和地区
1	全球	英语	全球
2	非洲	英语，法语	埃及、约旦、尼日利亚、南非、突尼斯
3	亚太	英语，汉语，印尼语，日语，朝鲜语，老挝语，缅甸语，泰语，土耳其语	澳大利亚、孟加拉、柬埔寨、印度、马来西亚、尼泊尔、新西兰、菲律宾、斯里兰卡、新加坡、中国、印度尼西亚、日本、韩国、老挝、缅甸、泰国、土耳其等 20 个国家和地区

编号	区域	服务语言	覆盖国家和地区
4	欧洲	德语，法语，俄语，克罗地亚语，捷克，丹麦语，芬兰语，希腊语，英语等	德国、奥地利、法国、比利时、俄罗斯、白俄罗斯、克罗地亚、捷克、丹麦、芬兰、希腊、匈牙利、冰岛、意大利、挪威、波兰、罗马尼亚、西班牙、瑞士、瑞典、英国等 29 个国家
5	拉丁美洲	西班牙语，葡萄牙语	阿根廷、智利、哥伦比亚、厄瓜多尔、危地马拉、墨西哥、秘鲁、委内瑞拉、巴西
6	中东	英语	巴基斯坦、阿联酋、伊朗
7	北美	英语	美国、加拿大

资料来源：华为公司（http：//support. huawei. com/）。

5.2.4　华为全球网络的价值增值评估

5.2.4.1　全球研发网络

知识产权管理是华为开放式创新的核心战略，是衡量全球研发网络价值增值的主要指标。华为知识产权部于 1995 年成立，目前有 300 多名技术专家、专利工程师和业务律师，华为每年花费数千万美元在全球申请专利，但经过专利交叉许可后，每年节省的专利许可费达数亿美元甚至十亿美元以上，不仅大大降低单向的专利许可费用，而且能促进专利技术的广泛使用，带来了巨大效益。截至 2013 年底，华为加入全球 170 多个行业标准组织和开源组织，包括 3GPP、IETF、IEEE、ITU、BBF、ETSI、TMF、WFA、CCSA、GSMA、OMA、ONF、INCITS、OpenStack 和 Open Daylight 等，在任 185 个职位，其中在 ETSI、CCSA、OMA、OASIS 和 WFA 等组织担任董事会成员。2013 年，华为向各标准组织提交提案累计超过 5000 件。

在国家专利局发布的发明专利授权量排行榜上，华为多年来一直位居首位。依据世界知识产权组织（WIPO）数据，2008 年华为专利合作条约（PCT）国际专利申请量 1737 件，首次居全球第一位。图 5 - 10 显示了 2008 年到 2013 年华为的累计专利申请数量。从 2008 年到 2013 年，华为累计申请专利从 35773 件增长到 77514 件，其中，累计中国专利申请从 26005 件增长到 44168 件，累计 PCT 国际专利申请从 5446 件增长到 14555 件，累计外国专利申请从 4322 件增长到 18791 件。截至 2013 年 12 月 31 日，累计共获得专利授权 36511 件。

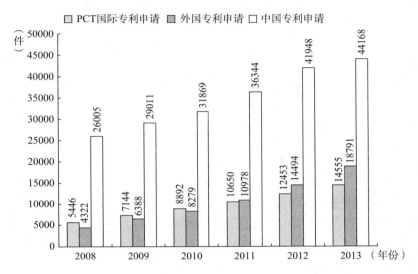

图 5 – 10 2008 ~ 2013 年华为的累计专利申请数量

资料来源：本书作者根据华为公司各年报的数据绘制。

2010 年以来，华为贡献了最多富有"含金量"的 LTE/LTE – A 标准专利——466 件核心标准通过提案，占全球总数的 25%，位居全球第一位。正是在知识产权上取得的丰硕成果，使华为从 2G 的跟随者，跃进为 3G 的竞争者，进而成为 4G 的领跑者。2010 年，美国知名商业媒体 FastCompany 评出了 2010 年最具创新力公司，前五名分别是 Facebook、Amazon、苹果、Google、华为。在业界眼中，华为已成为全球通信领域技术创新的样板和典范。

5.2.4.2 全球生产运营网络

华为创始人任正非曾说过："集成供应链解决了，公司的管理问题基本上就解决了。"通过全球生产运营网络，华为充分利用全球资源，提高产品生产速度和资金运转速度，降低成本和管理难度，保证全球产品的供应，而且优化了业务及管理流程，促进了从技术到管理和服务的全方位创新，提高了华为供应链的竞争力。

华为在重整供应链之前，其生产运营水平与业内其他公司相比存在较大的差距，其订单及时交货率只有 50%，库存周转率只有 3.6 次/年，订单履行周期长达 20~25 天。通过全球生产运营网络的创新整合，华为的订单及时交货率提升到了 94%，库存周转率达到了 9.4 次/年，订单履行周期缩短到了 10 天左右，库存和订单准确率从 96% 提高到 99.5%，达到了国际上其他电信设备制造商的平均水平。现在华为基本实现了零库存和一周内交货的快速反应能力。

5.2.4.3 全球营销服务网络

根据华为公司公布的数据，按美元计算，1999~2014 年，华为的销售收入从 14 亿美元上升到 465 亿美元，增长超过了 30 倍；海外销售收入从 0.5 亿美元上升到 289.4 亿美元，增长超过了 500 倍；海外收入占总收入的百分比从 4% 上升到 62%，增长超过了 14 倍（见图 5-11）。

1999~2003 年，华为的销售收入从 14 亿美元上升到 38 亿美元，增长了 1.7 倍；海外销售收入从 0.53 亿美元上升到 10.6 亿美元，增长了 19 倍；海外收入占总收入的百分比从 4% 上升到 28%，增长了 6 倍。虽然总量处于较低水平，但是海外销售收入、海外收入占比持续增长，这显示华为为应对国内市场的不景气，以"市场补缺者"的角色积极拓展国际市场，"走出去"战略取得初步成效。

在 2004~2008 年的国际化阶段，华为无论是销售总收入、海外销售收入还是海外收入占比都取得了持续快速增长：销售收入从 56 亿美元上升到 233 亿美元，增长超过了 3 倍；海外销售收入从 23 亿美元上升到 174.8 亿美元，增长了超过 6 倍；海外收入占总收入的百分比从 41% 上升到 75%，增加了 34 个百分点。这显示出华为全球营销服务网络在国际化方面取得的巨大成就。

2009 年以后，华为的海外收入占比保持在 60%~70%，但销售总收入、海外销售收入持续增长：销售收入从 218 亿美元上升到 465 亿美元，增长超过了 1 倍；海外销售收入从 133.7 亿美元上升到 289.4 亿美元，增长也超过了 1 倍。这显示出在后金融危机时代，华为逆势而上，通过加大构建全球营销服务网络，实现营销服务的全球化，为华为全球化战略的成功实施做出了突出贡献。

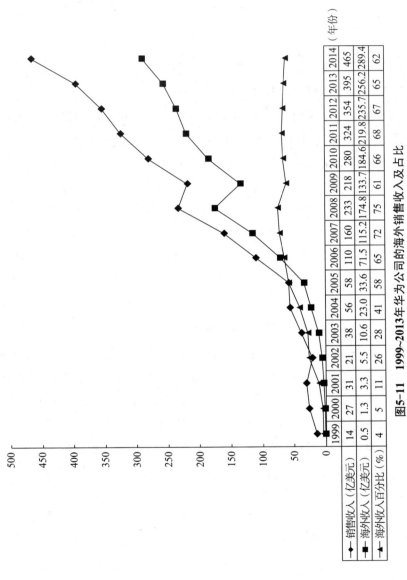

（年份）	1999	2000	2001	2002	2003	2004	2005	2006	2007	2008	2009	2010	2011	2012	2013	2014
销售收入（亿美元）	14	27	31	21	38	56	58	110	160	233	218	280	324	354	395	465
海外收入（亿美元）	0.5	1.3	3.3	5.5	10.6	23.0	33.6	71.5	115.2	174.8	133.7	184.6	219.8	235.7	256.2	289.4
海外收入百分比（%）	4	5	11	26	28	41	58	65	72	75	61	66	68	67	65	62

图5-11 1999~2013年华为公司的海外销售收入及占比

资料来源：本书作者根据华为公司年报等相关数据绘制。

5.3 基于嵌入视角的华为全球生产网络研究

5.3.1 通信设备产业全球生产网络概述

5.3.1.1 产业范围概述

通信设备英文简称 ICD，全称 Industrial Communication Device。根据我国工业和信息化部发布的《电子信息制造业统计报表制度（2012～2013年)》，通信设备制造业由通信系统设备制造业、通信终端设备制造业、通信配套产品和其他通信设备制造业构成。通信系统设备包括通信接入设备、通信传输设备、通信交换设备、移动通信设备和网络设备等。通信终端设备包括固定电话、传真机等有线通信终端和手机、对讲机等移动通信终端。通信配套产品和其他通信设备主要包括通信电源、通信油机和配线分线等能源和布线设备。从市场角度划分，通信设备通常包括运营商网络设备、企业网设备和消费者设备，本书重点聚焦于运营商网络设备和企业网设备。

5.3.1.2 通信设备产业的全球网络格局

当前，全球通信设备制造业正处在一个重大的关键节点。由于金融危机后全球经济萧条，加上过去十年在互联网业务冲击下通信设备产业转型增长乏力，通信设备产业增长明显放缓，主要设备厂商面临严峻增长瓶颈，竞争日益加剧，成本优势日益成为产业竞争的核心要素，这导致行业收入增长不断放缓，利润水平持续下降。与此同时，伴随信息通信产业融合加剧，IT 软硬件技术正全面渗透和深刻影响通信设备产业。通信设备产业面临从发展范式、产品架构、制造模式到产业生态等各方面的重大变革。在新的产业发展形势下，深刻理解和把握产业重大变革机遇，重点提升通信网络与 IT 技术的融合创新和综合集成能力，推动全球生产网络各环节深度协同，培育自主产业生态系统，是构建未来设备产业竞争优势的关键。

根据工业和信息化部电信研究院发布的《通信设备产业白皮书（2014年)》，2007 年以来，全球通信设备产业全面进入低速增长轨道，产业规模仅由 1347 亿美元增长至 1382 亿美元，年均增长 0.4%。其中，运营商网络设备规模出现明显下滑，由 876 亿美元下降至 795 亿美元，年均下滑 1.6%；企业网设备虽然有所增长，但也仅年均增长 3.7%，总规模为 586 亿美元。随着通信设备产业增长明显放缓，全球主要通信设备企业正陷入新一轮低潮。六大通信设备厂商中，有半数在 2013 年出现收入下滑。其中，诺基亚网络设备下滑幅度超过 18%，中兴与爱立信也分别下滑 10.6% 和 0.2%。阿朗在连续五年收入下滑后虽首次实现 2.9% 的增长（按固定汇率计算），但全年亏损 13 亿欧元。六大厂商目前只有思科和华为能够保持收入增长与持续盈利，但收入增速也由过去几年 15% 左右下降为 6% ~8%。

随着成本优势在产业竞争中的作用日益突出，全球通信设备产业在地域格局与业务格局方面正发生深刻调整（见图 5 – 12）。目前，我国在全球运营商网络设备市场的份额已由 2006 年的 8.5% 提升至 2012 年的 26.8%，2013 年达到 30%，全球地位不断提高。相比之下，北美地区在传统通信设备领域继北电和摩托罗拉退出市场后，目前仅剩 Ciena、Tellabs 等二线企业，但在互联网数据通信设备领域，思科、瞻博等仍保持领先地位。思科凭借技术领先、渠道优势、客户资源及完善的服务能力，在以太网交换机、企业路由器和企业 WLAN 设备三大领域都占据绝对主导。欧洲地区由于在成本竞争中不占优势，市场份额由 57% 下降至 41%。

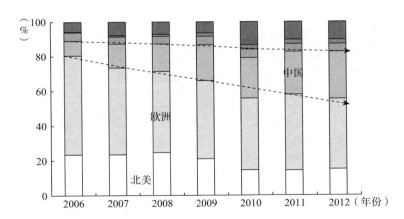

图 5 – 12 全球主要地区在运营商网络设备产业中的分布

资料来源：工业和信息化部研究院：《通信设备产业白皮书（2014 年）》。

由于重大底层技术创新放缓，全球通信设备产业向成本优势地区转移，产业创新模式正显现出回归传统产业特征的趋势，面向产品改进和降低成本的技术研发日益成为重点，供应链掌控能力日益成为产业竞争关键，通信设备产业第三轮大规模整合已经开始。国际设备厂商重新划定利益边界，通过纵向一体化策略布局设备芯片、关键系统软件等核心产业环节，加快外包代码生成、测试等非核心研发环节，以交钥匙方式实施网络工程外包，并基于运营商网络设备销售进一步提供网络管理服务，在企业网设备基础上进一步提供企业信息通信技术服务，依托在全球生产网络中形成的供应链和成本优势，在核心产品领域取得更大规模和更强优势。IT 技术理念深刻影响通信设备产业，基于标准、通用、开放软硬件架构的制造模式初露端倪，基于开放平台的生态系统趋于形成（见图 5 – 13），这些趋势正进一步影响通信设备产业格局与运作模式。

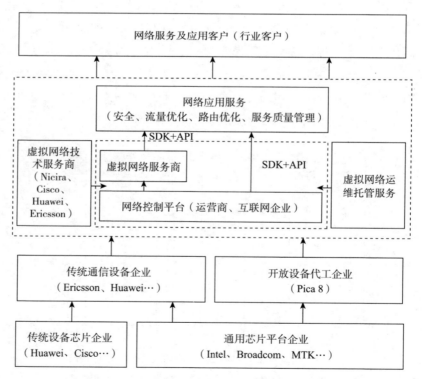

图 5 – 13　全球通信设备产业未来开放的网络生态系统

资料来源：工业和信息化部电信研究院：《通信设备产业白皮书（2014 年)》。

5.3.1.3　中国通信设备产业的贸易结构分析

中国通信设备产业在过去二十余年的发展中总体采取了模仿和集成创新策略，通过跟随全球领先国家、领先企业的研发策略与方向，降低研发成本与风险。在1995年及以前，中国通信设备产业技术与世界先进水平存在巨大差距，处于产业起步和初步追赶阶段，主要依靠吸收国外先进技术来支撑产业发展。这期间由企业投资、以市场为导向的产业研发体制的建立迅速取得了商业上的成功，合资和自主研发的局用程控交换机产品逐步主导国内市场，为国内通信设备制造厂商完成了最初的原始积累。1996～2002年，中国通信设备产业进入快速发展和局部跨越阶段。国内企业一方面加强交换机软件产品开发和硬件结构、元器件的自主设计，扩展产品功能，降低产品成本，另一方面抓紧突破移动通信领域，推进业务发展。到1999年，大唐、华为、中兴等企业自主开发的GSM系统设备相继取得信息产业部颁发的入网许可证，开始步入产业化阶段。中国国产手机也迅速发展，1998年市场占有率为零，2004年激增到2.3亿部，市场占有率最高达到60%。2002年以后，中国通信设备产业进入国际化和多元化发展阶段。中国电信运营业经过十余年高速增长之后，投资规模进入平稳增长期，实力增强后的国内设备企业开始国际化发展。目前，华为、中兴等企业的产品和解决方案已经应用于170多个国家，服务全球1/3的人口。在国际化的同时，领先企业也开始了多元化。中兴2002年开始销售手机，2004年宣布进军企业网市场。华为2003年进入手机市场，同年与3Com成立合资公司华为3Com，开始大规模进入企业网市场。

近年来，中国产业凭借成本优势持续扩张，全球地位不断提高。据工信部发布的电子信息产品进出口情况显示，2012年中国通信设备出口额达1493亿美元，增长14.8%；进口额为403亿美元，增长26.3%；2013年中国通信设备行业出口额达1773亿美元，增长18.7%；进口额488亿美元，增速21.1%。根据《通信设备产业白皮书（2014年）》，目前中国在全球运营商网络设备市场的份额已由2006年的8.5%提升至2012年的26.8%，2013年达到30%，仅次于西欧位居全球第二位，领先于美国、日本和韩国。

从细分产品领域看，中国在固定宽带接入系统和光传输系统上的实力最强，2012 年的全球份额分别为 37.6% 和 32.2%，全球份额均位列第一。在移动通信系统领域市场份额超过 26%，位居全球第二。数据通信设备领域的市场地位稍弱，全球份额约 16%，位居全球第三。中国在企业网领域起步较晚，发展过程经过一定波折，当前与全球领先国家存在较大差距。目前，全球企业网设备市场基本被美国企业掌控，思科、惠普、Avaya、瞻博等几家企业占据接近 70% 的份额。中国企业尽管积极拓展，市场份额由 2010 年的不足 2% 提高至 2013 年的 5%，但在规模和价值上远远落后于国外设备企业。

从设备企业竞争格局看，中国厂商市场份额逐步扩大。凭借集成创新优势，华为、中兴等国内企业在通信设备产业整体低迷的情况下持续保持扩张势头。2012 年，华为总收入达到 354 亿美元，同比增长 8%，首次超越爱立信成为仅次于思科的第二大通信网络设备企业。2013 年华为收入达到 395 亿美元，同比增长 8.6%，总规模超越爱立信，在运营商网络市场的份额也由 2006 年的第六提升至第二，仅落后于爱立信；而在企业网市场，华为大幅落后于思科。同期中兴的市场份额由第八提升至第六。

从细分区域市场看，在国内，中国企业已经占据了超过 60% 的系统设备市场，如果考虑光纤光缆及其他配套设备，中国企业份额更是高达 70%。在发展中国家，中国设备企业在亚太、中东及非洲市场占比接近 50%，拉美占比超过 25%。在发达国家，中国在欧洲市场取得了较显著成功，获得了 25% 左右的市场份额，但由于美国的阻挠，中国设备企业在北美的市场渗透面临很大困难。目前中国通信设备制造企业已成为欧盟、印度、俄罗斯和澳大利亚等国家和地区通信设备市场上的主要竞争者，但在美国、日本、韩国市场上还处于边缘地位（见图 5 - 14）。

总体来看，中国通信设备产业的优势是以硬件设备为核心，借助硬件产品集成创新与软件技术模仿创新，从最初的低成本优势转化为产品性价比优势，并进而形成了部分领域的产品领先。然而，在产业融合的大趋势下，未来产业发展的核心要素正在发生根本性转变，信息通信技术技术的综合集成和融合创新能力，特别是软件技术原始创新能力的重要性日趋突出，已成为产业发展的关键要素。中国通信设备产业面临一系列挑战，包括运营商网络市场未来拓展空间有限、企业网市场短期难以取得显著突破、

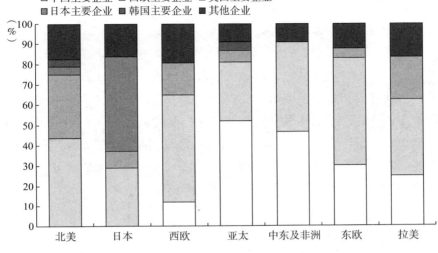

图 5 – 14　中国通信设备产业在全球各区域市场份额

资料来源：Gartner。

模仿创新难以在未来关键领域取得主动、面向新领域的拓展尚缺乏核心竞争优势等。在材料、集成电路、软件等一系列基础性产品领域，中国仍高度依赖进口产品。在核心芯片领域，尽管华为、中兴等企业近年来在通信设备专用芯片领域取得一定突破，但通用处理器、高性能 DSP 和 FPGA、高速数模转换芯片等通用芯片产品仍然严重依赖国外。在基础材料领域，中国虽然实现光纤预制棒核心工艺的技术引进，但主要依靠本土企业与古河、住友、OFS 等日美企业的合资公司，自主研发能力仍然较弱。在基础软件领域，中国通信设备所需的数据库等产品也主要依赖美国企业。

　　未来产业竞争模式由产品和单个企业的竞争向集成产品、芯片、软件、技术、网络、应用等各环节要素的系统性抗衡转变，生态系统构建与产业资源整合能力成为未来产业格局的决定性因素。这一变化比较有利于企业整合能力强、产业链各环节发展均衡、产业生态系统强的发达国家，对中国现有的后发赶超模式提出了严峻挑战。面对激烈变化的内外部环境和新一轮信息通信技术产业变革，中国在保持已有产品集成创新和低成本研发比较优势的基础上，亟须把握技术产业融合发展的新形势和新机遇，加强产业横向协作和纵向整合，着力提升通信网络与 IT 技术的融合创新和综合集成能力，推动产业链各环节的深度协同，构建自主产业生态系统。中国要通过强化全球资源整合能力，借助并购、合资、合作等多种方式，布局芯片、元器件等关键产业链环节；加深本地化发展能力，在产业国际化拓展的同时，注重实现与当地经济社会发展目标的有机统一；加强跨地区产业合作，探索与利益相近地区形成通信设备产业的战略同盟；提升国际化的层次由传统的设备产品输出转变为技术标准与应用服务输出；从而探索新形势下基于全球生产网络的国际化拓展模式，建立通信设备产业竞争新优势的同时，发挥通信设备企业的产业链辐射作用，塑造和提升整个信息通信领域的竞争能力，加快产业升级和创新发展。

5.3.2　华为公司嵌入欧洲的演进过程

欧洲是 GSM、3G 技术发源地，拥有世界领先的技术水平和技术研发创新能力。世界六大通信设备厂商中，有爱立信、阿朗、诺基亚 3 家位于欧洲。尽管近年来由于在成本竞争中不占优势，市场份额由 57% 下降至 41%，但欧洲通信设备企业在全球份额仍占第一。目前在欧盟市场上，诺基亚约占 40% 的市场份额，爱立信约占 30%，华为约占 20%，诺基亚、爱立信、华为位居欧盟通信设备市场前三强，成为欧洲市场的主要竞争者，欧洲也成为华为最重要的战略市场。

根据本书第 3 章提出的基于嵌入视角的全球生产网络微观分析框架，本节将对华为公司在欧洲的嵌入过程，从嵌入战略、嵌入维度、嵌入地区等方面进行分析（见图 5 - 15）。

华为在欧洲采取"农村包围城市"的市场进入战略。该战略的核心有两点：客户选择上，从竞争对手的薄弱环节即低端客户入手；战术上，采取"压强原则"，将有限的资源集中于一点，在配置强度上大大超过竞争对手，以求重点突破。从嵌入战略看，华为公司在欧洲的嵌入按时间可以分为四个阶段：试探性嵌入阶段（1996～2000 年），战略连接阶段（2001～2004 年），战略嵌入阶段（2005～2010 年），战略耦合阶段（2011 年至今）。在具体某一国家市场，华为从低端客户入手，逐步向大中型企业渗透。从嵌入地域看，华为根据欧洲电信市场竞争的激烈程度，同样选择从

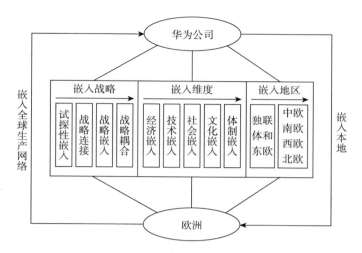

图 5 – 15　华为公司嵌入欧洲的分析框架

资料来源：本书作者绘制。

低端向高端进入：首先进入独联体和东欧市场，其次逐步向中欧、南欧、西欧和北欧推进。从嵌入维度看，首先是经济嵌入和技术嵌入，其次逐步向社会嵌入、文化嵌入和体制嵌入演进。在欧洲市场，"农村包围城市"战略背后的"二元学习"战略是促使华为快速赶超的加速机制。承载和执行华为"二元学习"战略的机构主要有两类：研发中心和创新中心。研发中心由华为公司直接投资设立，主要功能是进行探索式学习。此外，华为还在欧洲与一流运营商联合成立了若干联合创新中心，主要功能是共同帮助客户解决成本、技术等问题，也就是说，创新中心承担了利用式学习的职责。华为的"二元学习"战略紧紧围绕着"如何为客户创造价值"这一核心命题展开，从三个方面为客户提供价值：个性化的解决方案、低价格以及快速响应。华为在这三方面之间找到了一个平衡点，塑造了新的竞争优势，从而在欧洲市场对西方大企业构成了致命的挑战。

5.3.2.1　试探性嵌入阶段

1996～2000 年是华为嵌入欧洲的第一阶段：试探性嵌入。

华为的欧洲之路起步于俄罗斯，1996 年华为成立了莫斯科办事处，进军俄罗斯市场，但整整 4 年几乎一单皆无。2000 年，华为斩获乌拉尔电信交换机和莫斯科 MTS 移动网络两大项目，拉开了俄罗斯市场规模销售的步伐。2000 年华为在瑞典斯德哥尔摩设立研发中心，充分利用瑞典在电信行业的优势资源以提高企业的核心竞争力。这一阶段，华为公司对如何拓展国际市场以及应当设置怎样的组织结构、如何配置市场资源、如何了解国际市场需求、需要怎样的国际市场人才等，一切都不清楚，可以理解为屡战屡败、屡败屡战，华为通过多年的坚持才取得零的突破，积累了宝贵的国际化经验，为国际化经营奠定了良好的基础。

5. 3. 2. 2　战略连接阶段

2001～2004 年是华为嵌入欧洲的第二阶段：战略连接。

2001 年华为在英国设立了第一个办事机构，标志着华为开始正式进入欧洲，进入战略连接阶段。华为的策略是首先与欧洲本土著名的一流代理商建立良好的合作关系。2001 年，华为以 10GSDH 光网络产品进入德国为起点，通过与德国电信合作，成功突破德国市场。2002 年底，华为取得了从莫斯科到新西伯利亚国家光传输干线的订单，并逐渐成为俄罗斯电信市场上主要的电信交换设备供应商之一。2003 年，华为在法国 LDCOM 公司 DWDM 国家干线传输网项目、英国电信 VOIP 长途商用网项目上相继中标，拉开了中国高端光网络产品规模进入欧洲发达国家电信市场的序幕。此后，华为与英国电信、法国电信、西班牙电信和沃达丰等跨国运营商成为战略合作伙伴，进一步成功进入法国、荷兰、意大利、西班牙等发达国家，实现规模销售。2003 年华为成立瑞典子公司，随后陆续在挪威、丹麦、芬兰设立办事处，覆盖北欧地区。2003 年底，华为与西门子签署合作协议，西门子将逐年扩大华为数据通信产品在欧洲市场的销量。2004 年，华为获得荷兰运营商 Telfort 价值超过 2500 万美元的合同，首次实现在欧洲的重大突破。

在战略连接阶段，华为在欧洲以单向经济嵌入为主，技术嵌入比较薄弱，从低端客户进入市场，逐步向大中型企业渗透。华为开始按照国际规则和国际标准参与国际市场的竞争，逐步成为国际电信市场的主流供应商。华为海外系统有较完善的规章制度，这些规章制度有些是参照中国使馆的制度制订的，有些是参照多年的国际国内市场经验制订的。华为在欧洲市场扩张后，企业规模进一步扩大，为企业提升核心竞争力提供了机会，也为跨越国界的资源和知识共享创造了条件。

5.3.2.3　战略嵌入阶段

2005~2010 年是华为嵌入欧洲的第三阶段：战略嵌入。

2005 年开始，华为逐步向着独立控股一个外国企业的方向转型，这有利于解决原有合资方式缺乏合作伙伴的有效激励机制和文化冲突等问题。为了推进国际化进程，华为在内部通过薪酬考核和提拔向海外员工倾斜的政策，保证在海外工作人员的薪酬待遇远远高于留在国内的人员，同时在文化制度上，赋予一线更多决策权，这也就是任正非在内部讲话中提出的"让听得见炮火的人来决策"。华为在欧洲进入战略嵌入阶段，从单向经济嵌入向双向经济嵌入演进，以经济嵌入为基础，逐步向社会嵌入、文化嵌入和体制嵌入演进，技术嵌入明显增强，本土研发和国际合作明显增多。

2005 年，华为与沃达丰签署《全球框架协议》，正式成为沃达丰优选通信设备供应商；并成为英国电信首选的 21 世纪网络供应商，为 BT21 世纪网络提供多业务网络接入（MSAN）部件和传输设备。2006 年，华为奥地利公司成立。2006 年华为与沃达丰签署 3G 手机战略合作协议，2007 年被沃达丰授予"2007 杰出表现奖"，是唯一获此奖项的电信网络解决方案供应商。2007 年，华为与 Global Marine 合作成立合资公司，提供海缆端到端网络解决方案。到 2007 年底华为核心通信设备已经进入了欧洲所有主流运营商，华为成为欧洲所有顶级运营商的合作伙伴。2008 年华为成立总部位于德国慕尼黑的华为欧洲研究所，2010 年在伊斯坦布尔设立了研发中心，2010 年在英国成立安全认证中心。

5.3.2.4　战略耦合阶段

2011 年至今是华为嵌入欧洲的第四阶段：战略耦合。

2011 年，信息通信技术行业处于一个新的发展起点，华为提出通过全球化业务布局，构筑公司全球化生存的基础。以进入欧洲十周年为契机，华为宣布将要在欧洲建立第二故乡，加大投资和开放力度，成为一家"欧洲公司"。至此华为在欧洲进入战略耦合阶段，双向的经济嵌入、技术嵌入、社会嵌入、文化嵌入和体制嵌入不断加深，华为在欧洲构建了"全球本土化运营"的研发网络、生产运营网络、营销服务网络,华为与客户、供应商及下一级供应商相互作用、互动融合,共同构成了一个共生共赢的产业价值网络,使网络上每一节点所产生的价值都能够被全球客户所分享,促进产业生态系统的健康稳定可持续发展。

2012 年,华为加大了对英国的投资,在芬兰新建研发中心,并在法国和英国成立了本地董事会和咨询委员会。2013 年,全球财务风险控制中心在英国伦敦成立,监管华为全球财务运营风险,确保财经业务规范、高效、低风险地运行;欧洲物流中心在匈牙利正式投入运营,辐射欧洲、中亚、中东非洲国家。目前,华为已经完成了在欧洲的本地化。2013 年华为在欧洲的销售收入达 52.3 亿美元,同比增长 25%。华为每年将销售收入的 10%以上投入研发,2000~2012 年共计投入 194 亿美元。其中,2009~2013 年,华为在欧洲研发投入的年复合增长率平均达到 28%。2013 年,华为在欧洲拥有约 7700 名员工,相当于华为全球 15 万员工总数的大约 5%,在欧洲的员工中有 80%是本地人,未来五年华为将在欧洲再招聘 5500 人。华为已经开始在英国、法国等一些国家成立董事会和咨询委员会,由当地高层参与发展战略的制定和实施,此外还积极为当地培养人才。华为 2013 年在欧洲市场的采购总额超过 34 亿美元,同比增长 11%,用于购买元器件、本地工程服务和国际物流服务等,预计未来华为在欧洲的采购量将会持续增加。采购合作不仅促进了当地企业发展与就业,也加深了企业间的技术和创新互动,共同提升了竞争力。

5.3.3 华为公司在欧洲的嵌入维度分析

华为在欧洲由试探性嵌入向战略连接、战略嵌入、战略耦合不断演进的过程中,从嵌入维度看,是以经济嵌入和技术嵌入为基础,逐步向社会嵌入、文化嵌入和体制嵌入演进的过程,从单向嵌入,逐步向双向嵌入演进的过程。

5.3.3.1 经济嵌入

华为进入欧洲的重要策略是首先与欧洲本土一流企业建立良好的合作关系。在后向嵌入方面,华为在欧洲多国开展采购业务,特别在一些高端领域与跨国巨头建立长期稳定的采购供货关系，2013 年在欧洲市场的采购总额超过 34 亿美元，用于购买元器件、本地工程服务和国际物流服务等。在前向嵌入方面，华为与德国电信、英国电信、法国电信、西班牙电信和沃达丰等欧洲所有顶级的运营商建立战略合作伙伴关系，通过与运营商进行战略协同，加大了与运营商联合创新的投资以及能力中心的建设。

以华为与沃达丰的可持续发展合作为例，2005 年 11 月底，华为在与全球最大的移动运营商沃达丰正式签署《全球框架协议》后正式成为沃达丰战略供应商。在 2006 年的巴塞罗那的 3GSM 全球会议上，华为与沃达丰联合宣布再次合作，华为在未来的 5 年时间内为沃达丰在其运营的 21 个国家的市场上提供定制手机。2006 年 10 月，华为和沃达丰在西班牙正式成立了第一个联合创新中心——移动联合创新中心 MIC。2010 年 10 月，华为与沃达丰进一步签署了涉及金额高达 7 亿欧元，约合 9.7 亿美元的协议。根据双方的战略合作协议，华为除了负责提供给沃达丰 SingleRAN 全系列的移动通信解决方案、FTTx 光纤宽带以及固定移动融合的端到端解决方案外，还有工程、施工以及其他相关服务。与沃达丰的持续合作为华为争取到了与越来越多全球一流运营商的合作机会，帮助华为部署面向未来的无线网络以及帮助运营商在节能减排、清洁能源方面提升竞争力。

随着宣布将要在欧洲建立第二故乡，华为加大在欧洲的投资力度。2011 年，华为宣布在三年内把公司在英国的员工数量翻番增至 1000 人；2012 年 3 月表示增加在欧洲的投资并增加就业人数。2012 年 9 月 11 日，华为在伦敦宣布新增投资 13 亿英镑（约合 130 亿元人民币）扩大其在英国的业务规模，其中 6.5 亿英镑用于投资，另外 6.5 亿英镑用于采购，有一部分投资用于扩充其位于英格兰东部伊普斯威奇的研发中心。在未来 5 年中，华为将投资英国的移动宽带等项目，给英国带来 700 个新的就业机会。如今，华为已在英国、波兰、德国、法国、荷兰、意大利、西班牙、瑞典等 20 个欧洲国家设立了子公司，其研发、服务、培训以及生产和销售业务遍布整个欧洲。华为在欧洲设立了财经、营销、服务等领域的 6 个能力中心，包括位于英国伦敦的全球财务风险控制中心、位于匈牙利的欧洲物流中心等。华为运营商网络业务在罗马尼亚、俄罗斯建立了技术支持中心（TAC），覆盖欧洲、中亚、南太平洋等的 50 多个国家和地区；华为企业业务在欧盟、独联体、土耳其等建立了技术支持中心，覆盖欧洲、中亚等的 40 多个国家和地区；华为消费者业务在欧洲的技术支持中心，覆盖近 30 个国家和地区。

5.3.3.2 技术嵌入

欧洲拥有世界领先的技术水平和技术研发创新能力，华为通过开放式创新战略，充分整合利用欧洲的科技资源与人才，不断推进研发国际化进程。目前华为在欧洲设立了 17 个研发机构，并与欧洲领先运营商、高校、行业组织在政策、标准、研发、采购等领域展开广泛合作，这些合作的成果不仅为当地带来价值，也造福于华为遍布世界各地的客户。华为欧洲已有 18 个创新中心，所涉足的技术研究领域，从最初的无线接入，扩展到网络通信技术、业务支撑系统、能源及行业解决方案等各个主要领域，华为屡获沃达丰、英国电信等授予的年度创新大奖。2009 年华为获英国《金融时报》颁发的"业务新锐奖"，2010 年获英国《经济学人》杂志 2010 年度公司创新大奖。2009～2013 年，华为在欧洲研发投入的年复合增长率平均达到 28%。

华为 1997 年就进入俄罗斯市场，目前在俄罗斯设有 1 个研发中心、1 个培训中心及几十个服务机构。2000 年华为在瑞典首都斯德哥尔摩设立研发中心，2003 年成立华为瑞典子公司，随后陆续在挪威、丹麦、芬兰设立办事处，覆盖北欧地区，目前在瑞典设有 1 个研究所。总部位于德国慕尼黑的华为欧洲研究所成立于 2008 年，目前在四个国家有 5 个办公室，包括德国慕尼黑和纽伦堡、意大利米兰、英国伦敦、比利时布鲁塞尔。自 2002 年起华为公司就开始涉猎土耳其业务，2010 年在伊斯坦布尔设立了研发中心，2014 年准备进一步扩大规模。

随着全面融入欧洲，华为在未来几年内计划将公司在欧洲的员工数量增加一倍。2010 年华为和比利时无线互联网设备厂商 Option 达成一项合作协议，双方在比利时联合成立一家研发中心。2013 年华为收购了比利时硅光子公司 Caliopa，将 Caliopa 整合到现有的比利时研发中心，增强华为在基于硅光子光学器件解决方案上的研究和开发能力。2011 年华为在意大利米兰建成了公司全球唯一的一座微波研发中心，负责研究有关微波技术的创新等。2012 年华为在芬兰赫尔辛基建立智能手机研发中心，专注于 Android 以及 Windows Phone 平台的软件开发。2013 年华为在爱尔兰的科克城及都柏林开设两个新的研发中心，该研发中心专注于华为的下一代客户体验管理产品——SmartCare，支持该公司向爱尔兰和全球的电信运营商提供领先的客户服务。2013 年华为在英国东部伊普斯威奇设立一个研发中心，2014 年年内将在英国西南部的布里斯托尔市增设研发中心，这两个研究中心主要进行通信及信息终端适用的半导体芯片和软件的开发。2014 年华为在法国南部滨海阿尔卑斯省索非亚科技园的芯片研发中心正式落成，华为法国芯片研发中心将聚焦芯片设计和嵌入式电子设备的研发，着重致力于提升智能手机摄像头质量、开发最优秀的图像信号处理器并增强公司在微电子和软件领域的专业优势。华为还在巴黎建立了数学、美学、家庭终端和无线标准四个研发中心。目前华为正着手在巴黎建立大数据研发中心，旨在通过大力推进数据科学研究以实现技术堆栈的进一步发展。目前华为在欧洲的研发机构总数为 17 个，分布在比利时、芬兰、法国、德国、爱尔兰、意大利、瑞典和英国 8 个国家。

5.3.3.3 社会嵌入

作为全球化的企业，华为在关注自身发展的同时，更要承担社会责任，促进社会的和谐与进步。一直以来，华为坚持将可持续发展融入业务运营中，并建立管理体系，促进可持续发展在华为的落地。目前华为聚焦"消除数字鸿沟、为网络稳定安全运行提供保障支持、创新促进绿色环保、协同合作促力共同发展"可持续发展四大战略，全面推动企业自身及整个价值链履行社会责任，更加积极主动地促进经济、社会、环境的全面和谐发展。

（一）消除数字鸿沟

华为始终为促进人们能够平等地接入信息社会而不懈努力。在语音通信问题逐步得到解决的基础上，华为更加关注人人有宽带，使人们享用更加丰富的内容与服务并推动各行各业基于信息通信技术的转型。同时，华为持续实施信息通信技术人才培养和知识传递，努力提升当地的通信技术水平。华为聚焦支撑构筑一个更加高效整合的信息物流系统，与合作伙伴一起，为弥合全球数字鸿沟和推动世界进步做出贡献。华为遍布全球的 45 个培训中心，能够提供英语、西班牙语、法语、俄语等 16 个语种的培训服务。华为在全球 23 个国家开展"播种通信未来种子"项目，包括英国、法国、德国、意大利、西班牙等国家，累计超过 10000 名学生从中受益。作为宽带委员会成员，华为与业界同行一起，致力于推动宽带在全球的普及，从而促进世界各地尤其是发展中国家和地区的人们能够以支付得起的价格接入高速、便捷的宽带网络。同时，华为通过推广宽带应用，帮助发展中国家和地区提升医疗、教育等基本社会服务，加速实现千禧年发展计划目标以及 2015 年后发展计划目标。

（二）为网络稳定安全运行提供保障支持

随着信息通信技术技术的不断演进和发展，网络安全面临着日益严峻的威胁和挑战。保障网络的安全稳定运行是华为对客户的持久承诺。华为始终将保障网络稳定安全运行置于公司的商业利益之上，与各方一起通力协作，建设可持续的透明的网络。华为在全球范围内提供网络设施与解决方案，在任何条件下，即使最极端的条件下，都要全力保障网络稳定运行。华为将网络安全要素融入公司的技术设计、构建和部署中，构筑并全面实施端到端的全球网络安全保障体系。华为建立了多层次的网络安全评估流程，通过华为网络安全实验室、英国安全认证中心（CSEC）、客户评估和第三方审计等，为客户提供最全面的安全保障。华为发布《网络安全白皮书》，倡议制定并实施统一的网络安全国际标准，实现共同的网络安全目标。一个开放、透明、可视的安全问题解决框架，将有助于整个产业链持续健康发展，也将会促进通信技术创新和人类沟通交流。

（三）创新促进绿色环保

华为积极贯彻"绿色管道、绿色运营、绿色伙伴、绿色世界"的策略，将绿色信息通信技术的理念融入所有产品的全生命周期中，持续创新提高产品能效，打造绿色通信网络。华为通过引入清洁能源、开展技术节能和管理节能等方式，显著减少了自身的碳足迹。华为已经在全球部署近 2 万个绿色基站，依靠风、光能补充供电，减少 80% 的燃油消耗，帮助运营商在扩建网络时减少二氧化碳排放量，降低运营成本。华为持续开展产品能效设计，2013 年，经过华为公司全球认证检测中心严格的认证检测，共有 24 个产品被评定为"绿色产品"，其中三款智能交换机成功通过德国莱茵 TüV（TüV Rheinland）绿色产品认证，华为成为信息通信技术行业全球首个获德国莱茵 TüV 绿色产品标识的企业。在此基础上，华为协助和推动供应商开展节能减排项目，2013 年，四家试点供应商共计减少二氧化碳排放 2 万多吨。未来，华为将把节能减排项目扩展到更多供应商，更大程度地促进产业链的低碳环保。与此同时，华为结合在节能环保设计等方面的优势和经验，提供并推广绿色信息通信技术综合解决方案，促进各个行业的节能减排，助力于循环和低碳社会的建设。华为持续加强与物流供应商在绿色物流方面的合作，在满足客户交付要求的基础上，华为尽可能选择最低碳环保的运输方式，最大限度地减少对环境的影响。比如某批次产品，从北京到德国杜伊斯堡，华为全程采用火车运输，碳排放量只有空运的 4.7%。2013 年，华为法国团队实施了创新的手机以旧换新项目，不仅为希望购买新智能手机的消费者提供折扣，鼓励消费者的环保行为，而且也带来了一定的社会效益——为失业人员提供就业机会。

（四）协同合作促力共同发展

华为希望通过与各方协同合作，为产业链的可持续发展带来贡献和价值。华为为员工实现个人价值提供广阔平台；恪守商业道德，坚持诚信经营和合规运营；坚持为运营所在地的社区发展做出贡献；持续推动供应商能力提升，与供应商携手并进，引领可持续发展趋势。华为始终坚持以客户为中心，基于客户要求持续改进，提升客户满意度，2013 年第三方客户满意度调查结果同比取得显著提高。华为聚焦于消除数字鸿沟、通过教育创造机会、支持环保活动、回馈社区四个方面，开展社会公益活动，在经营所在社区的福利、教育、环保、健康以及赈灾等方面做出贡献，积极融入当地社区，为社区创造价值，促进社区繁荣及运营所在地的可持续发展。华为在西班牙和葡萄牙推出"智能巴士"项目，通过先进的视听和人机交互设备，向 100 余所学校的上万名学生提供如何使用信息通信技术设备的相关培训。在英国，华为向王子基金会提供资助；在匈牙利，通过华为明日创新领导者奖学金，为优秀信息通信技术学生提供资助；在比利时，开展 InnoApps 创新大赛，培养青年企业家；在土耳其，与土耳其教育部、Turkcell 和土耳其教育基金会（TEV）携手支持 Van 省的灾后救援工作。

5.3.3.4　文化嵌入

华为一直倡导多元化的员工队伍建设，2009 年开始，华为开始对人力资源架构进行调整，启动了由功能型人力资源平台向更利于员工发展的三支柱人力资源平台转型，帮助员工更好更快地成长。2013 年，人力资源转型基本完成，从而为多元化的员工提供了合适的通道以实现个人价值。华为注重海外员工的本地化发展，招聘政策中规定在遵从当地法律的前提下，优先考虑当地招聘，促进当地人口的就业，为社区、家庭经济发展做出贡献。近年来，华为海外员工本地化率持续增加，2013 年达到 79%。在海外，2013 年中高层管理人员本地化率达 20.7%。当前华为外籍员工总数接近 3 万人，来自全球 160 个国家和地区。2013 年，华为欧洲员工的本地化率达到 80%，促进了当地就业，推动了社区、家庭经济的发展，华为成为对当地社会卓有贡献的企业公民。

华为不仅遵守当地法律规定的最低工资标准等要求，而且还推行了具备一定市场竞争力的薪酬制度。华为建立了完善的员工保障体系，为全球员工构筑起"全覆盖"的"安全伞"。除当地法律规定的各类保险外，华为还为全球员工购买了商业人身意外险，以及商业重大疾病险、寿险、医疗险和商务旅行险等商业保险福利，并设置了特殊情况下的公司医疗救助计划。华为通过优化海外员工的保险福利管理政策，进一步完善公司的全球员工保障体系。华为遵守相关法律法规的规定，明确禁止强迫劳动，建立反歧视政策，在员工招聘、培训、晋升、薪酬福利等方面不存在任何人种、肤色、年龄、性别、性取向、种族、残疾、怀孕、信仰、政治派别、社团成员或婚姻状况等方面的歧视，不雇佣童工，尊重员工的个人信仰自由，保护员工个人隐私。

在华为终端业务进军欧洲智能手机市场时，华为选择了欧洲地区民众最喜爱的运动——足球作为切入口，遍布欧洲的足球文化成为华为品牌拓展的试验场。2011 年 7 月，华为尝试做第一次和足球相关的活动，赞助了 2011 年 TIM 意大利超级杯，不仅因为华为的一个重要客户意大利电信是这项赛事的发起人，而且该项赛事被引进来到中国鸟巢进行比赛。2012 年 4 月，华为宣布赞助马德里竞技足球俱乐部迎战皇家马德里的比赛，这是华为首次在西欧赞助体育赛事，从此拉开了华为与欧洲足球文化合作的序幕。华为对德甲多特蒙德、意甲 AC 米兰、英超阿森纳、法甲巴黎圣日耳曼俱乐部、荷甲阿贾克斯、比利时安德莱赫特等联赛球队及欧洲强队开始多年赞助活动，并同西甲联赛达成战略合作。同时华为和球队签署的球场无线网络，尤其是 WLAN 场馆覆盖的赞助，通过高密技术给现场观众免费提供极速的 Wi-Fi 接入服务等，彰显了华为的价值。而赞助球队的文化和风格也都和华为非常相像，更能贴近华为的潜在消费者，这使得华为的品牌知名度在过去几年得以迅速攀升。这之中，既有产品质量的提升，又有足球文化嵌入营销的作用，华为致力于将良好的品牌形象渗透到欧洲民众的日常生活中去，为其欧洲业务的可持续发展打下坚实基础。正因为如此，益普索在全球 32 个国家开展的消费者调研显示：2014 年华为品牌的知名度从 52% 提升至 65%，这意味着华为品牌已被全球接近 2/3 的消费者所认知。从品牌发展活力方面，华为从众多的第二阵营品牌中脱颖而出，排名第三。在 Interbrand 公布的 2014 年全球最具价值品牌榜 TOP100 品牌中，华为成为首家上榜的中国大陆企业。

5.3.3.5 体制嵌入

华为计划在欧洲建立第二故乡，成为一家"欧洲公司"，因此需要深度嵌入欧洲体制机制。华为始终恪守商业道德，遵守适用的国际公约和各国相关法律法规，坚持诚信经营和合规运营；遵守华为商业行为准则，严格执行"阳光采购"和"阳光销售"，反对行贿受贿等任何腐败行为；倡导公平竞争，遵守各国关于反倾销、反垄断等方面的法律规定，营造和谐商业环境。合规经营管理已融入华为各个业务场景中，公司法务部对出口管制、网络安全、贸易竞争、人力资源管理、反贿赂与反腐败等合规业务提供法律指导，识别、评估并提示内外部法律风险，协助业务部门开展合规经营活动，在知识产权风险方面，主要涉及保护自身的知识产权并尊重其他公司的知识产权，确保华为遵守全球知识产权法规。

华为严格遵守包括联合国，以及中国、美国、欧盟等国家或地区的所有适用的出口管制法律法规，切实履行出口管制责任和义务，并将公司的出口管制义务置于公司的商业利益之上。为了更好地履行公司对出口管制的承诺，华为设立了由首席法务官负责的贸易合规及海关遵从委员会和贸易合规办公室，审核批准公司的贸易合规政策及执行监督，从政策、组织、流程等各个方面，最大限度地做到遵从相关法律法规。通过建立出口审查的标准流程，华为对涉及出口控制的项目，进行客户审查、最终用途审查、危险因素调查等，确保端到端的内部遵从制度（Internal Control Program, ICP）在公司的有效实施。华为对于商业贿赂行为持"零容忍"的态度。华为恪守商业道德，坚持诚信经营，并采取积极有效的制度和措施，反对和防范行贿受贿和其他腐败行为。华为制定并实施了《关于反腐败以及反商业贿赂的规定》。

在进入欧洲市场的过程中，华为体制嵌入的思维也体现在对技术路线的选择上。2000 年 5 月，ITU（国际电信联盟）正式宣布将中国提交的 TD－SCDMA，与欧洲主导的 WCDMA、美国主导的 CDMA2000 并列为三大 3G 国际标准。对于已经明确要打开海外市场的华为而言，没有犹豫就选定了将研发重心投入到 WCDMA。截至 2008 年初，华为累计斩获超过 100 个 HSPA/WCDMA 商用合同，客户囊括德国电信、沃达丰、英国电信、西班牙电信、法国电信等欧洲主要运营商。3G 时代最终是 WCDMA 在全球占据了主流，这也进一步影响了 4G 时代的格局。为了拓展全球市场，华为融入和支持主流国际标准并做出积极贡献。截至 2013 年底，华为加入全球 170 多个行业标准组织和开源组织，在任 185 个职位。2013 年，华为向各标准组织提交提案累计超过 5000 件。

欧洲政府对企业干预较少，2010 年欧盟对华为提起反倾销诉讼之前，华为从未拜会过欧洲国家的政府。欧盟立案以后，公司才开始跟欧洲各国政府打交道，做解释和沟通。最终，欧盟撤销了对华为的反倾销指控。华为在欧洲的本土化有较高的深度，这也是其能通过双反调查的重要原因之一。为更好满足英国政府对通信设备的安全要求，华为在英国设立了网络安全实验室，对华为在英国出售设备进行安全检测。负责实验室检测的工作人员均是英籍员工，并持有英国政府部门有关安全工作资质认证。针对法国的贸易保护倾向，华为公司见了许多法国政府官员、贸易部长、数字经济部长、总理办公室的相关官员，最终将阿尔卡特朗讯的裁员事件与华为掰开了。华为通过在欧洲的持续投入和深度嵌入，既改善与欧洲政府的关系，又招揽大量的人才、满足自身业务成长的需要，实现了利益多元化。

5.4 华为与西门子全球生产网络的比较分析

5.4.1 整体比较

西门子与华为都成功实现全球化运作，如表 5−5 所示，二者全球生产网络的价值目标、全球战略、网络形态、区位选择基本相似，都以可持续的价值创造为目标，都在生产者驱动的全球网络中占据主导地位；差别在于华为全球化发展增速更快、西门子全球化指数更高，西门子更强调"One Siemens"的整体全球化战略、华为坚持全球化与本地化并重，西门子的治理模式在欧美比较典型、华为的治理模式比较特殊，西门子在全球三大经济区域的表现更加均衡、华为在北美市场表现一般。

表 5−5　西门子与华为全球生产网络的整体比较

比较内容	西门子	华　为
全球化发展历程	自 1989 起公司实施全球化战略，1990 财年到 2014 财年，海外销售增长了 2.5 倍	自 1996 年起启动走出去战略，1999 年至 2014 年，海外销售收入增长超过了 500 倍
跨国指数	2011 年跨国指数为 77.4%	2011 年跨国指数为 42.08%
价值目标	实现可持续的价值创造	实现可持续的价值创造
全球战略	One Siemens	全球本地化
网络形态	生产者驱动型，包括全球研发网络、全球制造网络、全球供应链网络、全球销售和服务网络	生产者驱动型，包括全球研发网络、生产运营网络和营销服务网络
网络治理	内部采用欧美两种典型公司治理准则，与外部核心网络成员采用以关系型为主的治理模式	100% 由员工持有 + 轮值 CEO 制度，与外部核心网络成员采用以模块型为主的治理模式
区域表现	近 4 个财年平均欧洲区营收占比 53%，美洲区占比 27%，亚太区占比 20%	近 4 年平均亚太区营收占比 51%，美洲区占比 13%，欧洲区占比 35%

资料来源：本书作者整理。

（一）华为全球化发展增速更快，西门子全球化指数更高

西门子成立于 1847 年，自 1989 年起公司实施全球化战略。1990 财年

到 2014 财年，西门子海外销售从 176 亿欧元上升到 611 亿欧元，增长了 2.5 倍；海外收入占总收入的百分比从 55% 上升到 85%，增长了 0.5 倍。华为公司成立于 1988 年，自 1996 年起启动走出去战略，到 1999 年初见成效。1999 年至 2014 年，华为的海外销售收入从 0.53 亿美元上升到 289.4 亿美元，增长超过了 500 倍；海外收入占总收入的百分比从 4% 上升到 62%，增长了 14 倍多。与西门子相比，华为全球化发展的速度是非常快的。

但是华为的全球化指数与西门子相比相差甚远。根据联合国贸发会议公布的数据，2011 全球排名前 100 的非金融类跨国公司平均跨国指数为 60.78%，发展中国家和转轨经济体排名前 100 的非金融类跨国公司的平均跨国指数为 40.13%。西门子在 1993 年的跨国指数为 32.5%，此后基本保持每年上升势头，2011 年的跨国指数为 77.4%，按跨国指数排名在全球前 100 的非金融类跨国公司中位于第 30，按资产排名第 17。根据中国企业联合会、中国企业家协会公布的"中国 100 大跨国公司及跨国指数"，华为在 2011 年的跨国指数为 42.08%，仅略高于 2011 发展中国家 100 大跨国公司 40.13% 的平均跨国指数，远低于 2011 世界 100 大跨国公司 60.78% 的平均跨国指数，与 2011 年西门子 77.4% 的跨国指数相比相差甚远。

跨国指数是下列三种比率计算的平均值：国外资产占总资产的比率、国外销售额占总销售额的比率、国外雇员占总雇员的比率。我们可以进一步分析华为与西门子相比在这三项比率上的差异。根据表 5-6，2011 年华为的国外营收占比为 68%，与西门子的 85% 相差较小；2011 年华为国外资产占比 38%、国外员工占比 21%，与西门子国外资产占比 79%、国外员工占比 68% 相比差距较大，这说明华为在全球本地化战略实施中，在本地投资和本地雇用方面还有很大潜力。

表 5-6 2011 年西门子与华为的跨国指数

公司	TNI	资产（亿美元）			营收（亿美元）			员工（万人）		
		国外资产	总资产	国外占比	国外营收	总营收	国外占比	国外员工	员工总数	国外占比
西门子	77.4%	1123.6	1417.5	79%	874.2	1024.9	85%	24.4	36	68%
华为	42.08%	116	307	38%	220	324	68%	3	14.6	21%

资料来源：联合国贸发会议（UNCTAD），中企联合网（www.cec-ceda.org.cn/），华为公司网站（http://support.huawei.com/）。

（二）都以可持续的价值创造为目标，西门子更强调"One Siemens"的整体全球化战略，华为坚持全球化与本地化并重

西门子与华为都是以实现可持续的价值创造为总体目标，以互惠共赢的理念构建全球生产网络，建立全球意义上的可持续的竞争优势；价值目标是二者进行网络构建、网络治理和区位选择的价值导向。在全球化战略方面，西门子与华为都站在全球角度进行战略部署、业务布局、价值链配置，实现比较优势下的最佳资源整合及全球一致性管理；都重视本土化策略，注重本地化业务运作和人才聘用，强调在每一个本地市场都成为对当地社会卓有贡献的企业公民。二者的差异在于，西门子更强调在遵循统一的"One Siemens"战略的前提下，不同的业务领域、不同的职能部门在不同的区域/国家制定相应级别的本土化战略，以支撑公司整体的全球战略。华为则将全球化与本地化并重，提出"全球本地化（Glocalization）"战略，遵循当地规则和市场秩序，优化海外子公司运营管理机制，促进本地经营团队能够承担起本地经营责任，构建和谐的商业生态环境。

（三）都在生产者驱动的全球网络中占据主导地位，西门子的治理模式在欧美比较典型，华为的治理模式比较特殊

西门子以"One Siemens"战略框架为指导，连接公司内外部的组织机构，采用直接投资（全资、合资、并购等）、贸易、非股权安排（联盟、外包、合作协议、合约制造等）等多种形式，构建了全球研发网络、全球制造网络、全球供应链网络、全球销售和服务网络这几大网络，在战略上掌握全球生产网络的最终所有权和控制配置权。华为通过缔结利益共同体、大幅让利、产品兼容、资本融合、参股合作等方式与国内外多家科研机构、高等院校、高科技公司、跨国公司、供应商、销售商和客户建立战略合作关系，以市场管理、流程重组、产品管理为基础构建全球研发网络、生产运营网络和营销服务网络，借助模块化专注于持续提升核心模块的附加价值，进而占据价值链的高端环节。二者的全球网络形态是相似的，都属于生产者驱动的全球网络，自身在网络中的主导权也是相似的。只是由于通信设备领域的核心竞争力更多体现在产品研发和软件层面，外包生产是通信设备业的发展趋势，因此华为通过实施集成供应链管理，将生产、采购、物流等职能运行在全球生产运营网络上，而西门子将这些职能运行在全球

制造网络或全球供应链网络上。

从治理模式来看，作为同时在法兰克福证券交易所和纽约证券交易所上市的公司，西门子在遵守德国公司治理准则下，采用管理委员会和监事会的双层委员会制，以及公司职能单元、业务领域、跨领域服务和区域集群交叉管理的一体化层级制模式；同时服从美国证券法律的若干规定，尽可能按美国法律的要求来完善公司治理，成为将欧美两种典型公司治理准则成功结合的典范。西门子与外部网络成员采用以关系型为主的治理模式，特别对一二级主要供应商和在德国的生产网络治理主要依赖网络主体间的社会关系（如声誉和信任），当然西门子与网络其他企业也存在市场型的交易关系，但是模块型和领导型的模式目前比较少见。

华为的内部治理模式比较罕见。华为是 100% 由员工持有的非上市企业，股东会由工会和任正非两名股东组成，持股员工代表由在职持股员工选举产生，任期五年，华为的董事会和监事会符合中国《公司法》的要求。华为公司实行董事会领导下的轮值 CEO 制度，轮值 CEO 由三名副董事长轮流担任，轮值期为 6 个月，依次循环，轮值 CEO 在轮值期间是公司经营管理以及危机管理的最高责任人。华为独特的股权结构和治理模式，对华为的成功发展功不可没。但是领导个人色彩浓烈、股权结构不透明、决策机构比较另类，阻塞了华为在大规模竞争中的资本渠道。由于不是上市公司，华为不能在资本市场上融资，也不需要公示社会，这在一定程度上造成了华为的不透明，对于华为进军国际市场，特别是美国市场，造成了一定的障碍。

（四）西门子在全球三大经济区域的表现更加均衡，华为在北美市场表现一般

西门子与华为都将欧洲（欧洲中东非洲，含独联体、中东、非洲）、美洲和亚太这世界三大经济区域作为市场开拓的主战场。从表 5 - 7 可以看出，2011～2014 财年，西门子在欧洲区的营收占比都超过了 50%，平均数为 53%；在美洲区的营收占比都超过了 25%，平均数为 28%；在亚太区的营收占比稳定在 20% 左右。由于在世界三大经济区域的营收额都超过了 20%，因此西门子可以被视为是真正意义上的全球性企业。2011 ～2014 年，华为在亚太区的营收占比都在 50% 左右，平均数为 51%；在美洲区的营收占比都等于或低于15%，平均数为13%，且呈现逐年下降趋势；在欧洲区的营收占比稳定在35%左右。华为在北美市场面临种种阻碍，整体表现一般。

表5-7　2011～2014年西门子与华为的区域业务表现

经济区	西门子					华为				
	2011 财年	2012 财年	2013 财年	2014 财年	平均	2011年	2012年	2013年	2014年	平均
欧洲区	52%	51%	54%	54%	53%	36%	35%	35%	35%	35%
美洲区	28%	29%	27%	26%	28%	15%	14%	13%	11%	13%
亚太区	20%	20%	20%	20%	20%	49%	50%	51%	53%	51%

资料来源：本书作者根据西门子公司年报和华为公司年报相关数据整理。

5.4.2　基于价值视角的比较

基于价值视角比较西门子与华为的全球生产网络，如表5-8所示，可以看出二者的全球研发网络都以持续为客户创造价值为目标，实施开放式创新战略，在网络形态、区位选择等方面也基本类似，只是西门子更重视前沿技术研发及与大学、研究机构的合作，华为更重视应用性研发和与商业公司、客户的合作。西门子的全球供应链和制造网络与华为的全球生产运营网络相比，二者的价值目标基本一致。但是西门子更加重视自主制造，有大量的海外工厂，正通过全球价值采购项目增加来自新兴市场的采购份额；而华为将更多生产外包，自主生产主要在国内，海外工厂很少。二者的全球营销服务网络在价值目标、网络形态和治理模式等方面基本类似，只是西门子作为市场领先者，充分用技术和品牌优势，采取先创新差异化战略后市场差异化战略，从高端市场向中低端市场演进，在发达国家和发展中国家并进；华为作为市场后进者，利用低成本优势，采取先市场差异化战略后创新差异化战略，从中低端市场向高端市场演进，先开拓发展中国家市场，后进军发达国家市场。

表 5 – 8　西门子与华为基于价值视角的全球生产网络比较

网络类型	比较内容	西门子	华为
全球研发网络	价值目标	持续为客户创造价值	
	全球战略	自 2009 财年起实施开放式创新 + 知识产权管理	早期：跟随式创新，自主研发 + 拿来主义，系统跟踪 + 重点突破 当前：开放式创新 + 知识产权管理
	网络形态	公司研究院 + 各业务领域研发团队 + 外部合作伙伴	2012 实验室 + 国内外研究所 + 外部合作伙伴
	网络治理	对前沿技术研究的支持力度更大 更重视与大学和研究机构的合作	应用性研发投入更高 更重视与商业公司和客户的合作
	区位选择	在中国、日本、印度、德国、俄罗斯、土耳其、美国、加拿大等国家设立研发机构	
全球生产运营网络（全球制造网络 + 全球供应链网络）	价值目标	快速响应、高质量、低成本、柔性和可持续的全球生产运营	
	全球战略	供应链管理举措（SCMI） 更多的自主制造	集成供应链管理 更多的生产外包
	网络形态	全球制造网络 + 全球供应链网络	全球生产运营网络
	网络治理	供应商管理，绿色供应链，全球价值采购，西门子生产体系，全球制造布局，持续质量改进	战略采购，供应商管理，持续质量改进，绿色供应链，全面风险管理
	区位选择	海外生产占主导 在 40 多个国家运营超过 285 个主要的工厂	国内生产占主导 在埃及、俄罗斯、巴西、沙特阿拉伯、伊朗、印度等国家进行海外生产
全球营销服务网络	价值目标	持续为客户创造价值	
	全球战略	以创新差异化战略开拓市场，以市场差异化战略稳固市场，从高端市场向中低端市场演进	以低成本和市场差异化战略开拓市场，以创新差异化战略稳固市场，从中低端市场向高端市场演进
	网络形态	按照客户规模、业务和地域建立结构化的营销和服务结构，直销 + 分销、自主服务 + 外包服务混合	针对不同业务领域采取不同的模式，直销 + 分销、自主服务 + 外包服务混合
	网络治理	采取合作、合资、联盟等多种方式，强调营销和服务活动要遵循当地适用的法律、国际规则和规章	
	区位选择	发达国家和发展中国家并进	先发展中国家，后发达国家

资料来源：本书作者整理。

（一）全球研发网络

西门子与华为都秉承创新是企业生命线的理念，将持续为客户创造价值作为创新目标；都采用"开放式创新"战略，构建跨部门和区域的、跨公司内外部的全球研发网络；都将知识产权管理作为创新战略的关键因素，建立持续创新的有效机制。这些是二者取得成功的关键要素。华为很早就以西门子、爱立信等业界最佳企业为标杆，建立与国际接轨的管理运作体系。但是作为业界后来者，华为早期在技术上推行跟随式创新，将自主研发与拿来主义有机结合起来，与国际接轨进行集成创新，将系统跟踪与重点突破相结合，采用"压强战术"突破核心技术，在技术和市场实力积累到一定程度后实现弯道超车，开始从跟随者向领先者转变，成为中国本土企业自主创新和全球化发展的成功典范。

西门子与华为都建立了内部的全球研发网络，并将前沿技术研发和应用性研发分开。由于通信设备行业的特点，华为研发人员的数量和占总员工数的比例都超过西门子，但是对前沿技术研发的投入最初只占研发总投入的10%，目前提高到15%，与西门子相比比例较低。西门子和华为都在中国、日本、印度、德国、俄罗斯、土耳其、美国、加拿大等国家设立研发机构，二者在区位选择上比较相似，要么是发达国家的技术高地，要么是发展中国家的人才富地。

西门子与华为都通过与大学、研究机构、商业公司等进行长期战略合作，建立开放式创新体系。西门子非常重视与大学和研究机构的合作，建立了三种合作模式——知识交换中心、大使项目、特定业务合作，构建多样的协作伙伴关系，管理上比较成体系，对前沿技术研究的支持力度更大。华为更加重视与商业公司和客户的合作，通过与世界一流企业建立联合实验室、成立合资公司，华为广泛吸收业界的最新研究成果，提高了公司的创新能力。华为与客户共同建立了28个联合创新中心，这些创新中心成为持续提升双方战略伙伴关系的一个重要载体。

（二）全球生产运营网络

西门子与华为都将制造网络和供应链网络完全集成到价值创造网络之中，建立了高收益的供应商管理模式，注重供应链全面风险管理和可持续发展，构建绿色供应链，实现快速响应、高质量、低成本和柔性的全球生产运营。由于行业特点的差异，西门子将自主生产视为重要元素，通过实施基于精益原则的西门子生产体系和系统化的全球制造布局优化方法，来提高生产率和价值增值。华为将更多生产外包出去，通过实施集成供应链管理（ISC），将生产、采购、物流等职能运行在全球生产运营网络上，将全球制造网络和全球供应链网络合二为一。

西门子比较重视供应链网络和制造网络的全球平衡。西门子在德国的采购比例占 1/3 左右，在德国之外欧洲的采购比例也占 1/3 左右，在美洲的采购比例占 1/5 左右，在亚太的采购比例占 1/10 左右，在欧洲、美洲的采购和销售业务之间的关联都比较均衡。西门子通过全球价值采购项目，正在增加来自新兴市场的采购份额。西门子在世界范围内超过 40 个国家运营超过 285 个主要的制造和生产工厂，大约 1/2 位于欧洲区域、1/4 位于美洲区域、1/4 位于亚太区域，全球制造比较均衡。华为公司制造与供应链领域员工只占 8% 左右，自主生产比较少且主要以国内生产为主，只在埃及、俄罗斯、巴西、沙特、伊朗、印度等国家进行海外生产，海外工厂比较少。华为的海外资产和海外员工占比都比较低，这也是华为的跨国指数远低于西门子的跨国指数的主要原因。

（三）全球营销服务网络

西门子与华为都坚持以客户为导向，坚持依靠高科技产品出口的自主品牌战略，采取合作、合资、联盟等多种方式，通过直销＋分销、自主服务＋外包服务，构建全球营销和服务网络，持续为客户创造长期价值；都强调营销和服务活动要遵循当地适用的法律、国际规则和规章。由于海外市场形势和自身竞争优势的不同，西门子与华为在海外市场进入战略上存在一定差异。华为最初以"市场补缺者"的角色，运用"农村包围城市"的市场战略，以低成本和市场差异化战略，辅以快速的客户需求反应机制和完善的售后服务，迅速占领发展中国家市场；随着国际化经验的积累，华为开始针对技术较为成熟的欧美市场采取创新差异化战略，通过多年来与国际知名企业联盟，实现研发实力跳跃性增长，逐步实现从"以薄利换取市场"转向"以技术实力与服务赢得市场"，使其从中低端市场向高端市场演进；营销重点则是由高层路线向普通客户关系转变，加强与客户的全面交流和信息共享，提高华为的知名度和在业界的地位。相比较而言，西门子作为市场领先者，首先用技术和品牌优势打开国际市场，其次针对全球不同的市场建立营销网络，完善服务体系，通过多年来知识沉淀和市场经验积累，定位目标市场，逐步调整战略，采取市场差异化战略，迎合当地需要，加固与客户的关系，实现以"创新差异化战略"开拓市场，以"市场差异化战略"稳固市场，完成从高端市场向中低端市场演进的过程。

西门子按照客户规模、业务和地域建立了结构化的营销和服务结构，在全球200多个国家开展营销服务活动。针对关键客户，西门子设立了区域、公司和全球级别的客户经理，同时通过高管关系项目，西门子管理委员会与大约100个客户高管建立了长期关系。针对中小型客户，西门子通过区域性公司，与客户建立了跨业务领域的本地密切合作关系。华为针对不同业务领域采取不同的模式，通过全球资源共享平台和项目管理精英团队，为客户提供端到端的服务。在运营商网络业务领域，华为在全球构建起完善的产业化、本地化服务交付组织和平台，与运营商进行战略协同，且在运营商网络部署运维环节的工程外包越来越多。在企业业务领域，华为把构建营销和渠道两大核心能力与队伍作为首要任务，根据不同的产品大力发展专业渠道合作伙伴，建立起健康的、开放的合作伙伴生态网络。在消费者业务领域，华为在夯实运营商渠道的基础上，积极实践分销、零售、互联网营销等多元化渠道战略。华为通过多方面的服务创新，全球的产业化、规范化、本地化服务平台和体系日臻完善，这成为推动技术创新的最终保障。

5.4.3 基于嵌入视角的比较

基于嵌入视角比较西门子与华为的全球生产网络，如表5-9所示，可以看出西门子医疗在中国、华为在欧洲都经历了试探性嵌入、战略连接、战略嵌入、战略耦合四个阶段。但是二者嵌入的路径是不同的，西门子在中国实现了从创新差异化战略到市场差异化战略、从发达地区到欠发达地区、从高端市场向中低端市场的演进，华为在欧洲实现了从低成本优势和市场差异化战略到创新差异化战略、从中低端市场向高端市场、从欠发达地区到发达地区的演进。二者基本都是从经济嵌入逐步向技术嵌入、社会嵌入、文化嵌入和体制嵌入演进，从单向嵌入，逐步向双向嵌入演进。相比较而言，西门子在中国的后向嵌入更深入，地区产业集聚的带动作用更加明显，技术溢出效应更加突出，员工的本地化率更高，对中国产业制度和商业模式的改革创新起到一定推动作用；华为在欧洲的前向嵌入更深入，技术引进效应更加突出，注重嵌入当地产业、顺应当地体制机制，对当地产业集聚和制度变迁等方面的影响较小。

表 5-9　西门子与华为基于嵌入视角的全球生产网络比较

比较内容	子项	西门子	华为
嵌入战略		经历试探性嵌入、战略连接、战略嵌入、战略耦合四个阶段，从经济嵌入逐步向技术嵌入、社会嵌入、文化嵌入和体制嵌入演进，从单向嵌入逐步向双向嵌入演进	
		从创新差异化战略向市场差异化战略演进	从低成本优势和市场差异化战略向创新差异化战略演进
嵌入地区		从发达地区向欠发达地区演进，从高端市场向中低端市场演进	从中低端市场向高端市场演进，从欠发达地区向发达地区演进
嵌入维度	经济嵌入	从销售和服务逐步向系统化、多功能拓展，后向嵌入更深入	从销售和服务逐步向系统化、多功能拓展，前向嵌入更深入
	技术嵌入	本地研发和生产从低附加值环节向高附加值环节演进，对地区产业集聚的带动作用更加明显，技术溢出效应更加突出	本地研发和生产主要面向技术密集型和高附加值环节，在带动当地产业集聚等方面作用较小，技术引进效应更加突出
	社会嵌入	积极履行社会责任，着重于环境保护、科学与技术教育和社会与人道援助三大领域	积极履行社会责任，聚焦消除数字鸿沟、为网络稳定安全运行提供保障支持、创新促进绿色环保、协同合作促力共同发展四大战略
	文化嵌入	通过"One Siemens"战略框架，促进多元化与本土化的融合，员工的本地化率99%以上	注重海外员工的本地化发展，员工的本地化率达到80%
	体制嵌入	严格遵守当地各类法律法规并确保全球性的合规，加强与当地社会机构的联系，对中国产业制度和商业模式的改变、财务管理和融资供应链的创新起一定推动作用	深度嵌入当地体制机制，确保全球和本地合规性，更注重嵌入当地产业、顺应当地体制机制，对当地制度变迁的影响较小

资料来源：本书作者整理。

（一）嵌入战略

1982 年西门子在中国开设代表处以来，西门子医疗在中国的嵌入过程，与 1996 年华为启动"走出去"战略后在欧洲的嵌入过程基本相似，都经历了试探性嵌入、战略连接、战略嵌入、战略耦合四个阶段，但是二者嵌入的路径是不同的。西门子医疗在中国的嵌入战略与中国的国家开发战略以及中国的医疗体制改革相匹配，并具有一定的前瞻性，从"松脚嵌入"逐步向深度嵌入演进；2006年至今进入战略耦合阶段，西门子医疗在中国构建了"全球—本土"互动的研发网络、制造网络、供应链网络、销售和服务网络，强化了西门子在中国的战略——立足中国，服务中国，面向全球；实现了从创新差异化战略向市场差异化战略、从高端市场向中低端市场的演进；目前中国是西门子在德国之外的第二大海外市场。华为在欧洲采取"农村包围城市"的市场进入战略，实现了从低成本优势向市场差异化战略和创新差异化战略、从中低端市场向高端市场的演进；2011年至今进入战略耦合阶段，华为在欧洲构建了"全球本土化运营"的研发网络、生产运营网络、营销服务网络，要在欧洲建立第二故乡，成为一家"欧洲公司"；目前欧洲是华为最大的海外市场，营收额仅次于中国本土。

（二）嵌入地区

由于目标市场形势和自身竞争优势的不同，西门子医疗嵌入中国和华为嵌入欧洲在嵌入地区的路径方面基本相反。西门子医疗在中国采取从高到低的嵌入路径：首先嵌入东南沿海地区，其次逐步向中部地区、西部地区演进；首先嵌入一二线城市，其次逐步向三四线城市，甚至农村乡镇演进。华为在欧洲采取从低到高的路径，首先进入独联体和东欧市场，其次逐步向中欧、南欧、西欧和北欧推进，在具体某一国家市场，同样选择从低端向高端的路径。

（三）嵌入维度

西门子医疗在中国与华为在欧洲，基本都是从经济嵌入逐步向技术嵌入、社会嵌入、文化嵌入和体制嵌入演进；从单向嵌入，其次逐步向双向嵌入演进。从分工角度看，首先嵌入销售和服务业务，逐步向本地研发、本地生产、本地采购，乃至本地产品品牌管理演进；从单纯的销售和生产活动，向研发中心、服务中心和地区运营总部扩展。西门子医疗在中国的本地销售首先嵌入的是高端市场，其次逐步向中低端和基层市场演进；本地生产首先嵌入劳动力密集型环节，其次逐步向资本技术密集型环节演进；本地研发首先嵌入低附加值环节，其次逐步向高附加值环节演进。华为在欧洲的本地销售是从中低端市场向高端市场演进，本地研发和本地生产主要面向技术密集型和高附加值环节。

在经济嵌入方面，二者的嵌入程度都在不断加深，投资呈系统化、多功能特征，投资规模不断扩大，投资结构不断升级，与当地企业的经济关联不断加深。如今华为已在 20 个欧洲国家设立了子公司，并设立了 6 个能力中心和 6 个技术支持中心。西门子医疗在中国拥有 6 家运营公司，33 个办事处，60 个服务站，3000 多名员工。两者区别在于西门子医疗在中国的本地采购和生产更多，即后向嵌入更深入；目前西门子医疗设备 80% 的零部件都来自中国，大约 70% 的医疗影像设备产品、85% 的助听器产品、90% 的磁共振系统出口。华为与欧洲本土一流企业和所有顶级运营商进行战略合作，在欧洲已有 18 个创新中心，前向嵌入更深入。

在技术嵌入方面，二者都在不断增加当地的研发机构和研发投入，加强与当地企业之间和科研机构的技术合作。西门子在中国设立了创新中心（上海 TTB）、研究中心和开发中心，更重视前沿技术研究及与中国大学的合作，全球 8 个 CKIs 在中国就有两家（清华大学和同济大学）；西门子利用全球生产网络推动中国研发走向世界，对中国研发机构集聚、技术水平提升、产业结构升级的作用更加明显，技术溢出效应更加突出。华为在欧洲更重视应用性研发与商业公司、客户的合作，研发投入增长快，2009 ~ 2013 年在欧洲的年研发投入复合增长率平均达到 28%；通过在欧洲直接投资设立研发中心及与欧洲运营商联合成立创新中心，执行"二元学习"战略，充分整合利用欧洲的科技资源与人才，塑造了新的竞争优势，技术溢出效应更加突出。

在社会嵌入方面，二者都扎根当地，服务当地，积极履行社会责任，致力于成为当地优秀企业公民。西门子在中国的社会嵌入着重于三大领域——环境保护、科学与技术教育和社会与人道援助，并正式成立了由员工自主、自治的组织——员工志愿者协会。华为聚焦"消除数字鸿沟、为网络稳定安全运行提供保障支持、创新促进绿色环保、协同合作促力共同发展"四大战略，经过多年努力在欧洲树立了良好的声誉和品牌。

在文化嵌入方面，二者都积极融入当地文化传统，推行母公司文化在当地的移植策略，建立多元化的企业文化氛围和文化本土化战略。西门子更强调通过"One Siemens"战略框架，将西门子统一的企业文化贯彻到中国的业务当中，同时促进多元化与本土化的融合，促进不同文化背景的员工在中国的合作；目前西门子在中国的 3 万多名员工来自于 26 个国家与地区，99% 以上都是中国员工。华为更注重海外员工的本地化发展，强调为多元化的员工提供合适的通道以实现个人价值；2013 年华为在欧洲拥有约 7700 名员工，欧洲员工的本地化率达到 80%。

在体制嵌入方面，二者都把自己视为一家当地公司，严格遵守当地各类法律法规并确保全球性的合规，加强与当地社会机构的联系，深度嵌入当地体制机制。西门子医疗在上海、苏州、深圳等地的发展，充分带动了地区产业集聚；根据中国特色推出了"新农村医疗示范中心"和"绿色 + 医院"计划，引致中国医疗产业制度和商业模式的改变；将医疗器械融资租赁服务带到了中国，推动了中国医疗体系中的财务管理和融资供应链的创新改革。华为在 3G 时代选择以 WCDMA 为研发重点，促进了 WCDMA 在全球占据主流，进一步影响了 4G 时代的格局；华为在英国设立了网络安全实验室，在英国、法国等一些国家成立董事会和咨询委员会，更加注重通过顺应欧洲的体制机制，改善与欧洲政府的关系。

5.5　小　结

自 1996 年起，华为公司"为了活下去"，启动"走出去"战略。经过 20 多年的发展，华为已经稳健成长为年销售规模近 2400 亿人民币的世界 500 强公司，2014 年在运营商业务和销售总收入方面都超越了爱立信，成为名副其实的行业龙头和全球化公司。华为的全球化不仅仅是运营的全球化、投资的全球化，而且华为建立一种新的商业理念，即"全球本土化"运营：作为一家业务遍布 170 多个国家和地区的全球化公司，华为将充分整合全球优质资源打造全球化的价值链，使这个价值链上每一节点所产生的价值都能够被全球客户所分享。华为通过基于各个区域和国家的本地化运营，促进就业和增加税收，对当地社会发展做出贡献。华为通过与当地优秀企业进行产业分工合作，将华为全球价值链的优势与本地创新能力充分结合，帮助本地创造发挥出全球价值。同时，华为也遵守当地法律法规，坚持合规运营，加强与政府、媒体等外部利益相关人的沟通和交流，做负责任的企业公民和持续创新的信息社会使能者以及合作共赢的产业贡献者。华为将全球化和本土化看成是一个硬币的两面，将二者成功地结合应用于商业实践，被视为是将西方管理科学与中国精华元素相结合，实现中国本土企业自主创新和全球化发展的成功典范。

　　本章依据第 3 章提出的全球生产网络微观研究框架，基于价值视角，从价值目标、全球战略、网络形态、区位选择、网络治理这五个要素，对华为公司整体以及全球研发、生产运营、营销服务网络进行了分析，并对各网络的价值增值进行了评估；基于嵌入视角，对通信设备产业的全球网络格局、中国通信设备产业的贸易结构进行了分析，然后从嵌入战略、嵌入维度等方面，对华为公司嵌入欧洲的进程进行详细分析；并从整体、基于价值视角和基于嵌入视角三方面对西门子和华为两家公司的全球生产网络进行了比较，对华为的成功经验、存在不足进行提炼和总结。本章对华为公司全球生产网络的案例研究，有助于更好地理解本书提出的全球生产网络微观研究框架，从微观角度分析全球生产网络的动因和利得，理清中国企业嵌入海外市场的过程及其演化规律，并为更多中国企业通过嵌入全球生产网络，更好地实施"走出去"战略提供理论依据。

第 6 章
后危机时代全球生产网络的发展趋势

本书在第 1 章中指出，现有对全球生产网络的研究，对全球生产网络运行环境的动态性关注不够。由物质和经济社会组成的"系统"或"世界"是全球生产网络形成、运行和演变的最基础环境，现有研究多是以基础环境是相对静态的、贸易规则是相对稳定的为前提进行全球生产网络分析的。2008 年，以美国华尔街为中心爆发了一场全球性的金融危机，严重冲击了国际经济体系，随着金融危机的缓和，全球经济步入后危机时代。后危机时代是衰退与复苏交替、缓和与动荡并存的时代，全球经济环境不稳定性和不确定性特征日益凸显，国际贸易利益纷争愈演愈烈，国际贸易政策也具有明显的不确定性特征。那么，金融危机会对全球生产网络造成什么影响？后危机时代全球生产网络将朝什么方向发展？当前全球生产网络的地区、产业格局日后是否产生新变化？是否有新的格局在现有框架中产生？对全球生产网络依赖度不断提高的中国，应该如何做出调整以适应后危机时代全球生产网络的新特点？本章将从全球生产网络的四大推动力量入手，对后危机时代全球生产网络的发展趋势进行动态分析，并结合我国的贸易结构，分析全球生产网络的新特点对于中国的影响，试着回答上述对中国至关重要的问题。

6.1　全球生产网络的推动力量

根据传统分工理论以及新兴古典贸易理论，全球生产网络作为一种新的国际生产组织，是由劳动分工的内生演进引起的，是分工经济和交易费用的两难冲突及其折中解决的个体专业化决策所带来的直接结果。通过全球生产网络实现跨国界分工可以充分利用专业化分工带来的好处，而贸易投资自由化的推进和科学技术的进步，大大减少了在全球实现生产分工的制度障碍与壁垒，提高了交易效率，因而跨国公司作为全球生产网络的微观主体，积极构建和拓展全球生产网络。全球生产网络内的规模、广度及深度就取决于分工的边际收益与分工的边际交易费用的比较：若前者大于后者，则全球生产网络进一步发展；若前者小于后者，则全球生产网络趋于收缩。

因此，国际分工的深化、贸易投资自由化的推进、科学技术的进步和跨国公司的扩张是全球生产网络构建的主要推动力量（见图6-1）。国际分工与协作产生的经济效率是全球生产网络构建的最根本原因，贸易投资自由化在全球的推进为全球生产网络的形成提供了制度上的保证，科技进步为全球生产网络的发展提供了重要的技术保证，跨国公司是全球生产网络的微观主体和主要推动者。这四种推动力量如何演变，决定着全球生产网络的发展趋势。

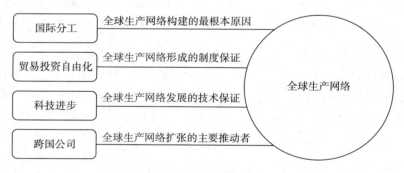

图6-1 全球生产网络的推动力量

资料来源：本书作者绘制。

全球生产网络在本质上是一个分工问题，国际分工与协作产生的经济效率是全球生产网络构建的最根本原因。分工不断深化的结果是在全球范围内提高了产品生产的专业化程度、企业的贸易依存度、社会的商业化程度、经济结构的多样化程度和市场的一体化程度，最终促进了全球生产网络的形成和扩张。当今国际的分工格局，是"二战"后历经三次大规模的跨国家跨地区产业转移浪潮形成的。在此过程中，各国依靠自身优势选择发展方向，寻找在世界经济中的最佳位置，形成了国际分工的基本格局。随着国际分工进一步深化，呈现产业间分工、产业内分工与产品内分工多层次并存，水平分工与垂直分工混合的格局，全球生产效率得到极大提升，推动了全球生产网络的形成。而全球生产网络的扩张又进一步深化了现有国际分工体系，强化了各国的竞争优势以及相互联系，在日益广泛的全球化背景下形成了各国制造业"你中有我、我中有你"的高度融合局面，各国都不同程度获得了"全球化红利"、都是全球生产网络的利益攸关者。因此，全球生产网络与国际分工格局、国家竞争优势都紧密相关。

近几十年来，以WTO为代表的多边贸易体制，以及其他的区域、双边或多边的优惠贸易协议（Preferential Trade Agreement，PTA）都在大力推进贸易投资自由化。2012年8月22日，俄罗斯正式成为WTO第156个成员，WTO覆盖了世界上超过97%的全球贸易，将为世界贸易的发展提供新的动力。PTA的数量也在持续增长，根据WTO发布的《世界贸易报告2011》，在2010年约有300个PTA在执行，平均每个WTO成员参与13个PTA；同时PTA的内容也在不断演变和深化，PTA在世界经济中发挥着重要影响。贸易投资自由化的促进措施，使各国开放国家市场，允许各种各样的外国直接投资和非产权性安排，从而极大推进了市场全球化和投资全球化，扩大了市场机会，降低了国际贸易中的交易成本，提高了交易效率，促进生产要素的跨国流动，使得世界经济从贸易全球化走向了生产全球化。通过生产全球化可以获取更廉价的劳动力、更多的专业技能和更丰富的生产投入品，从而降低了全球生产网络的形成成本。因此可以说，贸易投资自由化在全球的推进为全球生产网络的形成提供了制度上的保证。

全球生产网络的发展与科学技术的进步息息相关。一方面，科技进步引致生产过程的空间可分离，使生产分工在全球范围内展开成为可能；另一方面，科技进步使得在全球范围内更加容易实现商品、设备、知识以及人员等要素的流动，且速度更快，成本更低，为全球生产网络提供了有利的技术条件。在过去的30多年中，全球通信因卫星、光通纤维、无线技术以及因特网和电子商务的发展而发生了革命性的变革，运输技术也已发生了若干重大的创新，其中最为重要的包括商用大型喷气式客机、超级货轮及集装箱的引入，这些技术大大降低了国际的通信费用，运输费用和协调、交易费用，加快了信息和商品流通，拉近了地区之间的联系，成为推动全球生产网络的重要技术杠杆。随着科技的进步，信息技术在各个产业都得到更广泛应用，企业流程标准化和数字化程度也在不断提高，引致制造业生产过程出现了一些新的特点（"模块化"生产方式的出现便是其中之一），从而支持产品生产过程在空间上能够分离，以前一体化的生产方式可以在世界范围内分散、按照各个国家和地区的比较优势重新布局。因此可以说，科技进步使得遥远的业务活动一体化以及为了寻求效率而在全球范围内运输产品和部件变得十分经济，为在全球范围内实现生产专业化和协作提供了技术可行性，是全球生产网络发展的重要技术保证。

全球生产网络的微观主体是跨国公司，跨国公司在其中处于绝对的主导和优势地位，事实上也正是跨国公司的全球扩张促进了全球生产网络的形成，并使得经济全球化在微观层面呈现以跨国公司为核心的国际贸易新格局。经济全球化在为跨国公司带来更多市场机会的同时，也使越来越多的公司参与跨国界的竞争。为应对日益激烈的市场竞争压力，跨国公司必须探索增加效率的新方式，其中包括尽早将它们的国际业务扩展到新的市场以及转移某些生产活动以降低成本竞争，或者将国际生产采用新的形式、新的所有权和合同安排，以及将新的活动设置在国外新的地点等。因此，跨国公司利用其"所有权优势"和"内部化优势"实施全球化战略，在全球范围内重新配置生产要素，利用各国或地区要素资源的质量差别、价格差异以及各市场产品需求的动态变化，把价值链上的各个环节和职能加以分散和配置，并使它们有机地结合起来，形成了由跨国公司主导、各类主体参与的有机共生网络，为企业的价值创造带来新的空间。世界经济从贸易全球化走向了生产全球化，国际生产不断扩大。跨国公司的国外销售额、雇员人数和资产都有所增加，到 2008 年跨国公司已超过 80000 家。跨国公司在结构上也逐渐演进成全球性网络公司，传统的企业间个体竞争模式逐渐被企业网络联合体之间的群体竞争模式所取代。跨国公司不仅提高了自身的竞争优势，而且对世界经济的影响也越来越大，已经成为当代国际经济生活的核心组织者，因而跨国公司是全球生产网络形成和扩张的最主要的推动力量。

6.2 全球生产网络发展的基本趋势没有改变

在后国际金融危机时代，经济全球化的基本趋势没有改变（裴长洪，2010）。现有国际分工格局将进行渐进式的调整和优化，但不会出现颠覆性的变化；尽管新的管制和限制性投资措施在上升，但贸易投资自由化和投资促进仍然是近期贸易政策的主导内容；危机过后的世界经济调整期将"催生"新一轮的技术革命，为生产要素跨国流动提供更有利的技术条件；跨国公司为了扩大市场机会、降低运营成本、获取关键资源，将继续进行国际性扩张，其研发、生产、采购、销售等环节也将更加向新兴国家和地区倾斜。由于上述各种推动力量的基本趋势没有改变，全球生产网络的发展也不会发生根本性改变或者倒退，跨国公司主导的全球生产网络仍将在调整和优化中进一步推进和扩张。

6.2.1 国际分工的基本格局不会出现颠覆性变化

"二战"后经历了三次大规模的国际产业转移，每一轮的产业转移都与各国的经济发展、竞争优势变化、产业结构调整等紧密相关，从而影响着国际分工格局，并使各国紧密地融入全球分工体系中。如张茉楠（2008）指出，在全球化浪潮中，分工将世界上的主要经济体划分成三类国家：以美国、欧盟和日本为代表的资本和消费型国家，以中国和印度为代表的生产型国家，以中东、俄罗斯、巴西、澳大利亚为代表的资源型国家。也有人将这三类国家形象地比喻成"知识生产的头脑国家、物质生产的躯干国家、资源供应的手脚国家"。由于当前国际分工在促进全球经济持续20多年繁荣的同时，也导致了全球经济多年失衡并引发了金融危机，因此必然进入一个结构性调整的纠偏过程。但在后危机时代各国的经济发展模式、竞争优势以及产业结构都不会发生根本性的改变，因此国际分工格局不会出现颠覆性的变化。要彻底改变这种分工格局，相当于要各国彻底重塑其竞争优势，如具备创新优势的发达国家，为了创造就业机会去发展低附加值的劳动密集型产业，这些产业在国家和产业层面都不具有竞争优势，不但是本国，包括全球生产网络所有的利益攸关国，都将付出巨大的成本和代价。

以美国为例，美国作为世界上制造业最发达和先进制造业发展最快的国家，其制造业的竞争优势并未受到金融危机的影响，因此即使提出"再工业化"战略，主要也是面向高端产业。美国在 2009 年提出重振制造业战略构想之后，先后出台了《重振美国制造业框架》《清洁能源与安全法案》《先进制造业伙伴计划》《先进制造业国家战略计划》等政策措施。这些措施主要以科技创新为中心、以高端产业为发展重点，旨在吸引高端产业回流，推动高端产业发展以抢占制高点。2015 年 2 月，美国布鲁金斯学会（Brookings Institution）发布了《美国高端产业：定义、布局及其重要性》（America's Advanced Industries：What they are，Where they are，and Why they matter）研究报告。该报告对美国高端产业给出了两个界定标准：一是每个产业工人的研发支出应超过 450 美元，或者是位于产业的前 20% ；二是产业队伍中获得 STEM（科学、技术、工程和数学）学位的人数必须高于全国平均水平，或者在本产业中所占比重达到 21% 。同时符合这两个标准的产业就是所谓的高端产业。根据这一标准，该报告提出美国的高端产业共包括 50 个行业，涉及先进制造业（35 个）、先进能源行业（3 个）和先进服务业（12 个）。1980 ~ 2013 年，美国高端产业产值年均增速为 5.4% ，比美国经济年均增速高出 30% 左右。高端产业每年直接创造 2.7 万亿美元的增加值，占到美国国内生产总值的 17% 。截至 2013 年，这 50 个高端产业雇佣了 1230 万名美国劳动力，包括全美 80% 的工程师，从事 90% 的私人部门研发，产出了大约 85% 的美国专利，占美国出口总额的 60% 左右。

在后危机时代，美国高端产业无论是就业还是产值都急剧上升，高端产业各部门就业人数出现大范围的增长，但服务领域更为领先。图 6 - 2 显示了 2010 ~ 2013 年美国就业岗位增加量情况。与 2010 年相比，美国高端产业部门新增近百万个就业机会，就业和产值增长率比其他经济部门分别高 1.9 倍和 2.3 倍。高端产业直接或间接地提供了超过 3900 万个工作岗位，占美国就业人口总数的 1/4 左右。值得注意的是，在该报告所提到的 50 个行业中，高端制造业有 35 个，占 70% 。可见，高端制造业是美国高端产业的主体组成部分。而作为高端产业中的重要部门，高端服务业促进了美国经济衰退后的就业激增，创造了近 65% 的新增就业岗位。

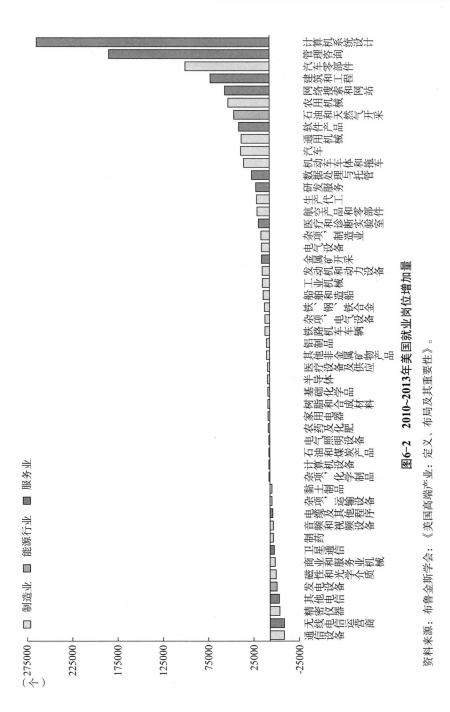

图6-2 2010~2013年美国就业岗位增加量

资料来源：布鲁金斯学会：《美国高端产业：定义、布局及其重要性》。

美国不会改变以服务业为主的经济结构，不会改变其长期形成的"消费导向型"的经济模式，而且美国制造业和服务业岗位外移的趋势并未停止。自 2009 年开始，美国企业把生产线从低工资国家迁回美国的报道就屡见报端，波士顿咨询（BCG）、科尔尼咨询（A. T. Kearney）等咨询公司也加入了探讨美国制造业回流情况的大军。但是上述讨论通常只关注单向流动，事实上，同一时期，大量的公司都在扩大其外包业务，如果考虑到美国跨国企业有超过 25000 家外国子公司、全球雇员超过 3600 万人，上述那些回流案例显然不是在同一个数量级别的。彼得森国际经济研究所（PIIE）基于大部分美国企业全球运营活动的数据进行研究，研究认为：尽管一些公司转变了先前外包业务的决定，但并没有证据表明美国制造业回流是普遍趋势，全球供应链依然欣欣向荣，短期内不太可能会改变。但这种情况对美国经济或美国工人而言，不应被视为一种威胁，相反，持续的外包提高了美国制造业部门的竞争力，对美国工人和消费者有利。

为了检验美国制造业回流是否已是大势所趋，彼得森国际经济研究所将美国制造业的外包产品定义为：在海外生产、回到美国销售的制成品。彼得森国际经济研究所利用所有美国跨国公司的官方数据去探究这些公司的外包业务是否发生了剧烈的逆转。根据美国经济分析局（BEA）的数据，图 6-3 显示了美国跨国公司 1999~2012 年的进口情况，实线表示美国跨国

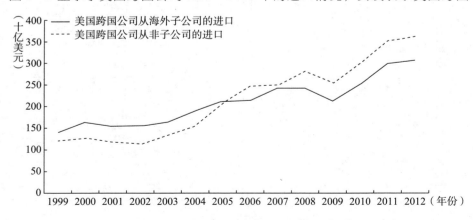

图 6-3　1999~2012 年美国跨国公司进口额

资料来源：美国经济分析局（BEA）。

公司从海外子公司的进口，虚线表示美国跨国公司从非子公司的进口，通常就是海外代工生产或正常贸易。实线是测度外包业务很好的一个指标，因为那些商品就是海外生产，然后运回美国进行最后的组装或销售。截至2012年，以上类型的外包业务基本保持了上升趋势，并未发生逆转，仅有的下挫发生在2009年，但这仅仅是对危机后经济衰退的周期性反映。

图6-4展示了1999~2011年美国跨国公司"美国制造"的出口情况，结合图6-3可以看出，外包业务在增长的同时，"美国制造"的出口也在上升。因此，尽管企业回流并不是一个广泛现象，但这无损美国制造业的竞争力，事实上，美国的跨国公司会持续开展外包业务，但这些跨国公司也将持续变强，在美国本土进行更多的生产，推动更多的美国出口。

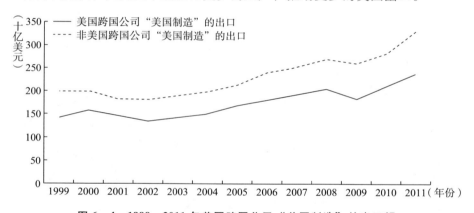

图6-4　1999~2011年美国跨国公司"美国制造"的出口额

资料来源：美国经济分析局（BEA）。

由此可见，尽管在后危机时代，各国纷纷致力于酝酿新的国际产业格局、建立新的国际分工体系，然而这都是以相对稳定的自身竞争优势为基础的，在经济全球化的时代也没有哪个国家可以独立构建产业体系，都需要与别的国家进行通力合作，实现优势互补、产业协同配套。所以在后危机时代国际分工的改变与优化重组不可避免，然而国际分工体系绝不会崩溃或者全部推倒重建，而是会基于新的全球经济环境、各国的竞争优势发展，对现有分工体系进行渐进调整。而且危机后新的国际分工、合作与贸易体系在优化重组之后必将迎来新的发展期，成为带动全球生产网络和贸易投资发展的动力源泉。

6.2.2　贸易投资自由化仍然是近期贸易政策的主导内容

贸易投资自由化在全球的推进为全球生产网络的形成提供了制度上的保证。尽管过去几年内限制性投资措施和行政程序越来越多，投资保护主义的风险有所增加，但是投资的自由化、促进、便利化仍然是近期贸易政策的主导内容，跨国投资与贸易融合互动的趋势不会改变，全球生产网络的发展依然有着坚实的制度基础。

（一）国际投资协定：总数和区域协定都在上升

根据联合国贸易和发展会议（UNCTAD）发布的《世界投资报告》（World Investment Report，WIR），近几年随着新条约的缔结和仲裁裁决的不断增多，国际投资制度的范围和规模有所扩大，且正在出现一种系统性演进，即一种更好地兼顾国家和投资者的权利和义务的制度趋于形成。图 6 - 5 显示了 1980～2014 年国际投资协定的趋势。2014 年缔结了 31 个新的国际投资协定（International Investment Agreements，IIAs），到 2014 年底，IIAs

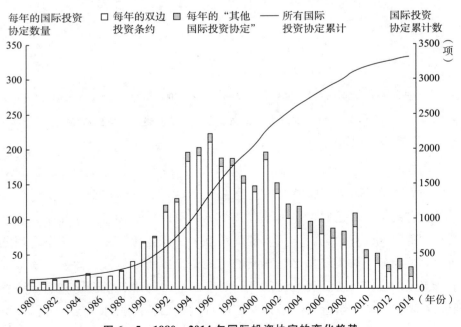

图 6 - 5　1980～2014 年国际投资协定的变化趋势

资料来源：联合国贸发会议（UNCTAD），国际投资协定数据库。

制度已增加到 3271 项条约，其中 2926 项双边投资条约（Bilateral Investment Treaties，BITs），345 项"其他国际投资协定"（主要包括涵盖投资条款的自由贸易协定、经济伙伴关系协定和区域协定）。总的来看，虽然双边投资条约的数量每年在减少，但越来越多的国家在区域和次区域层面开展国际投资协定的谈判。例如，当前在跨太平洋伙伴关系协定（TPP）、跨大西洋贸易与投资伙伴关系协定（TTIP）、区域全面经济伙伴关系（RCEP）等五项主要谈判中有近 90 个国家参与。

虽然近几年每年新签 BITs 的数量在减少，但这基于以下几个事实。①国际投资协定的总数仍然在持续增加。②国际投资协定的庞大和复杂程度令政府和投资者都难以应对，然而其又不足以涵盖所有可能出现的双边投资关系，各方正在加紧研究国际投资协定制度的未来方向及其发展影响。③虽然双边协定仍然占主导地位，但是区域贸易协定正在增强，这也给国际投资协定体系带来了系统性的变化。此外，对可持续发展问题的考量成为影响国际投资协定，以及政府制定国际投资政策时越来越重要的因素。当前国际投资协定制度正处于十字路口，迫切需要进行改革，以使之更好地适应今天的政策挑战。2015 年《世界投资报告》为这种改革提出一些政策选择，这些选择涉及国际投资协定改革的不同方面（国际投资协定的实质性条款、投资争端解决）和面向改革的决策的不同层面（国家、双边、区域和多边）。总的来说，关于改革的这些政策选择处理国际投资协定所涉的标准内容，并与国际投资协定中找到的典型条款相匹配，以实现利用国际投资协定促进可持续和包容性增长，确定最有效的保障监管权的手段，同时提供投资保护和便利。

（二）国家投资政策：继续实行自由化的同时逐步加强管制

近几年尽管新的管制和限制性措施在上升，但是迄今为止尚未导致贸易保护主义明显加剧，许多国家继续对各行业的外国投资实行宽松化政策和促进政策，以刺激经济增长，并采取了很多外国直接投资（FDI）流出限制以及外商投资遣返激励的措施；同时直接外资政策与产业政策之间的相互作用不断增强。图 6-6 显示了 2000～2014 年国家投资政策的变化情况。2014 年，37 个国家和经济体采取了至少 63 项影响外国投资的政策措施。在这些措施中，有 47 项涉及投资的自由化、促进和便利化，有 9 项实行对投资的新的限制或监管，其余 7 项措施为中性。一些国家实行或修正了它们的投资法律或准则，以给予新的投资奖励或者使投资程序便利化。若干国家放松了对外国所有制的限制，或者向外国投资开放新的商业活动（如在基础设施和服务行业）。新实行的投资限制或监管主要涉及国家安全方面的考虑以及战略部门（如运输、能源和国防）。而在 2013 年，59 个国家和经济体实行了 87 项涉及 FDI 的政策措施，其中有 61 项更加有利于 FDI，23 项是关于 FDI 监管和限制的。与 2013 年相比，2014 年政策措施中自由化和促进的份额显著增加，从 2013 年的 73% 增加到 2014 年的 84%。尽管断言近几年加强政策管制的趋势出现逆转还为时尚早，但是总体上各国是继续实行投资自由化和促进政策的。

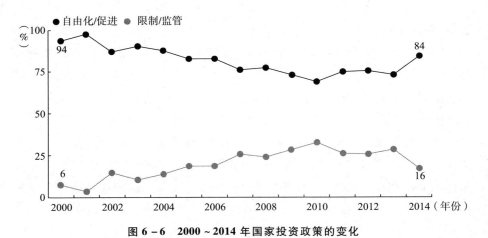

图 6 - 6　2000～2014 年国家投资政策的变化

资料来源：联合国贸易和发展会议，投资政策监测。

6.2.3　科技进步推动生产要素跨国流动的趋势不会改变

科技创新始终是推动人类社会生产生活方式产生深刻变革的重要力量，科技进步是全球生产网络发展的重要技术保证。回溯过去 200 多年来发生过的科技革命，每一次危机过后的萧条和复苏阶段都伴随着大范围的资本重组和新发明、新技术、新设备在生产领域的大规模应用。每一次产业革命都同技术创新密不可分。18 世纪，蒸汽机引发了第一次产业革命，实现了从手工劳动向动力机器生产转变的重大飞跃，使人类进入了机械化时代。19

世纪末至 20 世纪上半叶，电机和化工引发了第二次产业革命，使人类进入了电气化、原子能、航空航天时代，极大地提高了社会生产力和人类生活水平，缩小了国与国、地区与地区、人与人之间的空间和时间距离，地球变成了一个"村庄"。20 世纪下半叶，信息技术引发了第三次产业革命，使社会生产和消费从工业化向自动化、智能化转变，社会生产力再次提高，劳动生产率再次实现大飞跃。工程科技的每一次重大突破，都会催发社会生产力的深刻变革，都会推动人类文明迈向新的更高的台阶。

进入 21 世纪以来，新一轮科技革命和产业变革正在孕育兴起，全球科技创新呈现新的发展态势和特征。学科交叉融合加速，新兴学科不断涌现，前沿领域不断延伸，物质结构、宇宙演化、生命起源、意识本质等基础科学领域正在或有望取得重大突破性进展。信息技术、生物技术、新材料技术、新能源技术广泛渗透，带动几乎所有领域发生了以绿色、智能、泛在为特征的群体性技术革命。英国著名杂志《经济学人》2012 年提出，制造业数字化将引领第三次工业革命。得益于新材料、新工艺、智能软件、灵敏机器人、网络协作生产服务等，制造业将走向数字化，从而改变制造业的生产方式。杰里米·里夫金（Jeremy Rifkin）在《第三次工业革命》一书中预言，一种建立在互联网和新能源相结合基础上的新经济即将到来。向可再生能源转型、微型发电厂分散式生产、使用氢和其他存储技术存储间歇式能源、通过能源互联网实现分配、将传统的运输工具转向插电式以及燃料电池动力车，构成了第三次工业革命的五个支柱，它们将催生新型经济范式。德国工程院、西门子等产学界于 2011 年联合提出了"工业 4.0"概念，他们认为前三次工业革命源于生产的机械化、电气化和信息化改造，现在随着信息物理融合系统（Cyber-physical System，CPS）在制造业中的推广应用，正在引发以数字化制造为核心的第四次工业革命（见图 6 - 7）。"工业 4.0"将融合现实生产和虚拟生产的技术，基于大数据、互联网、人，通过数字化工程、数字化制造等各种信息技术实现柔性制造，通过价值链和价值网络实现企业间的横向集成，通过企业内部可灵活重组的网络化制造系统实现纵向集成，经济高效地满足客户个性化的定制需求。

无论是"第三次工业革命"还是"工业 4.0"，全球新一轮科技革命和

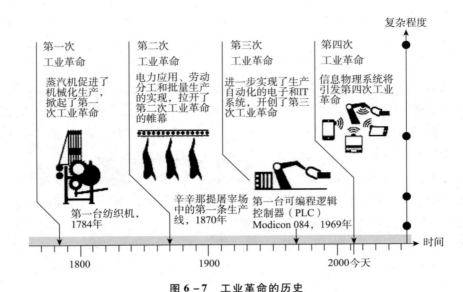

图 6 - 7 工业革命的历史

资料来源：西门子：《"工业 4.0"——制造业的未来》。

产业变革的本质是工业化与信息化的高度融合，推动制造业向数字化、网络化、智能化发展。信息技术使不同环节的企业间实现信息共享，能够在全球范围内迅速发现和动态调整合作对象，整合企业间的优势资源，在研发、制造、服务、物流等各产业链环节实现全球分散化生产，推动由集中生产向网络化异地协同生产转变。泛在连接和普适计算将无所不在，虚拟化技术、3D 打印、工业互联网、大数据等技术将重构制造业技术体系：如3D 打印将新材料、数字技术和智能技术植入产品，使产品的功能极大丰富，性能发生质的变化；在互联网、物联网、云计算、大数据等泛在信息的强力支持下，制造商、生产服务商、用户在开放、共用的网络平台上互动，单件小批量定制化生产将逐步取代大批量流水线生产；基于信息物理系统的智能工厂将成为未来制造的主要形式，重复和一般技能劳动将不断被智能装备和生产方式所替代。随着产业价值链重心由生产端向研发设计、营销服务等的转移，产业形态将从生产型制造向服务型制造转变。网络众包、异地协同设计、大规模个性化定制、精准供应链管理等正在构建企业新的竞争优势；全生命周期管理、总集成总承包、互联网金融、电子商务等加速重构产业价值链新体系。

新一代信息技术与制造业的深度融合，将促进制造模式、生产组织方式和产业形态的深刻变革。全球新一轮产业变革中的组织模式是网络化扁平化结构，中小型企业组成的网络与国际商业巨头共同发挥着作用。这就是杰里米·里夫金所说的"扁平化的世界"。每栋建筑都是一个发电厂，都可以利用自己产生的能源进行生产；每个人都可以成为生产者、拥有自己的公司，物流、后勤也如此；通过信息技术，订单和用户需求可以及时传达给生产方，而生产方也可以通过互联网来展示和销售自己的产品，这几乎省去了不必要的成本。个别大企业有可能消失，但是大多数大企业将变成集合商，它们不再大规模制造商品，而是为小企业提供物流平台、交易平台及服务。未来的制造业将发生革命性的变化，竞争的市场将越来越向合作网络让步，传统的集中式的经营活动将逐渐被网络化的分散式增强型经营方式取代，传统的等级化的经济和政治权力将让位于以节点组织的扁平化权力。对于制造业整体而言，新一轮科技革命将推动全球制造业进一步发展，全球生产网络也将更加发达。

6.2.4　跨国公司扩大国际生产的趋势不会改变

跨国公司是全球生产网络的微观主体，是全球生产网络形成和扩张的最主要的推动力量。跨国公司构建全球生产网络的主要动机是扩大市场机会、降低运营成本、获取关键资源。从资源角度来看，金融危机后各国纷纷调整产业政策和投资政策，以进一步保护本国战略资源，因此跨国公司不得不加大对东道国的投资以获取关键资源。从成本角度来看，金融危机可能使各国的成本优势出现变化，但是并不会消除它们，生产要素在各国的成本差异依然存在，跨国公司依然有动力以降低成本为目标组织和优化国际生产。从市场角度来看，美、欧、日等发达国家的经济复苏道路并不平坦，消费需求难有起色，而新兴经济体由于维持发展态势将创造巨大的消费需求，因此跨国公司将更加看重新兴市场。要想扩大新兴市场份额，在市场竞争日益激烈的背景下，跨国公司必须加强和落实本地化战略，进一步加大对东道国的投资，通过本地研发和生产，将采购、制造和销售环节紧密连接起来，对客户需求做出正确和快速地响应。由此可见，后危机时代跨国公司将继续扩大其全球生产网络。

　　根据联合国贸易和发展会议发布的《世界投资报告》，金融危机后的2009～2014年，包括跨国公司的海外销售、产值、出口、雇员和资产在内的各项国际生产指标都呈上升趋势（见表6-1），且都超过了金融危机前2005～2007年的平均值。2011年，跨国公司外国子公司的雇员数约为6900万人，发展中国家和转型经济体占其中的多数，仅中国的雇员数就达到了1820万人；跨国公司外国子公司的销售额和产值分别达到了28万亿美元和7万亿美元，产值大约为全球GDP的1/10；出口额约为7.4万亿美元，约占全球出口总额的1/3。根据调查，全球最大的100家跨国公司的国际生产呈整体上升趋势，其海外的销售额、员工和资产的增长都比国内公司的要快。到2014年，跨国公司外国子公司的就业人数达到7500万人；销售额超过了36万亿美元，产值和出口额都约为7.8万亿美元。由此可见，无论是市场寻求型、成本寻求型还是战略资产寻求型的跨国公司，其扩大国际生产的趋势不会改变，在后危机时代全球生产网络也将得到进一步发展。

表6-1　1990～2014年某些国际生产指标

单位：10亿美元，按现行价格计算

项　　目	1990年	2005～2007年（平均值）	2009年	2010年	2011年	2012年	2013年	2014年
外国子公司销售额	4723	21469	23866	25622	27877	31687	33775	36356
外国子公司附加值（产值）	881	4878	6392	6560	7183	7105	7562	7882
外国子公司总资产	3893	42179	74910	75609	82131	88536	95230	102040
外国子公司出口额	1444	4976	5060	6267	7358	7469	7688	7803
外国子公司雇员（千人）	20625	51593	53306	63903	69065	69359	71297	75075
国内生产总值（GDP）	22327	51799	57920	63075	69660	73457	75453	77283
货物和服务出口额	4332	14927	15196	18821	22095	22407	23063	23409

　　资料来源：联合国贸易和发展会议。

6.3 全球生产网络中中国的贸易结构分析

改革开放 30 多年来，中国的进出口贸易呈现加速发展的态势，特别是 2001 年中国加入世界贸易组织之后，中国已经迅速融入全球生产网络之中，对外贸易依存度不断提高。根据商务部发布的海关统计数据，从 1978 年到 2014 年，中国的进出口总额从 206.4 亿美元增长到 43030.4 亿美元，绝对值增长超过 200 倍。其中，1988 年进出口总额首次突破千亿美元关口，与 1978 年相比在比较小的基数上用了 10 年时间翻五番。到 1994 年，用了 6 年时间翻一番，进出口双双超过 1 千亿美元。到 2000 年进出口总额再翻一番，又用了 6 年时间。到 2004 年进出口总额再翻一番，首次突破 1 万亿美元关口，只用了 4 年时间。到 2007 年进出口总额基本实现再翻一番，首次突破 2 万亿美元关口，只用了 3 年时间。2013 年中国的进出口贸易总额为 4.16 万亿美元，中国一举成为全球第一货物贸易大国，也是首个货物贸易总额超过 4 万亿美元的国家，创造了世界贸易发展史的奇迹。图 6-8 显示了 2006~2014 年中国进出口总体情况。2014 年，中国进出口总额 4.3 万亿美

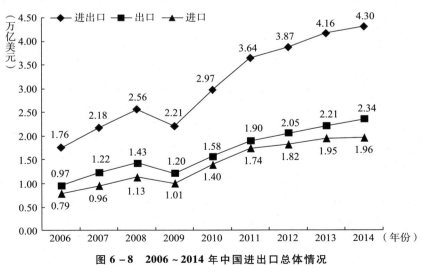

图 6-8　2006~2014 年中国进出口总体情况

资料来源：中国海关统计。

元，相比 2013 年增长 3.4%，全球第一货物贸易大国地位进一步巩固；其中出口 2.34 万亿美元，增长 5.9%，进口 1.96 万亿美元，增长 0.5%，出口占全球出口总额的 12.4%，比上年提升 0.7 个百分点。历史上，中国出口总值超过进口约 30%，但该差距正在缩小，如果该趋势持续，将进一步改善中国对外贸易平衡状况。

对于在全球生产网络中我国对外贸易的总量，可以从贸易方式、经营主体、商品结构、国际/国内市场区域布局等方面进行分解和分析，可以看出金融危机后，我国对外贸易总体保持平稳增长，国际市场份额进一步提高，贸易大国地位更加巩固，贸易结构持续优化，质量和效益不断改善。中国外贸发展不仅有力促进了国内经济社会发展，也为全球贸易增长和经济复苏做出了积极贡献。

6.3.1 贸易方式分析

中国对外贸易的主要方式是加工贸易和一般贸易。《中华人民共和国海关对加工贸易货物监管办法》（海关总署令第 113 号）规定，加工贸易，是指经营企业进口全部或者部分原辅材料、零部件、元器件、包装物料（以下简称料件），经加工或者装配后，将制成品复出口的经营活动，包括来料加工和进料加工。一般贸易是与加工贸易相对而言的贸易方式。现代物流实用词典解释：一般贸易指单边输入关境或单边输出关境的进出口贸易方式，其交易的货物是企业单边售定的正常贸易的进出口货物。一般贸易货物可以是一般进出口货物、特定减免税货物，或者保税货物。从全球生产网络的概念看，加工贸易是建立在产品内国际分工基础上的一种贸易方式，承担跨国公司全球价值链中的一个环节；加工贸易是中国企业参与全球生产网络的主要形式之一，中国加工贸易主要是参与垂直专业化分工，处于整个价值链附加值最低的制造环节。一般贸易则涵盖了产业间分工、产业内分工与产品内分工，以及水平分工与垂直分工多种国际分工形式，相对加工贸易而言，具有国内产业链长、附加值较高等特点。

从贸易方式角度考察中国的一般贸易和加工贸易，可以发现对外贸易受改革开放以来实施出口导向型贸易政策、2001 年加入世界贸易组织、2007 年启动加工贸易转型升级和 2008 年爆发的金融危机的影响很大。根据中国海关的数据，中国的贸易以往主要以加工贸易为主，这一结构在 2008 年以后发生了变化，当年一般贸易超过加工贸易。随着一般贸易比重提高，加工贸易放缓脚步，到 2011 年，加工贸易进出口总额仅占中国贸易总额的 35.9%，与 2002 年相比减少了 12.8%；一般贸易进出口总额占贸易总额的 52.8%，与 2002 年相比提升了 10%。图 6 - 9 显示了 2014 年中国进出口贸易方式情况。2014 年，一般贸易进出口 2.31 万亿美元，占全国进出口总额的 54%；加工贸易进出口 1.41 万亿美元，占全国进出口总额的 33%。

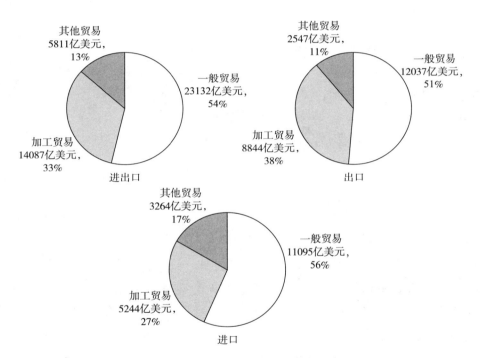

图 6 - 9 2014 年中国进出口贸易方式情况

资料来源：中国海关统计。

在出口方面，自 1995 年以后，加工贸易就基本稳定地占据了出口的半壁江山，但是加入世界贸易组织后加工贸易占出口总额的比重逐步下降，自 2008 年起占比低于一半，为 47.2%，2011 年下降到 44%，2014 年为 38%；而 2008 年一般贸易占出口总额的比例为 46.3%，2011 年增加到 48.3%。图 6 - 10 显示了 2006 ~ 2014 年中国出口分贸易方式情况。2014 年一般贸易出口额为 1.2 万亿美元，占出口总值比重为 51%，20 年来首次过半，对出口增长的贡献率达 87.8%。进出口企业从代工生产、贴牌出口向自创品牌、自主设计、自主研发转变，努力提升在全球价值链中的地位。与此同时，新型贸易方式蓬勃发展。跨境电子商务、市场采购贸易、外贸综合服务企业等新型贸易方式顺应个性化的全球消费潮流，也契合了帮助广大中小企业发展外贸业务的市场需要，正逐步成为外贸发展的新增长点。2014 年，跨境电子商务增速高达 30% 以上。义乌市场采购贸易方式出口192.9 亿美元，增速达 36.8%。

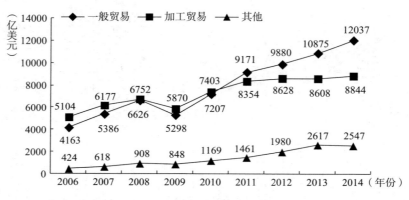

图 6 - 10　　2006～2014 年中国出口分贸易方式情况

资料来源：中国海关统计。

在中国的进口结构中，一般贸易总额大约是加工贸易总额的 2 倍左右，这反映了中国的经济结构正在逐步向消费转型，而且一般贸易赤字也呈现扩大的趋势，也表明这一领域是经济"再平衡"的重要来源。同时一般贸易比重持续提高，一般商品贸易开始主导贸易结构，中国的贸易顺差将逐步减少，也在一定程度上反映出我国贸易方式的持续优化。加工贸易依然是贸易盈余的主要来源，主导着中国的贸易顺差，这说明加工贸易在我国工业化、国际化进程中仍然发挥着重要作用。在今后相当长一段时间内，加工贸易仍将是我国扩大就业、促进贸易、增加税收的重要途径，我国应该利用加工贸易带来的技术外溢效应积极进行转型升级，同时向中西部地区转移，以促进区域协调发展、优化产业分工格局。

6.3.2　经营主体分析

中国对外贸易的主体大致可以分为统称为内资企业的国有企业、集体企业、民营企业，以及统称为外商投资企业的中外合作、中外合资、外商独资企业6大类。从经营主体角度考察不同性质企业的贸易方式，以及进出口额占中国进出口总额的比重，可以发现，一般贸易进出口基本以国有企业为主，外资企业和民营企业的作用日渐突出；加工贸易是以外资企业尤其是外商独资企业为主，国有企业的作用日渐式微，民营企业尚处于起步阶段。因此对于中国进出口贸易的增长，外资企业和民营企业居功至伟。

具体而言，国有企业占出口和进口的比重逐年下降，特别是在2002年以后加速下降。2011年国有企业进出口额与2002年相比增长2.2倍，占同期中国进出口总额的20.9%，占比较2002年下降17.3%。图6-11显示了

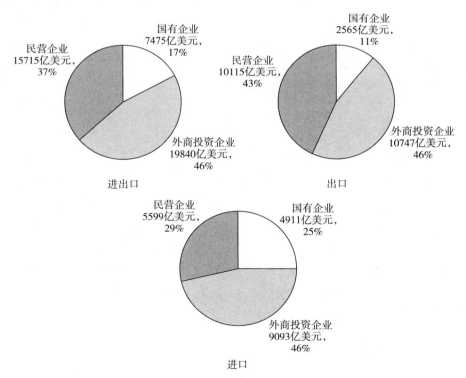

图6-11　2014年中国进出口企业性质情况

资料来源：中国海关统计。

2014 年中国进出口企业性质情况。2014 年，国有企业进出口 7475 亿美元，连续三年负增长。其中出口额为 2565 亿美元，占出口总额的 11%；进口额为 4911 亿美元，占进口总额的 25%。国有企业进口比重远远超过出口比重，表明它们以满足国内市场需求为主。

民营企业的进出口比重在 2002 年以后突飞猛涨，2011 年中国民营企业外贸进出口额比 2002 年增长 18.2 倍，占同期中国进出口总额的 28%，比重较 2002 年提升 19.4%。2014 年，有进出口实绩的民营企业占外贸企业总数的比重超过 70%，进出口额 15715 亿美元，占中国进出口总额的 37%，对整体进出口增长的贡献率达 55.9%。其中出口额为 10115 亿美元，占出口总额的 43%；进口额为 5599 亿美元，占进口总额的 29%。民营企业进口比重低于出口比重，加工贸易进出口的比例均较低，表明它们的原材料等投入品可能主要来源于国内，与国外企业的联系以随机的市场交易型为主，可能缺乏参与全球生产网络的稳定渠道。国有企业和民营企业的来料加工贸易进出口比重均高于进料加工贸易进出口比重，表明它们参与全球生产网络是被动的、浅层次的，利润率很低。

2011 年，外商投资企业进出口额比 2002 年增长 4.6 倍，占同期中国进出口总额的 51%，比重较 2002 年下降 2.1%。2014 年，外资企业进出口额 19840 亿美元，占中国进出口总额的 46%。其中出口额为 10747 亿美元，占中国出口总额的 46%；进口额为 9093 亿美元，占中国进口总额的 46%。中外合资企业占出口总额的比重比较稳定，占进口总额的比重略微呈下降趋势。中外合作和集体企业占进出口总额的比重较小且波动不大。外商独资企业的进出口比重则逐年增长，且独占加工贸易进出口鳌头，外商独资企业逐步替代内资企业从事加工贸易，很显然中国的进出口主要是依靠外资企业拉动的，它们是中国参与全球生产网络的主体，在中国对外贸易中的地位越来越重要。民营企业进出口增长较快，国有企业和外资企业比重回落，也说明中国贸易主体格局更趋合理。

6.3.3　商品结构分析

进出口商品按照国际贸易标准分类（SITC）分为 10 大类：食品及活动物，饮料及烟类，非食用原料，矿物燃料、润滑油及有关原料，动、植物油脂及蜡，化学品及有关产品，按原料分类的制成品，机械及运输设备，杂项制品，未分类的其他商品。通常将 SITC0 - 4 类定义为初级产品，也被称为是资源密集型产品；SITC5 - 8 类定义为工业制成品，其中 SITC5 和 SITC7 一般被粗略地认为是资本、技术密集型产品，SITC6 和 SITC8 被认为是劳动密集型产品。

从进出口商品角度考察中国的贸易结构，可以发现初级产品、工业制成品的进出口额都在增长。但是初级产品占总出口的比重从 1978 年的超过 50% 下降到 2014 年的 4.8%；占进口的比重则是先降后升，从 1980 年的 34.8% 下降到 2003 年的 17.6%，又持续上升为 2014 年的 33%。工业制成品占出口的比重从 1978 年的 46.5% 增长到 2014 年的 95.2%，占进口的比重先升后降，从 1980 年的 65.2% 上升到 2003 年的 82.4%，又持续下降到 2014 年的 67%。图 6 - 12 显示 2006 ~ 2014 年中国进出口商品结构的总体情况，可以看出中国已经从初级产品出口国变为初级产品进口国（其中比较重要的进口产品是能源产品和资源性产品），中国商品贸易的增长主要来自工业制成品的进出口增长尤其是出口的增长。

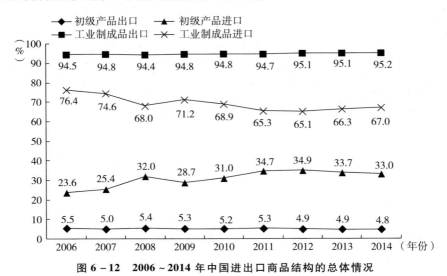

图 6 - 12　2006 ~ 2014 年中国进出口商品结构的总体情况

资料来源：中国海关统计。

进一步分析 2002 年到 2011 年的进出口商品结构。从出口商品结构看，2011 年中国出口传统七大类劳动密集型产品（包括纺织品、服装、鞋类、玩具、塑料制品、家具、箱包七大类）3857.9 亿美元，出口机电产品 10855.9 亿美元，分别占同期中国出口总额的 20.3% 和 57.2%，与 2002 年相比，10 年来中国传统劳动密集型产品出口所占比重回落 8.6%，而机电产品出口比重提升 9%。传统劳动密集型产品附加值不断提高，消费类产品出口增长仍然较快，通信设备、医疗器械等产品出口快速增长，"两高一资"产品出口大幅下降，这都充分显示中国出口商品结构明显优化，开始逐步向价值链上游转移。2011 年，中国进口能源、资源性产品和消费品比 2002 年增长 13.6 倍，年均增长 34.7%，高于同期进口平均增幅 12.9 个百分点。此外，汽车、先进技术设备、关键零部件及部分消费品进口也不断增加。这些都表明中国进口商品结构更加优化，进出口增长趋于平衡。

2011 年至今，中国进出口商品结构进一步优化，装备制造业成为出口的重要增长点。表 6－2 列出了 2014 年中国出口主要商品数量、金额及增速情况。与 2013 年相比，2014 年机电产品出口金额增长 3.7%，占出口总额的比重达 56%；装备制造业依靠突出的性价比优势开拓国际市场，电力、通讯、机车车辆等大型成套设备出口金额增长 10% 以上；纺织品、服装等七大类劳动密集型产品出口 4851 亿美元，增长 5%。

表 6－2　2014 年中国出口主要商品数量、金额及增速

商品名称	计量单位	数量	增长（%）	金额（亿美元）	增长（%）
纺织纱线、织物及物品	—	—	—	1121.4	4.9
服装及衣着附件	—	—	—	1862.8	5.2
鞋类	万吨	488	4.5	562.5	10.8
家具及其零件	—	—	—	520.2	0.4
自动数据处理设备及其部件	万台	191835.5	2.6	1817.2	-0.2
手持或车载无线电话机	万台	131199	10.6	1153.6	21.3
集装箱	万个	302	12.1	90.0	14.2
液晶显示板	百万个	2450.8	-25.0	317.9	-11.4
汽车及汽车底盘	万辆	90.2	-2.7	126.2	4.7
＊机电产品	—	—	—	13109.0	3.7
＊高新技术产品	—	—	—	6605.3	0.1

＊"机电产品"和"高新技术产品"包括部分相互重合的商品。

资料来源：中国海关统计。

2014 年先进技术设备进口快速增长，生物技术产品、航空航天技术产品、计算机集成制造技术产品等高新技术产品进口增速均在 15% 以上，为国内产业结构调整提供了支撑；消费品进口 1524 亿美元，增长 15.3%，占进口总额的 7.8%，较 2013 年提高 1 个百分点，这对满足多层次、多样化的消费需求发挥了重要作用。表 6 - 3 列出了 2014 年中国进口主要商品数量、金额及增速情况。在全球大宗商品价格普遍下跌的背景下，2014 年中国铁矿砂、大豆和原油进口数量分别增长了 13.8%、12.7% 和 9.5%，进口价格分别下降 22.5%、5.9% 和 5%。大宗商品进口量增价跌，在满足国内生产需要的同时，有效降低了企业的进口成本，节约了外汇支出，提高了进口效益。全年进口商品价格指数下降 3.3%，而出口商品价格指数仅下降 0.7%，贸易条件连续三年改善。

表 6 - 3　2014 年中国进口主要商品数量、金额及增速

商品名称	计量单位	数量	增长（%）	金额（亿美元）	增长（%）
大豆	万吨	7139.9	12.7	402.9	6.0
食用植物油	万吨	650.2	-19.7	59.3	-26.5
铁矿砂及其精矿	万吨	93251.5	13.8	936.4	-11.8
原油	万吨	30837.7	9.5	2283.1	3.9
成品油	万吨	2999.7	-24.2	234.3	-26.8
初级形状的塑料	万吨	2535.1	3.0	515.7	5.0
钢材	万吨	1443.2	2.5	179.1	5.0
未锻轧铜及铜材	万吨	482.5	7.4	356.5	1.9
汽车及汽车底盘	万辆	142.4	19.3	607.8	24.4
*机电产品	—	—	—	8543.4	1.7
*高新技术产品	—	—	—	5514.1	-1.2

*　"机电产品"和"高新技术产品"包括部分相互重合的商品。
资料来源：中国海关统计。

6.3.4　国际市场布局分析

按照中国历年进出口市场金额排名前十的国家（地区）情况分析，中国的出口市场比较集中，主要在中国香港、美国、日本、欧盟（2002 年以

后）、东盟等。进口市场相对分散，但集中度依然很高，主要在日本、韩国、中国台湾、美国、欧盟（2002 年以后）、东盟等，中国香港在 1997 年以前是中国重要的进口来源市场。中国的进出口市场具有显著的双边不平衡，尤其以美国、日本、韩国、东盟、欧盟、中国台湾和中国香港最为突出。从国际收支的角度分析，中国对美国、欧盟保持顺差，对中国香港保持顺差的一个主要原因估计是转口贸易；对日本、韩国、东盟、中国台湾保持逆差。我们可以合理推测，在由中国、其他东亚国家和地区、欧美国家构成的国际分工三角贸易中，中国是其他东亚国家零部件的进口国和欧美国家终端产品的出口国。

欧盟、美国、日本是中国传统的前三大贸易伙伴。2006 年，欧盟是中国第一大贸易伙伴，美国是中国最大的出口市场和顺差来源地，日本是中国最大的进口来源地，这 3 个国家占中国进出口贸易总额的 42.2%。2010 年，欧盟、美国、日本仍为中国前三大贸易伙伴，3 国占中国进出口贸易总额下降到 39.1%。2011 年，东盟取代日本成为中国第三大贸易伙伴，东盟占中国进出口贸易总额的 9.96%。图 6 - 13 显示了 2014 年中国前十大贸易

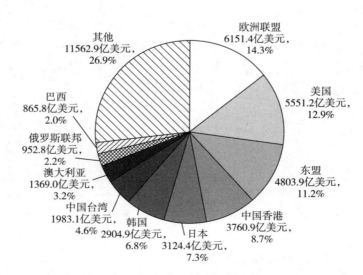

图 6 - 13　2014 年中国前十大贸易伙伴进出口额及占比

资料来源：中国海关统计。

伙伴进出口额及占比情况。2014 年，欧盟、美国、东盟仍为中国前三大贸易伙伴，日本位居第五。其中，中国对欧盟进出口额为 6151.4 亿美元，占进出口总额的 14.3%；中国对美国进出口额为 5551.2 亿美元，占进出口总额的 12.9%；中国对日本进出口额为 3124.4 亿美元，占进出口总额的 7.3%；中国对发达国家进出口保持稳定。进出口企业开拓新兴市场取得新成效，中国对东盟、印度、俄罗斯、非洲和中东欧国家的进出口增速均快于整体增速，其中中国对东盟进出口额为 4803.9 亿美元，占进出口总额的 11.2%。自贸区战略促进出口的效果明显，中国对自贸伙伴（不含港澳台地区）出口增长 10.6%，占出口总额的比重为 13.4%，较 2013 年上升 0.6 个百分点。

过去 10 年中，中国出口市场结构迅速变化，特别是金融危机后，中国企业积极开拓新兴市场，自由贸易伙伴以及新兴市场国家的出口份额不断上升。国际金融危机之前，中国对外贸易的主要出口地是发达经济体，特别是美国、欧盟和日本，但是这 3 个国家和地区占中国出口的合计份额从 2001 年的 53% 下降到 2011 年的 43.7%，2014 年下降到 39.1%。中国对美国出口从 2001 年的超过 20%，下降到 2011 年的 17.1%，2014 年下降到 16.9%。中国对日本出口从 2001 年的 16.9%，大幅下滑至 2011 年的 7.8%，2014 年下降到 6.4%。中国对欧盟出口先增加后减少，从 2001 年的 15.4%，逐年上升到 2008 年的 20.5%，然后又逐年下降到 2011 年的 18.7%，2014 年下降到 15.8%。与此同时，新兴市场占中国出口的份额在此期间出现上升，如今已占 50% 以上，平衡了中国出口市场的结构。中国对东盟、印度、俄罗斯和巴西的出口份额从 2000 年的 6.96%、0.63%、0.90% 和 0.49% 上升到 2011 年的 8.96%、2.66%、2.05% 和 1.68%，呈现逐年增加的趋势。拉丁美洲占比自 2001 年起翻番，2011 年达到 6.4%，这 10 年平均增速 33%，对比同期其他地区平均增速 23% 超出很多，中国从拉丁美洲的进口在不远的未来将超越美国。图 6 - 14 显示了 2006～2014 年中国对主要贸易伙伴的出口额占比情况。在可预见的未来内，由于发达国家的经济增速将放缓，新兴市场将在中国贸易中扮演更重要的角色。

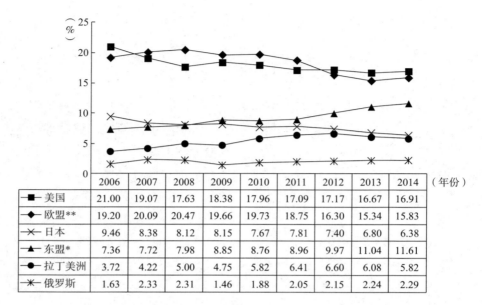

图 6 – 14　2006 ~ 2014 年中国对主要贸易伙伴的出口额占比

（年份）	2006	2007	2008	2009	2010	2011	2012	2013	2014
美国	21.00	19.07	17.63	18.38	17.96	17.09	17.17	16.67	16.91
欧盟**	19.20	20.09	20.47	19.66	19.73	18.75	16.30	15.34	15.83
日本	9.46	8.38	8.12	8.15	7.67	7.81	7.40	6.80	6.38
东盟*	7.36	7.72	7.98	8.85	8.76	8.96	9.97	11.04	11.61
拉丁美洲	3.72	4.22	5.00	4.75	5.82	6.41	6.60	6.08	5.82
俄罗斯	1.63	2.33	2.31	1.46	1.88	2.05	2.15	2.24	2.29

　　*东盟：包括文莱、印度尼西亚、马来西亚、菲律宾、新加坡、泰国，1996年后增加越南，1998年后增加老挝和缅甸，2000年后增加柬埔寨。

　　**欧盟：1994年前称欧共体，包括比利时、丹麦、英国、德国、法国、爱尔兰、意大利、卢森堡、荷兰、希腊、葡萄牙、西班牙，1995年后增加奥地利、芬兰、瑞典。自2004年5月起，统计范围增加塞浦路斯、匈牙利、马耳他、波兰、爱沙尼亚、拉脱维亚、立陶宛、斯洛文尼亚、捷克、斯洛伐克。自2007年1月起，增加罗马尼亚、保加利亚。自2013年7月增加克罗地亚。

　　资料来源：中国海关统计。

6.3.5　国内区域布局分析

　　改革开放以后，中国东部沿海地区依托区位优势，大力发展外向型产业、开展对外贸易，进出口快速增长，规模远远领先于中西部地区。在相当长的时期内，东部11个省市进出口总额占全国比重一直保持在90%以上。20世纪90年代末以来，国家先后实施西部大开发战略和中部崛起战略，出台政策措施促进中西部地区开放与开发，中西部的省、区、市积极承接沿海和国外产业转移，大力开拓国际市场，加强与周边国家和地区经济技术合作，进出口能力持续提升。与此同时，随着东部沿海地区综合经营成本不断上升，劳动密集型产品出口企业向中西部地区转移的动力也在增强。在政策和市场两方面因素的共同作用下，"十一五"时期，中西部地区进出口增速高于东部，占全国外贸比重上升。表 6 - 4 列出了 2000 年、2010 年、2014 年中国中部、东部、西部外贸发展情况。2010 年，中西部地区占全国进出口比重达到 9.7%，比"十五"末的 2005 年提高 2.5 个百分点。"十二五"以来，在国际市场总体不景气的情况下，中西部地区大力增强产业基础，积极吸引重大外向型项目落地，外贸发展潜力逐步显现，进出口总体上仍然保持了较快增长，中西部地区成为外贸增长的主力军，与东部地区的差距进一步缩小。2014 年，中部地区进出口额 3127 亿美元，西部地区进出口额 3344 亿美元，分别增长 10.0% 和 20.2%，合计占全国进出口的比重为 15.0%，较 2013 年上升了 1.5 个百分点，对整体进出口增量贡献 60.3%，贡献率首次超过东部。东部地区进出口额 3.66 万亿美元，增长 1.6%，占全国进出口总额的 85%，较 2013 年下降 1.5 个百分点。中西部地区积极承接沿海和国外产业转移，外贸发展能力明显增强，这显示我国对外贸易区域布局更趋协调。

表 6 - 4　2000 年、2010 年、2014 年中国中部、东部、西部外贸发展情况

单位：亿美元,%

年份及分项	区域	全国	东部十一省市		中部八省市		西部十二省市	
		金额	金额	占比	金额	占比	金额	占比
2000 年	进出口	4743.0	4368.2	92.1	203.1	4.3	171.7	3.6
	出口	2492.0	2268.8	91.0	124.0	5.0	99.3	4.0
	进口	2250.9	2099.4	93.3	79.1	3.5	72.4	3.2
2010 年	进出口	29740.0	26863.6	90.3	1592.5	5.4	1283.9	4.3
	出口	15777.5	14215.2	90.1	842.2	5.3	720.1	4.6
	进口	13962.4	12648.4	90.6	750.3	5.4	563.7	4.0
2014 年	进出口	43030.4	36559.5	85.0	3127.1	7.3	3343.8	7.8
	出口	23427.5	19436.4	83.0	1816.4	7.8	2174.6	9.3
	进口	19602.9	17123.0	87.3	1310.6	6.7	1169.2	6.0

注：东部十一省（市）包括北京、天津、河北、辽宁、上海、江苏、浙江、福建、山东、广东和海南；中部八省市包括山西、吉林、黑龙江、安徽、江西、河南、湖北和湖南；西部十二省（市、自治区）包括内蒙古、广西、四川、重庆、贵州、云南、西藏、陕西、甘肃、青海、宁夏和新疆。其中不包括港澳台地区。

资料来源：中国海关统计。

6.3.6　中国制造业竞争力分析

制造业是国民经济的支柱产业，是衡量一个国家或地区综合经济实力和国际竞争力的重要标志，是推动经济发展提质增效升级的主战场。新中国成立尤其是改革开放以来，中国制造业持续快速发展，建成了门类齐全、独立完整的产业体系，有力推动工业化和现代化进程，显著增强综合国力，支撑了中国的世界大国地位。制造业对经济增长的贡献率基本保持在40%左右，工业制成品出口占全国货物出口总量的90%以上，工业制成品是拉动投资、带动消费、扩大出口的重要领域。然而，中国仍处于工业化进程中，制造业大而不强的问题依然突出。根据中国工程院提出的制造强国评价指标体系，2012年各国制造业划分为三个国家方阵，中国处于第三方阵。当前中国经济发展进入新常态，正处于"爬坡过坎"的重要关口，要实现中国经济发展换挡但不失速，推动产业结构向中高端迈进，重点、难点和出路都在制造业。党的十八大提出，到2020年要基本实现工业化和全面建成小康社会，作为实现这一战略目标的主导力量，中国制造业肩负着由大变强的新历史使命，转型升级和跨越发展的任务紧迫而艰巨。

国际金融危机发生后，面对国内外复杂多变的经济形势，中国制造业始终坚持稳步发展，总体规模位居世界前列，综合实力和国际竞争力显著增强，已进入新的发展阶段。①中国成为世界制造业第一大国，增强了其在全球化格局中的国际分工地位。根据中国工程院发布的研究报告，从国际对比来看，1990年中国制造业占全球的比重为2.7%，居世界第九；到2000年上升到6.0%，居世界第四；2007年达到13.2%，居世界第二；2010年为19.8%，跃居世界第一。2014年，中国工业增加值达到22.8万亿元，占GDP的比重达到35.85%，连续5年保持世界第一大国地位。在500余种主要工业产品中，中国有220多种产品的产量位居世界第一。②总体创新能力明显增强，部分关键领域技术水平位居世界前列。2014年，中国全社会R&D经费投入13312亿元，占GDP比重达2.09%，是2008年4616亿元的2.88倍；按照汇率计算，中国R&D经费投入总量位居世界第三，投入强度在发展中国家中居于领先地位；2014年中国授权的发明专利共计23.3万件，连续4年位居世界首位。经过多年的积累，载人航天、载人深潜、大型飞机、北斗卫星导航、超级计算机、高铁装备、百万千瓦级发电装备、万米深海石油钻探设备等一批重大技术装备取得突破，中国工业领域技术创新要素在总量上逐步接近世界前列，工业领域正在由跟随式创新向引领式创新转型。③产业结构调整取得重要进展，提质增效取得积极成效。经过多年的发展，中国制造业内部结构逐渐优化，重点行业先进产能比重快速提高，智能制造、高速轨道交通、海洋工程等高端装备制造业产值占装备制造业比重超过 10%，海洋工程装备接单量占世界市场份额的 29.5%。同时淘汰落后产能取得积极进展，电力、煤炭、炼铁、炼钢等 21 个行业低端落后产能已经基本被淘汰完毕。④工业节能减排取得很大进步，绿色发展能力明显增强。"十一五"期间，全国规模以上工业单位增加值能耗下降26%，以年均 6.98% 的能耗增长支撑了年均 11.57% 的工业增长。"十二五"前四年，中国工业能耗累计下降 21%，工业水耗累计下降 28% 左右，基本实现"十二五"预计目标。工业节能、节水、资源综合利用、环保、废水循环回用等关键成套设备和装备产业化示范工程积极推进，节能环保产业快速发展，这为资源节约型和环境友好型社会建设提供了有力支撑。⑤产业组织结构和空间布局不断优化。汽车、水泥、平板玻璃、电解铝等行业企业兼并重组效果逐步显现，各行业企业推动优势企业、优势产业集约集聚发展。中部、西部地区规模以上工业增加值增速高于东部地区，各地区推动产业有序转移和重点产业布局优化。

中国制造业尽管取得了举世瞩目的成就，但与先进国家相比，在自主创新能力、资源利用效率、产业结构水平、信息化程度、质量效益等方面差距明显，制造业仍然大而不强。①自主创新能力弱，在国际分工中尚处于技术含量和附加值较低的环节。近年来中国科技创新取得了显著成就，专利申请数量大幅上升，但关键核心技术受制于人的局面仍然没有得到根本改变，大量的关键零部件、系统软件和高端装备基本都依赖进口。中国基础研究比例不足 5%，仅仅是发达国家该比例的 1/4，科研成果转化率仅为 10% 左右，远低于发达国家 40% 的水平，以企业为主体的制造业创新体系不完善，缺乏重大突破性、颠覆性创新。②缺乏世界知名品牌和跨国企业，企业品牌价值和"中国制造"整体形象偏低。中国产品质量和技术标准整体水平不高，出口商品长期处于国外通报召回问题产品数量首位。中国企业在品牌设计、品牌建设和品牌维护等方面投入严重不足，在 2014 年世界品牌 500 强中，中国内地仅有 29 个品牌入选，领军企业发展不足。中国主导制定的国际标准占比不到 0.5%，标准更新速度缓慢。在有些国家和地区，"中国制造"已成为质量低劣的代名词，严重损害了国家信誉和形象。③资源能源利用效率低，环境污染问题较为突出。一些地方和企业单纯依靠大规模要素投入获取经济增长速度和经济效益，这造成能源资源利用率偏低。据英国 BP 公司统计，中国单位 GDP 能耗约为世界平均水平的 1.9 倍、美国的 2.4 倍、日本的 3.65 倍，同时高于巴西、墨西哥等发展中国家。2013 年全国平均霾日数为 35.9 天，为 1961 年以来最多，地下水质为较差和极差的占比合计约为 60%，环境污染问题日益突出。④产业结构不合理，制造业高端化、服务化发展滞后。中国制造业中资源密集型产业比重过大，技术密集型产业偏低，传统产业产能过剩矛盾突出。部分传统行业集中度相对偏低，产业集聚和集群发展水平不高，工业发展尚缺乏统筹协调，区域产业发展同质化问题严重。生产性服务业发展还处于起步阶段，主要停留在批发零售、运输仓储等低端服务领域，这直接影响其向服务转型的程度和效果。⑤信息化与工业化融合深度不够，智能化水平不高。2012 年中国网络就绪度指数（NRI 指数）为 4.03，低于美国、日本、德国、韩国等国家的水平，由 51 位下滑至 2013 年的 58 位，信息基础设施建设和应用水平仍然滞后于发达国家。信息化在大部分地区和行业仍处于以初级或局部应用为主的阶段，高端核心工业软件主要依赖进口，信息化与信息安全相关领域人才储备严重不足，企业研发、生产、管理和服务的智能化水平偏低，仍有巨大潜力可挖。⑥产业国际化程度不高，全球化经营能力不足。中国的工业企业"走出去"仍处于初级阶段，在投资规模上相当于美国的 10% 左右，中国的海外净资产相当于日本的一半左右，在产业类型上主要集中在能源资源行业和劳动密集型产业，许多企业缺乏大型投资管理和大型资本运作管理等方面的经验，对东道国总体上缺少深入了解，海外收购失败率高。

制造强国的四个主要特征：雄厚的产业规模、优化的产业结构、良好的质量效益、持续的发展能力。中国工程院"制造强国战略研究"项目组根据这些特证构建了由创新能力、质量效益、两化融合、绿色发展 4 项一级指标、18 项二级指标构成的制造业评价体系。经过专家打分测算，提出了表征各主要工业化国家历年来制造业相对强弱的综合指数（见图 6－15），并根据 2012 年各国的制造业综合指数划分为三个国家方阵：美国处于第一方阵，德国、日本处于第二方阵；中国、英国、法国、韩国处于第三方阵。

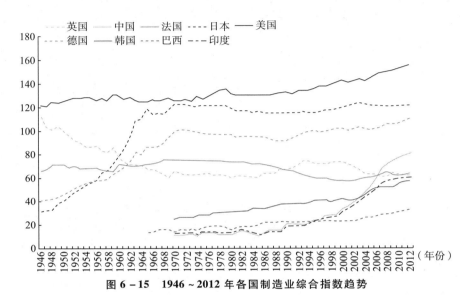

图 6－15　1946～2012 年各国制造业综合指数趋势

资料来源："制造强国战略研究"项目组：《制造强国战略研究》，电子工业出版社，2015。

世界经济论坛（World Economic Forum，WEF）在其发布的《全球竞争力报告》（The Global Competitiveness Report）中，对全球主要经济体基于全球竞争力指数（GCI）进行排名。该指数是世界经济论坛于 2004 年引进的，涉及制度、基础设施、宏观经济稳定性、健康与初等教育、高等教育与培训、商品市场效率、劳动市场效率、金融市场成熟性、技术设备、市场规模、商务成熟性、创新等 12 个指标（竞争力的支柱），这些数据共同呈现了一个国家竞争力的全面图景。图 6－16 显示了 2006～2016 年各国竞争力指数排名情况。根据《2015～2016 年全球竞争力报告》，瑞士连续第七年排名榜首，在全部 12 项指标上均取得优异得分，表现出强大的风险抵御能力，这也帮助该国成功渡过了本次经济危机。新加坡和美国排在第 2 位和第 3 位。德国上升一位至第 4 位；荷兰经历三年下滑后重回第 5 位。日本和中国香港表现稳定，分列第 6 位和第 7 位。芬兰下降至第 8 位，是该国历年最差排名。紧随其后的瑞典和英国排在第 9 位和第 10 位。中国在全球竞争力排名榜上保持在第 28 位，领跑金砖国家，保持最具竞争力新兴市场地位。《2015～2016 年全球竞争力报告》建议，中国要想在全球排名中继续向上攀登，需进一步向可持续发展的经济模式转型。

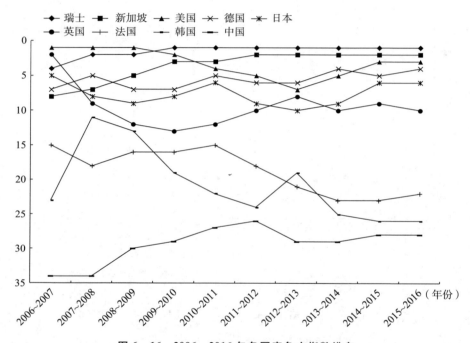

图 6 - 16　2006～2016 年各国竞争力指数排名

资料来源：世界经济论坛，全球竞争力指数数据库。

总体来看，当前和今后一个时期，中国制造业发展面临着稳增长和调结构的双重困境、发达国家和新兴经济体的双重挤压、低成本优势快速递减和新竞争优势尚未形成的两难局面，进入了"爬坡过坎"的关键时期。在长期粗放发展之后，中国制造业发展将越来越具有"爬坡"和"登山"的性质，即在每一个产业中都必须向上走，从价值链的低端向高端跃迁和攀升；否则，庞大的产业大军将拥挤在低洼地中，面临"路径依赖"和"低端锁定"的风险。面对国内外发展形势的新情况新变化，中国制造业发展必须肩负起支撑国民经济转型升级、跨越发展的重大历史使命，加快转型升级、创新发展、提质增效，实现由大到强的根本转变。

6.4 全球生产网络的新特点及对中国的影响

随着中国迅速融入全球生产网络之中，中国的贸易结构得到了持续不断的优化，近年来中国已经取代日本成为世界第二大贸易国，并成为仅次于美国的全球第二大工业制造国，这逐步奠定了中国"世界工厂"的国际地位，中国对全球生产网络的依存度也不断提高。尽管后危机时代全球生产网络发展的基本趋势没有改变，但全球生产网络推动力量呈现不同于以往的重要变化，比如新一轮产业升级和产业转移将推动全球产业竞争格局发生重大调整，区域贸易协定的增强将形成多个区域性制造中心，新型贸易保护政策和贸易壁垒将增加贸易摩擦，新一轮科技革命将使"互联网＋智能制造"成为大趋势，跨国公司将深度嵌入到当地的经济社会网络中，全球生产网络推动力量的变化将使得全球生产网络的发展呈现若干新特点，并对中国经济产生重要影响。

6.4.1 全球产业格局面临重大调整，中国制造业受到"双向挤压"

"二战"后经历了三次大规模的跨国家跨地区产业转移浪潮，尽管每一轮国际产业转移的内涵不断发生变化，但是其遵循的基本规律是相同的，转移出国成本的不断上升和市场的国际性扩张需求是促使产业转移的内在动因，移入国的成本优势和庞大市场则是产业转入的根本动力。在上一轮分工获得平衡并发展到一定程度后，分工体系将出现失衡并引发下一轮的分工调整和优化，国际分工体系经历着"平衡—发展—失衡—调整—再平衡"的周期性循环。国际分工失衡是2008年爆发的全球金融危机的根源之一，全球金融危机发生后，发达国家纷纷实施"再工业化"战略，强化制造业创新，重塑制造业竞争新优势，加速推进新一轮全球贸易投资新格局。一些发展中国家也在加快谋划和布局，积极参与全球产业再分工，承接产业及资本转移，拓展国际市场空间，谋求新一轮竞争的有利位置。金融危机使各国的经济环境和竞争优势都发生了改变，新一轮的经济再平衡周期将推动新一轮产业升级和产业转移，新兴行业的产业链将逐步生成，全球产业和资本的重新配置将促进国际分工的调整和优化，并影响全球生产网络的格局和形态。而作为世界工厂的中国，制造业面临发达国家和其他发展中国家"双向挤压"的严峻挑战，必须放眼全球，加紧战略部署，着眼建设制造强国，固本培元，化挑战为机遇，抢占制造业新一轮竞争制高点。

从高端制造业来看，美、欧、日等发达国家仍是全球创新和研发的领先者，在高端制造业方面依然占据主导地位。在后危机时代，世界主要发达国家都把科技创新作为重塑竞争优势、走出经济危机的根本手段，一方面继续加大在科技创新方面的战略投资，另一方面不断聚焦高技术研发重点，包括气候变化、能源、生命与健康、环保、信息、纳米技术等，同时也致力于加快高科技成果的产业化，力图把握引领未来发展的战略主动权，抢占新一轮科技竞争制高点。美国政府先后于 2009 年、2011 年、2015 年发布《美国创新战略》，该战略强调技术创新是未来经济增长和竞争力提升的基础。在 2015 版《美国创新战略》中，重点强调了九大战略领域，先进制造、精密医疗、大脑计划、先进汽车、智慧城市、清洁能源和节能技术、教育技术、太空探索和计算机新领域，以及投资创新基础要素、建设创新型政府服务大众等 6 个关键要素，提出具体战略行动，以确保美国持续引领全球创新经济、开发未来产业以及协助美国克服经济社会发展中遇到的重重困难。欧盟委员会于 2011 年 11 月公布了有关欧盟发展的"欧洲 2020 战略"，"欧洲 2020 战略"作为欧盟未来 10 年的科研与创新战略文件，提出了欧盟未来 10 年的发展重点和具体目标：发展以知识和创新为主的智能型经济；通过提高能源使用效率以提升竞争力，实现可持续发展；提高就业水平以增强社会凝聚力。"欧洲 2020 战略"非常重视创新，不仅把建设"创新型联盟"作为七大配套旗舰计划之首，而且其他六大计划均与创新相关。图 6 - 17 显示了 2006 ~ 2016 年各国创新指数排名情况。根据世界经济论坛发布的《全球竞争力报告》，自 2006 年起，瑞士、日本、德国、美国基本都位于"创新"指数排名的前 5；英国的创新指数排名在经历前几年的小幅下跌后逐步反弹，自 2012 年起重新进入排名前 10；法国、韩国的排名自 2008 年起缓慢下降，目前排名 20 上下；中国的排名自 2008 年起基本在 30 ~ 35，可见金融危机并没有使美、欧、日等国家和地区的创新及研发能力受到重大冲击，各发达国家在创新体系上仍具有明显竞争优势。

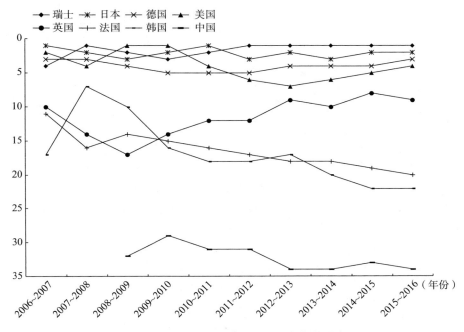

图6-17 2006～2016年各国创新指数排名

资料来源：世界经济论坛，全球竞争力指数数据库。

2015年7月24日，麦肯锡全球研究院发布了《中国创新的全球效应》。麦肯锡根据成功实现商业化的所有创新类别，将各个行业的创新分为四大原型加以研究，分别为：科学研究型、工程技术型、客户中心型以及效率驱动型。图6-18列出了中国企业占其所在行业的全球总收入比例与中国经济占世界GDP比例（2013年为12%）的比值，同时用同样方法得出的美国企业数据。可以看出，在客户中心型创新方面，中国企业因坐享巨大消费市场的优势而可以快速商业化，有了百度、阿里巴巴、海尔等成功案例；在效率驱动型创新方面，得益于广泛的、全面性的制造业生态系统，巩固了全球制造业中心地位；在工程技术型创新领域，中国政府一直努力推动企业加快学习进程，但是不同子领域发展不均衡；在科学研究型创新方面，目前还存在着科研创新体系的成果质量与投入规模仍不成比例等问题，尚未领先全球竞争市场。过去30年间，中国经济增长依靠的主要是"汲取创新"（Innovation Sponge）模式，即通过大量吸收并改良国际先进的科技、最佳实践和知识来追赶领先国家。近年来，创新对于经济增长的贡献（以多要素生产率衡量）有所减少，加之中国人口的快速老龄化，债务水平的不断增加，这些都给中国经济发展带来全新压力。面对这些挑战，中国迫切需要加快实现从"汲取创新"到"领导创新"的转变，以实现更多的突破性创新，从而在全球市场上展开竞争。创新对于中国经济长期可持续增长十分必要。

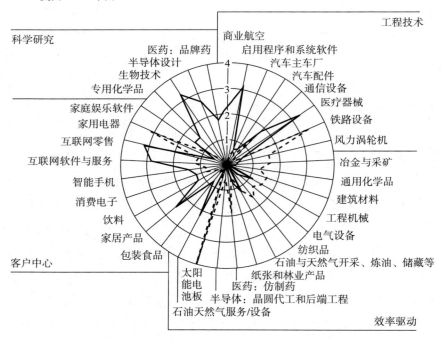

图 6-18 中、美国家行业表现比较

资料来源：麦肯锡全球研究院：《中国创新的全球效应》。

金融危机发生后，发达国家对 20 世纪八九十年代的"去工业化"政策进行反思，纷纷提出"再工业化"战略，强调重振制造业、巩固实体经济根基，制造业重新成为全球经济竞争的制高点。如美国发布《先进制造业伙伴计划》《制造业创新网络计划》，德国发布《工业 4.0》，法国发布《新工业法国》战略，日本在《2014制造业白皮书》中强调要重点发展机器人产业，英国发布《英国制造2050》等（见表6－5）。"再工业化"战略一方面将帮助发达国家发展战略性新兴产业和先进制造业，并利用新兴技术改造现有产业，推动产业结构转型升级和产业发展，在新一轮产业革命中占据竞争优势；另一方面将鼓励本国企业将海外工厂回迁到本土，同时也吸引他国企业在本国进行投资和生产，减少进口需求、增加就业机会，形成以出口推动型增长和制造业增长为主的发展模式。

表6－5 部分发达国家近年来发布的"再工业化"战略

发布时间	战略名称	主要内容	战略目标
2011年	美国《先进制造业伙伴计划》	创造高品质制造业工作机会以及对新兴技术进行投资	提高美国制造业全球竞争力
2012年	美国《先进制造业国家战略计划》	围绕中小企业、劳动力、伙伴关系、联邦投资以及研发投资等提出五大目标和具体建议	促进美国先进制造业的发展
2013年	美国《制造业创新网络计划》	计划建设由45个制造创新中心和1个协调性网络组成的全国性创新网络，专注研究3D打印等有潜在革命性影响的关键制造技术	打造成世界先进技术和服务的区域中心，持续关注制造业技术创新，并将技术转化为面向市场的生产制造
2013年	德国《工业4.0》战略实施建议	建设一个网络，信息物理系统网络；研究两大主题，智能工厂和智能生产；实现三项集成，横向集成、纵向集成与端对端的集成，实施八项保障计划	通过信息网络与物理生产系统的融合来改变当前的工业生产与服务模式，使德国成为先进智能制造技术的创造者和供应者
2013年	《新工业法国》战略	解决能源、数字革命和经济生活三大问题，确定34个优先发展的工业项目，如新一代高速列车、节能建筑、智能纺织等	通过创新重塑工业实力，使法国处于全球工业竞争力第一梯队
2014年	日本《2014制造业白皮书》	重点发展机器人、下一代清洁能源汽车、再生医疗以及3D打印技术	重振国内制造业，复苏日本经济
2015年	《英国制造2050》	推进服务＋再制造（以生产为中心的价值链）；致力于更快速、更敏锐地响应消费者需求，把握新的市场机遇，可持续发展，加大力度培养高素质劳动力	重振英国制造业，提升国际竞争力

资料来源：中国工程院，制造强国战略研究。

目前，制造业已出现向发达国家"逆转移"的态势。例如，通用电气公司决定将生产热水器的生产线从中国迁回美国，并将部分高端冰箱的生产从墨西哥迁回美国；通用汽车公司宣布将下一代凯迪拉克 SRX SUV 越野车的生产从墨西哥迁回美国；卡特彼勒在美国开设了一家生产挖掘机的新工厂；苹果电脑已在美国本土设厂生产。日本制造企业松下将把立式洗衣机和微波炉生产从中国转移到日本国内，夏普计划在本土生产更多机型的液晶电视和冰箱，TDK 也将把部分电子零部件的生产从中国转移至日本秋田等地。波士顿咨询（BCG）发布了一系列研究报告，报告认为制造业回流是一个很重要的趋势，预计将会有相当大的增长。2014 年科尔尼咨询（A. T. Kearney）发布一份报告，该报告指出 2014 年有 300 多家的美国企业选择了回流，相比过去有所回升：2013 年有 210 家，2012 年是 104 家，2011 年为 64 家，2010 年仅有 16 家。而中国企业加大在发达国家的投资力度。纽约调研公司荣鼎咨询（Rhodium Group）2015 年 5 月发布的一份报告显示，从 2000 年到 2014 年，中国企业在美国投资的新项目和收购项目价值达 460 亿美元。2013 年科尔集团选择在美国开设其第 1 家海外工厂，这也是中国纺织企业在美国设立的第 1 家制造工厂。2014 年太阳纤维公司在南卡罗来纳州的里奇堡（Richburg）建立了一家聚酯纤维厂，金龙集团在美国亚拉巴马州投资的一个 1 亿美元的精密铜管项目已经竣工投产。联想集团已决定将部分商用电脑生产线迁移至日本，将部分 PC 生产线迁到其在德国瑟默达地区的工厂，并将开始在美国生产 PC。

从中低端制造业来看，随着中国制造成本不断上升，加上人口老龄化时代的到来，中国将告别"廉价生产"的时代，很多中低端的劳动力密集型、技术密集型产业或者生产活动的竞争优势将不断削弱。越南、印度等一些东南亚国家依靠资源、劳动力等比较优势，开始在中低端制造业上发力，以更低的成本承接劳动密集型制造业的转移。一些跨国资本直接到新兴国家投资设厂，有的则考虑将在中国的工厂迁至其他新兴国家。也有一些公司采取"中国＋1"战略，即在另外一个国家开设一家工厂以进行市场测试和提供备援。还需要注意的是，发达国家因"过度负债"导致其消费增长及其融资模式无法持续，危机后市场消费难以迅速恢复，我国传统出口市场疲软，而扩大内需效果尚不明显，因此中国作为全球制造基地和各类制成品出口基地的地位将受到冲击。

中国的中低端制造业外迁，最直接的因素是制造成本上升。一方面，中国工资成本不断上涨，波士顿咨询公司 2011 年发布的一份报告显示，中国工人们的工资和福利正以每年 15% ~ 20% 的速度增长，2000 年中国制造业时薪仅 52 美分，2015 年达到 4.41 美元，相比东南亚、印度等国家已不具备优势。另一方面，国际运输成本持续上涨，油价上涨以及船只和集装箱运力削减，推高了物流成本，企业倾向于在更靠近市场的地方组织生产，东欧、墨西哥等国家由于地理因素，其竞争优势在增强。2014 年，波士顿咨询发布了《全球制造业的经济大挪移》（The Shifting Economics of Global Manufacturing）研究报告。该报告从制造业工资、劳动力生产率、能源成本和汇率四大影响因素构建了制造业成本指数，对全球前 25 位领先出口经济体做了分析。以美国为基准（100），中国制造成本指数是 96，2004 ~ 2014 年，中国相比美国的制造业成本优势估计从 14% 下降到 4%。十年前，根据生产率调整后的制造业平均工资在中国大约是每小时 4.35 美元，美国是每小时 17.54 美元；如今，中国根据生产率调整后的制造业平均工资增长了约三倍，达到每小时 12.47 美元，而美国仅上升了 27% 达到每小时 22.32 美元。2004 ~ 2014 年，中国工业用电的成本估计上升 66%，天然气成本猛增 138%，飞涨的劳动力和能源成本削弱了中国的竞争力。而自 2004 年以来，墨西哥工人的工资仅上涨了 67%，另外墨西哥的电力和天然气成本也很有竞争力，因此，目前墨西哥根据生产率调整后的劳动力成本比中国低 5%，其制造业成本构成在全部 25 个经济体中提升幅度最大。由于工资增长率低、生产率持续提高、汇率稳定和拥有巨大的能源成本优势，墨西哥和美国正成为全球制造业的新星。

成本上升导致外资工厂和外国订单正在撤离中国：如微软计划关停诺基亚东莞工厂，部分设备转移到越南首都河内；耐克、优衣库、三星、船井电机、富士康等知名企业纷纷在东南亚和印度开设新厂；阿迪达斯关闭了其在苏州的唯一一家直营工厂。2010 年越南取代中国成为世界最大的耐克鞋生产国，这标志着跨国公司正在寻找新的廉价生产基地，东南亚、印度、东欧、墨西哥等成为目的地。例如，在中国一些占据垄断地位的产业，墨西哥工厂的外商投资也重新呈现增长势头。2006 ~ 2013 年，墨西哥的电子产品出口额增加不止两倍，达到 780 亿美元。夏普、索尼和三星等亚洲企业的投资额占墨西哥电子产品制造业投资额的 1/3，而十年前这个比例仅为大约 8%。由于海外订单每况愈下，中国大量的廉价代工厂纷纷关闭，或者迁往国外，甚至中国企业也把很多国内订单转到海外，或者加大海外投资建厂的力度。美的已在越南、埃及、巴西、阿根廷、印度设立了五大国外生产基地。格力已在巴西、巴基斯坦、越南、美国等国家建立了工厂，随着格力在海外市场的布局逐渐铺开，预计今后其一半以上的空调将在海外市场生产。富士康是墨西哥第二大出口企业，仅次于通用汽车，墨西哥奇瓦瓦州圣赫罗尼莫的富士康工厂拥有 5500 名工人，该工厂每天出口 800 万台个人电脑，目前工厂正处于大规模扩张中。可以预见，中国制造在中低端出口市场所占比重下降将是一个长期趋势。

总的来看，发达国家高端制造回流与中低收入国家争夺中低端制造转移同时发生，这对中国带来"双向挤压"的严峻挑战。尽管经过几十年的快速发展，中国制造业规模跃居世界第一位，建立起门类齐全、独立完整的制造体系，中国已具备了建设工业强国的基础和条件。但中国仍处于工业化进程中，与先进国家相比还有较大差距。制造业大而不强，自主创新能力弱，关键核心技术与高端装备对外依存度高，以企业为主体的制造业创新体系不完善；产品档次不高，缺乏世界知名品牌；资源能源利用效率低，环境污染问题较为突出；产业结构不合理，高端装备制造业和生产性服务业发展滞后；信息化水平不高，与工业化融合深度不够；产业国际化程度不高，企业全球化经营能力不足。中国在从中低端制造业向高端制造业发展时将面临激烈竞争和技术打压，产业升级之路阻力重重，必须着力解决以上问题，否则有可能重复"落后—引进—吸收—再落后—再引进"的老路。

市场疲软，加上产业结构调整进展缓慢，中国制造业面临内外交困、两端夹击的困境，这堪称改革开放以来最严峻的形势。然而这不能全归罪于金融危机，必须认识到这是中国经济发展所必经的阶段，金融危机只是加快或者加剧了这个进程而已。中国制造业的困境也不能都归罪于成本上升，特别是工资成本上升。仅仅依靠廉价劳动力的增长被称为"无发展的增长"，低成本优势被称为"不可持续"的优势，因为改善劳动者收入、增加居民福利，本身就是经济发展的根本目的之一，如果要永远维持低工资优势，则经济发展变得没有意义。在历史上，凡是依靠出口资源和廉价劳动力的国家，最后都没能发展起来，因此世界上没有低收入的发达国家，中国也不可能依靠低工资成为发达国家。改革开放三十多年，加入世界贸易组织十多年，中国的各项"政策红利""人口红利""资源红利"都将耗尽，靠低劳动力成本、低土地成本、低环境成本形成的"全球价值洼地"，如今正在被填平，成本上升是经济发展的必然结果，但这并不是导致中国制造危机的根源。中国制造业在自主创新能力、资源利用效率、产业结构水平、信息化程度、质量效益等方面差距明显，这才是制造业竞争优势下降的根本原因。未来中国只有把长期以来依靠投资和出口拉动、依靠低成本资源和劳动力投入的发展模式，转变为以创新和国内消费需求驱动生产力为主的提升方式，实现中国制造向中国创造的转变，中国速度向中国质量的转变，中国产品向中国品牌的转变，才能实现制造强国的战略目标。

6.4.2　区域贸易协定日益增强，中国在亚洲的地位将进一步提升

金融危机发生后，各国经济迅速下滑，全球贸易保护主义势力重新抬头，推动全球自由贸易的 WTO 谈判受阻。由此，各国开始强调地区合作的地域开放性和领域协调性，加快区域经济一体化步伐。根据联合国贸易和发展会议发布的《世界投资报告》，近几年传统双边投资协定的签署失去动力，政策逐步转向区域性协定的制定，大多数情况下区域协定是自由贸易协议（Free Trade Agreement，FTA）。在数量上双边协定仍占主导地位，然而在经济意义上区域协定日益重要。这种转变能巩固和统一投资规则，表明各国迈出了多边主义的第一步，新协定无须淘汰旧条约，旧条约亦不能代替新协定。尽管区域贸易协定将使国际投资协定网络更加复杂且倾向于重叠和不一致，但是这反映了更广泛的政策考虑的需要，将推动国际投资制度发生系统性变化，从而为建立更加一致、平衡、有益发展、切实有效的国际投资制度带来了机会。后危机时代，区域经济一体化有可能迎来新的高潮，带动区域内双向贸易和投资的进一步发展。对于中国而言，一方面亚洲区域经济一体化将提升中国在亚洲生产网络中的地位；另一方面其他区域经济一体化的发展将促进区域性制造基地的建设，如前文分析到的墨西哥、东欧等国家和地区，这会使中国制造的全球出口受到影响。

例如，欧盟通过地中海联盟扩大了区域合作的边界，东非共同体、东南非共同市场和南部非洲发展共同体（南共体）决定加强合作，墨西哥与中美洲5国正式签署了自由贸易协定。2010年1月1日正式建立的中国—东盟自由贸易区是此次危机中亚洲区域一体化的亮点。过去十余年间，亚洲区域经济合作取得了实质性的进展，东盟"10＋1"（中国—东盟、日本—东盟、韩国—东盟自贸区协定）、东盟"10＋3"（东盟与中、日、韩）合作机制已经实现，东盟"10＋6"（东盟与中、日、韩、印、澳、新）自由贸易区也在积极酝酿着。东盟"10＋6"协议组织全称为"区域全面经济伙伴关系"（Regional Comprehensive Economic Partnership，RCEP），RCEP拥有约占全世界一半的人口，生产总值占全球年生产总值的1/3，是区域经济一体化发展的最新产物，将整合和优化东盟与中、日、韩等6国已签署的自由贸易协定，改变规则过多、操作易乱的现状，建成一个贸易自由化率高达95%的自贸区。林桂军等2011年的研究发现，自2004年之后，亚洲的内部贸易比重已经超过欧盟，亚洲工厂的相互依存度在世界三大工厂（亚洲工厂、欧洲工厂和北美工厂）中是最高的，这说明亚洲生产网络的一体化程度更高。在后危机时代，随着区域内国家间的贸易壁垒逐步降低，亚洲区域经济一体化的发展、亚洲生产网络的内部分工程度将进一步深化，中国也将更加深入地融入亚洲生产网络，特别是东亚生产网络当中。

多年来，东盟一直在亚洲区域经济合作中发挥主导作用，但这是东亚地区大国（中国、日本、韩国）相互竞争的结果，东盟受经济实力所限，受到"小马拉大车"的质疑越来越多。鉴于中国经济规模已经超越日本，中国成为亚洲最大的经济体；同时中国已经成为亚洲大多数国家最大的贸易伙伴或出口市场，尤其是国际金融危机之后中国已经成为亚洲经济增长的主要拉动者（Donghyun Park and Kwanho Shin，2009）；而且亚洲地区的经济体均高度依赖亚洲工厂的活动，而亚洲工厂对中国的依存度最高，日本只排在第三位，中国正日益成为亚洲乃至世界生产网络的一个核心平台（林桂军等，2011）；因此，以中国为核心的亚洲区域经济合作格局正在浮出水面。目前各国均将产业结构调整和产业升级作为发展本国经济的重大举措。中国如果能有效利用亚洲生产网络中各国价值链分工地位转换的契机，提升在区域生产网络中的分工与贸易地位，在更开放的空间进行产业结构调整，将极大促进国内整体产业链的优化和升级。

目前可能对中国形成重大影响的区域贸易协定是美国主导的跨太平洋伙伴关系协定（Trans-Pacific Partnership Agreement，TPP）。美国以 2011 年 11 月主办 APEC 峰会为契机，正式推出了 TPP 框架协议。TPP 具备两个基本特征：一是开放的区域主义，即 TPP 对所有 APEC 的 21 个成员都是开放的；二是高质量的贸易协议，即 TPP 制定涵盖所有商品和服务在内的综合性 FTA，开创 21 世纪贸易协议的新标准，更加关注劳工、中小企业、农民和环境。2015 年 10 月 5 日，TPP 终于取得实质性突破，美国、日本和其他 10 个泛太平洋国家就 TPP 协议达成一致。12 个参与国加起来所占全球经济的比重达到了 40%。根据 TPP 的协议，TPP 有五大突出特点：一是要求全面市场准入，即消除或削减涉及所有商品和服务贸易以及投资的关税和非关税壁垒；二是促进区域生产和供应链网络的发展；三是解决数字经济、国有企业等新的贸易挑战；四是促进中小企业发展和帮助成员国加强贸易能力建设，实现贸易的包容性；五是作为区域经济一体化平台，吸纳亚太地区其他经济体加入。

TPP 是美国"回归亚太"战略在经济合作方面的重要支撑，也是美国对 FTA 战略进行调整和重新布局的结果。美国通过 TPP 将全面介入东亚区域一体化进程，分享亚洲经济高速增长的收益，扩大对亚太地区的出口、增加国内就业；并稀释中国、日本等国的区域影响力，阻止亚洲形成没有美国参与的统一的贸易集团，重塑并主导亚太区域经济合作格局。TPP 将整合亚太的两大经济区域合作组织，即亚太经济合作组织（APEC）和东盟重叠的主要成员，发展成为涵盖 APEC 大多数成员在内的亚太自由贸易区，成为亚太区域内的小型世界贸易组织（WTO）。目前中国尚未加入该协定，但未来不排除中国在适宜的时候提出加入。从短期看，TPP 在服务贸易、知识产权、劳工和环境保护等方面的高门槛，将进一步削弱我国工业出口产品的成本优势，也将影响我国工业实施的"走出去"战略。TPP 成员之间贸易壁垒降低的同时，将对中国构成更高的壁垒，从而不可避免地产生两类贸易转移效应：中国出口至北美、日本的纺织服装等中低端制造品面临着越南、墨西哥的竞争替代性；而中国出口至东南亚的机械设备、移动电话等高端制造品，又面临着转移至美、日的压力。这种腹背受敌将直接冲击中国的出口，进而削弱中国在亚太区域的话语权和影响力。此外，美国推动的跨大西洋贸易与投资伙伴协定（TTIP），美欧双方互相降低非关税壁垒，统一各类认证等监管标准，这也将挑战中国参与的金砖国家准贸易联盟，给中国经济造成"被孤立"的风险。但从长期看，在经济全球化的大背景下，任何一个多边贸易安排都无法将非协定国家和地区排除于国际贸易体系之外，否则其自身发展将大为受限。比如 APEC 内部、东盟内部成员将因 TPP 成员而呈现"双轨制"特征，一些亚洲国家将在中美之间实施"骑墙战略"，这有可能会使亚洲区域经济合作的进程受到损害。TPP 将使东盟丧失东亚区域经济合作主导者的地位，这反过来会加速 RCEP 的建成。

总之，在后危机时代，全球贸易规则处于重构过程中，中国将面临国际贸易环境变化的新挑战。中国应该主要从三方面进行突围：一是在深入研究 TPP 本身分歧矛盾的基础上，推进与周边国家的双边自贸区战略，各个击破；二是加速 RCEP 谈判，在战略上形成与 TPP 平行竞争态势，布好"一带一路"连横合纵之局，提供更丰富灵活的区域一体化安排；三是将 TPP 开放之压力转化为改革背水一战之动力，以开放倒逼改革。其中 RCEP 谈判和"一带一路"是重中之重。相对于 TPP，RECP 在机制、理念上显示出很大的优越性：一是 5 个"10 + 1"自贸区协定的签署及实施为 RCEP 奠定了有利基础条件，这也是 RCEP 比 TPP 更易建成的原因之一；二是 RCEP 成员间的开放程度虽然将高于目前已与东盟签署的 5 个自贸协定的开放程度，但是还是会尽量考虑到各成员的舒适度和可行性，考虑到渐进性和过渡性，而不像 TPP 一样一上来就制定了过高的开放要求，让人感到难度较大；三是 TPP 主要由美国主导，而 RCEP 各参与方更为平等，实际上 TPP 大多数谈判国与中国的经济联系远高于与美国的联系，这些国家不会因为 TPP 而放弃中国巨大的市场，他们更可能在 TPP 和 RCEP 之间两面下注，从而共同为促进亚太区域贸易投资合作做出贡献。

如果说 TPP 是以贸易岛链封锁中国的"合纵"之术的话，中国政府倡议的"一带一路"则在亚欧大陆与亚太地区布下了连横之局。与 TPP 相比，"一带一路"显然更宏阔、更包容，也更具全球性，这主要体现在以下几点。① "一带一路"串起来的国家远远多于 TPP，"一带一路"沿线亚洲 43国，中东欧 16 国，独联体 4 国，非洲 1 国，共 64 个国家，总面积占地球陆地面积的 62%，且多数国家经济发展水平不高，他们对于与世界加强互联互通和贸易交流的要求同样很强烈。②"一带一路"并未排斥 TPP 成员，而是持一种开放包容的态度，将所有国家都纳入其中，从而并不形成与 TPP 的对峙，相反有将 TPP 亚洲成员纳入其中的趋势。③"一带一路"不设固定的门槛和标准，各国可以根据自身发展水平和需要选择合适的模式进行合作；合作方式也更为灵活多样，既可以单边，也可以双边或多边，能合作的就可以先做起来，这使得"一带一路"更具有活力和吸引力。④"一带一路"在内容上也更为丰富，提供了一个边界模糊、囊括了更多内容的安排，包括金融上的亚投行、丝路基金，贸易上的自由贸易区，还有基础设施互联互通等更为丰富的内容。⑤"一带一路"多边合作机制也更加丰富，充分发挥上海合作组织（SCO）、中国—东盟"10 + 1"、亚太经济组织（APEC）、亚欧会议（ASEM）、亚洲合作对话（ACD）、亚信会议（CICA）、中阿合作论坛、中国—海合会战略对话、大湄公河次区域（GMS）经济合作、中亚区域经济合作（CAREC）等现有多边合作机制作用，让更多国家和地区参与"一带一路"建设。"一带一路"希望通过沿线各国的共同努力，在多样性基础上构建合作共赢、共存共荣的命运共同体，同时也将在亚洲强化以中国为中心的经济圈，这有助于加快实施区域经济一体化战略。

6.4.3　新型贸易壁垒增多，中国在国际市场上的贸易摩擦趋于常态化

后危机时代，各国出台了很多加强投资管制和限制性措施，出台这些措施的部分原因是各国更加重视保护战略产业和特定产业、国家资源和国家安全；而且，新兴经济体更加重视环境和社会保护，同时最不发达国家正在填补其管制框架中的空白。鉴于国内高失业率引发的一系列担忧，即对外直接投资流出可能会导致就业出口、削弱国内工业基础，同时为了实现外汇汇率稳定和改善国际收支平衡等目标，各国采取了很多对外直接投资流出限制以及外商投资遣返激励的措施。同时，直接外资政策与产业政策之间的相互作用不断增强，基于产业政策理由而出台的措施包括对外国投资者的准入政策的调整（例如，在农业、制药业方面）；针对采掘业，制定更多监管政策，包括国有化程度要求，征用或撤资要求，提高企业所得税率、特许使用费以及合同重新谈判的成本等。面对当前的危机，各国政

府纷纷调整对外直接投资政策，以便更好地平衡投资自由化与在部分核心产业实施监管之间的关系。

各种投资管制的产业政策的出台，在加强其国内生产网络建设的同时，也在一定程度上加剧了贸易保护。后危机时代全球经济走向的不确定性、各国贸易诉求的不确定性和国际贸易措施的多元化，导致后危机时代各国贸易政策具有明显的不确定性特征。在 WTO 框架下，传统的关税和非关税壁垒贸易保护措施的运用日益困难，一些国家，特别是发达国家更多地运用隐蔽的、模糊的、不确定的政策和措施，设置更多的隐形贸易壁垒，如实施在特殊情况下才能使用的贸易救济措施，在一些领域设置知识产权、技术性和低碳贸易壁垒等，来保护本国市场、维护本国利益。一些国家利用世界贸易组织"例外"条款的缺陷，推行歧视性贸易保护政策措施，如2009 年 6 月的"中美轮胎特保案"开启了美国对中国进行利用"特别保障措施"制裁的先河，其负面效应十分明显。此外，美国还利用立法形式推行歧视性贸易保护政策，比如美国众议院通过的《2009 年综合拨款法案》的第 727 条条款规定；通过特别授权等滥用歧视性贸易保护政策措施，如美国《综合贸易与竞争力法案》的 301 节中就有所谓的"超级 301 条款"；运用政治、外交手段强推歧视性贸易保护政策措施，比如美国要求印度、中国、土耳其、韩国等国家将对伊朗石油的进口减少到美方满意的程度，才会获得美国免于制裁的待遇。

随着新型贸易保护政策和贸易壁垒的增多，中国作为世界工厂的竞争优势将被削弱，同时在国际市场上的贸易摩擦趋于常态化。一是中国遇到的贸易摩擦数量多，根据中国社会科学院发布的《中国贸易发展报告（2012）》，截至 2011 年底，中国已经连续 17 年成为全球遭受反倾销调查最多的国家，连续 6 年成为全球遭受反补贴调查最多的国家；另据商务部统计，自入世至 2010 年底，中国受到贸易救济调查共 692 起、涉及金额约 400 亿美元，2011 年遭受 69 起、涉及金额约 59 亿美元。二是贸易摩擦的外延不断扩大，甚至出现了汇率摩擦，海外投资、兼并摩擦等。三是贸易摩擦由低端产品向高端产品扩展，随着中国企业和产业的升级，加上发达国家对本土制造业保护的升温，贸易摩擦也向高端领域升级，如美国和欧盟都要对中国光伏产品征收巨额反倾销税。四是由"单向"摩擦转变成"双向"

摩擦，如2012年3月13日，中国收到由美国、欧盟、日本在世界贸易组织争端解决机制下提出的有关稀土、钨、钼的出口管理措施的磋商请求，这说明我国的贸易摩擦已由过去的以"单向"进口摩擦为主转变为"双向"的进出口摩擦、争端。贸易摩擦常态化将对中国经济发展外部环境产生关键影响，扰乱中国外贸产业的发展。可以预见，未来中国与发达国家和发展中国家的经济贸易摩擦将更为激烈，这对中国制成品出口将造成不利影响。

还需要注意的是，企业社会责任标准的重要性以及对全球供应链的影响日益突出，这对中国制造提出了更大挑战。此类标准具有复杂的社会和环境规定，跨国公司往往要求不同行业领域的供应商必须遵守。遵守此类标准为公司提供了机遇，但同时也为它们带来了严峻的挑战，尤其是对发展中国家的小型供应商。此类国际标准往往高于中国的规定以及普遍的市场惯例做法，其中还存在规定与标准相互冲突，从而制约竞争力的情况。

6.4.4 "互联网＋智能制造"成为大趋势，对中国而言挑战大于机遇

2008年全球金融危机后，新一代信息技术的突破扩散以及与工业的融合发展，引发了国际社会对第三次工业革命、能源互联网、工业互联网、"工业4.0"等一系列发展理念和发展模式的广泛讨论和思考。新一代信息技术与制造业的深度融合，正在引发影响深远的产业变革，形成新的生产方式、产业形态、商业模式和经济增长点。各国都在加大科技创新力度，推动3D打印、移动互联网、云计算、大数据、生物工程、新能源、新材料等领域取得新突破。基于信息物理系统的智能装备、智能工厂等智能制造正在引领制造方式变革；网络众包、协同设计、大规模个性化定制、精准供应链管理、全生命周期管理、电子商务等正在重塑产业价值链体系；可穿戴智能产品、智能家电、智能汽车等智能终端产品不断拓展制造业新领域。可以预见，随着信息技术与制造业相互渗透、深度融合，"互联网＋智能制造"融合发展具有广阔前景和无限潜力，这已成为不可阻挡的时代潮流，正对各国经济社会发展产生着战略性和全局性的影响。

"互联网＋智能制造"是把互联网的创新成果与制造业深度融合，推动云计算、物联网、智能工业机器人、增材制造等技术在生产过程中的应用，

推进生产装备智能化升级、工艺流程改造和基础数据共享，有效支撑制造业智能化转型，发展基于互联网的开放、共享、协作的智能制造产业生态。互联网理念扩展到工业生产和服务领域，催生众包设计、个性化定制等新模式，将促进生产者与消费者实时互动，推动由大规模批量生产向大规模定制生产转变。互联网企业与制造企业、生产企业与服务企业之间的边界日益模糊，企业生产从传统的以产品制造为核心，转而为顾客提供具有丰富内涵的产品、服务乃至整体解决方案，这推动传统制造企业向服务性企业、跨界融合性企业转变。互联网与物联网、服务网紧密集成，把产品、机器、资源、人有机联系在一起，促进物理世界和数字世界的融合，推动产品全生命周期和全制造流程的数字化、网络化、智能化。当全球工业系统与高级计算、分析、感应技术以及互联网连接融合时，将形成开放、全球化的工业互联网网络（见图 6-19）。工业互联网结合软件和大数据分析，重构全球工业、激发生产力。

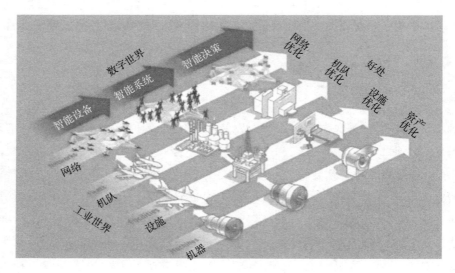

图 6-19　工业互联网的应用

资料来源：通用电气公司（GE）：《工业互联网：打破智慧与机器的边界》。

对中国制造业而言，"互联网 + 智能制造"既有机遇、也有挑战。在互联网方面机遇更大一些，因为近年来，中国在互联网技术、产业、应用以及跨界融合等方面取得了积极进展，已具备加快推进"互联网 +"发展的坚实基础。但是在智能制造方面挑战更大一些，主要体现在几个方面。①智能制造以自动化、数字化为基础，目前中国仍处于工业化进程中，制造业刚刚完成了机械化，距离过程自动化还存在较大差距。按照"工业4.0"的标准，发达国家在顺利完成"工业1.0"和"工业2.0"、基本完成"工业3.0"之后，向"工业4.0"迈进，是自然的"串联式"发展；而中国制造业尚处于"工业2.0"和"工业3.0"并行发展的阶段，中国必须走"工业2.0"补课、"工业3.0"普及、"工业4.0"示范的"并联式"发展道路，所以中国实现"工业4.0"更加复杂、更加艰巨。②智能制造将使直接从事制造行业的人数减少，劳动力成本在整个生产成本中的比例也将随之下降、劳动力变得不像过去那么重要，中国的劳动力优势将被削弱。③新的生产组织方式使得对市场的快速反应和生产个性化的产品成为企业竞争力的核心，要求生产者贴近消费者与消费市场，中国作为世界工厂与消费地分离的状况可能会发生改变。④智能制造将使小批量生产变得更加划算，生产组织更加灵活，劳动投入更少，制造业的个性化生产能取代大规模生产，中小企业甚至个体企业家变得更具竞争力，社会化生产将逐步兴起；尽管智能制造可以使规模化制造业的全球生产进一步发展，但同时也使规模生产的重要性降低，以高度发达的产业链和规模化快速生产作为核心竞争优势的中国将受到重大冲击。⑤智能制造要求未来要想从事制造业的人们必须驾驭数字化和智能化设备，掌握更多的技能，特别是设计能力，创造力而不是劳动力将成为核心竞争力，而中国劳动力在创造性方面存在不足，不仅缺乏高端创新人才，也缺乏高技能的、把握智能制造和新型工业化的技术人才。⑥智能制造促进设计和生产过程的一体化，将使知识产权的保护变得更为重要，要想把生产过程外包出去、把核心设计秘密留在自己手里，也越来越难办到，这将促使企业舍弃把制造过程"外包"到低工资国家的战略，而把核心生产部门搬回国内。因此，智能制造不仅将影响到如何制造产品，还将影响到在哪里制造产品，鼓励制造商将一部分制造行业迁回发达国家，因为这一工业革命大幅度降低了制造成本特别是人工成本，消除了制造业回流的障碍，而且使得制造商能更快地适应当地市场需求的变化。

面对新一轮科技革命和产业变革与中国加快转变经济发展方式形成历

史性交汇的战略机遇期，中国政府围绕实现制造强国的战略目标，做出一系列重大战略部署，《中国制造2025》行动纲领、"互联网＋"行动计划相继出台。"互联网＋"行动计划充分发挥我国互联网的规模优势和应用优势，明确了"互联网＋"创业创新、"互联网＋"协同制造等11项重点行动，推动互联网由消费领域向生产领域拓展，加速提升产业发展水平，增强各行业创新能力，构筑经济社会发展新优势和新动能。《中国制造2025》以加快新一代信息技术与制造业深度融合为主线，以推进智能制造为主攻方向，坚持"创新驱动、质量为先、绿色发展、结构优化、人才为本"的基本方针，明确了提高国家制造业创新能力、全面推行绿色制造、提高制造业国际化发展水平等9项战略任务，明确实施国家制造业创新中心建设、智能制造、工业强基、绿色制造、高端装备创新五项重大工程，强调通过"三步走"实现制造强国的战略目标：第一步，到2025年迈入制造强国行列；第二步，到2035年中国制造业整体达到世界制造强国阵营中等水平；第三步，到新中国成立一百年时，中国制造业大国地位更加巩固，综合实力进入世界制造强国前列。当前，全球制造业发展格局和中国经济发展环境发生重大变化，中国必须紧紧抓住当前难得的战略机遇，突出创新驱动，优化政策环境，发挥制度优势，促进产业转型升级，培育有中国特色的制造文化，实现制造业由大变强的历史跨越。

6.4.5　跨国公司将深度嵌入当地，对中国企业形成更大冲击

发达国家消费萎靡不振，使得跨国公司更加注重聚焦新兴市场，为了适应当地发展，跨国公司通过本地嵌入战略，将自身的研发、生产、采购、营销、管理等方面，深度嵌入当地的经济社会环境中，以对客户需求做出正确和快速地响应。加强本地研发可以吸引更多的当地人才和公司，更好的理解客户需求，更快地获取相应的知识和技术，从而缩短创新周期并提高客户满意度；加强本地采购和生产可以降低生产、采购、运输等方面的成本，并能够更快地将产品投放到市场；完善本地销售和售后服务也将增强客户关注，提高客户满意度和认知度。

出于对中国巨大消费市场的重视，一大批跨国公司实施了"深度嵌入"的中国战略，跨国公司根植到中国经济社会网络中，成为中国经济发展的

引擎，对国民经济又好又快发展起到了积极的促进作用，但同时也对中国本土企业形成了更大冲击。如果说之前在中国市场上跨国公司与本土企业更多的是差异化竞争，如跨国公司侧重一二线城市，本土企业扎根三四线城市，跨国公司侧重高端市场，本土企业专注中低端市场；或者说跨国公司与本土企业合作大于竞争，跨国公司帮助本土中小企业提升生产技术水平、嵌入全球生产网络，实现与国际市场的对接。而在金融危机后跨国公司的"市场下沉"，即向三四线城市和中低端市场拓展，而中国本土企业向高端市场、海外市场进军，跨国公司与中国本土企业将面临更加直接、更加激烈的交锋。以市场前景巨大的医疗器械产业为例，据统计，近几年中国医疗器械行业销售收入的平均增速超过 20%，但国产医疗器械在高端市场上的份额不足 1/3。2009 年 4 月"新医改"方案出台后，跨国公司非常看重中国大力发展基层医疗所带来的机会，尤其是二级县医院新增设备和陈旧设备更新升级的巨大需求，在高端医疗设备市场几近垄断地位的"GPS"三巨头——通用电气、飞利浦、西门子也开始纷纷瞄准基层医疗市场。通用电气医疗计划用 3～5 年时间，在中国市场把现有业务的中高端和基层8：2的比例调整至 5：5，即所谓的"5：5"目标。早在 2006 年，西门子便启动了"SMART"下乡计划，目的是设计出简单易用、维护方便、价格适当、可靠耐用和及时上市的产品，就此打开中国基础医疗市场的大门。面对跨国公司在资本、技术、渠道、影响力等方面的优势，之前国产品牌在基层医疗领域的市场垄断格局将会被打破，甚至行业面临重新洗牌。

6.4.6　新经济地理模型对中国制造业外迁问题的解释

综上所述，新一轮产业升级和产业转移将推动国际分工体系的调整和优化，中国制造业正面临着发达国家"高端回流"和发展中国家"中低端分流"的双向挤压；国际贸易规则发生新变化，区域贸易协议的增强将形成多个区域性制造中心并影响中国出口，但中国在亚洲生产网络中的地位将进一步提升；新一代信息技术与制造技术融合，将给世界范围内的制造业带来深刻变革，"互联网＋智能制造"成为大趋势，这对中国制造而言挑战大于机遇；跨国公司将深度嵌入当地的经济社会网络中，在与中国产业系统互相促进的同时，也对中国企业形成更大冲击。这些全球生产网络的新特点将对中国的经济发展产生重要影响。

根据研究经济活动空间聚集的新经济地理模型,中国目前最关注的"制造业外迁"问题主要看促使产业地理集中的向心力和阻碍产业地理集中的离心力两种力量谁占据主导地位。在促进产业向中国集聚的向心力量中,具体包括以下几点。①中国的人力资源总量仍占绝对优势。虽然中国正面临"刘易斯拐点",但是中国的劳动力供应依然充裕,而且劳动力素质正不断提高,别的国家很难提供如此庞大的剩余劳动力来代替中国。②中国的产业链优势带来的后向关联性依然明显。尽管中国面临产业升级和产业转移的压力,但很难有替代者能够承接如此大规模的产业转移,因此中国经过几十年发展形成的产业链优势不会轻易丢失,而且中国拥有内部区域产业转移的优势,市场规模效应的后向关联性依然明显。③中国大市场带动的前向关联性正不断增强。由于广义的运输成本(既包括看得见的运输网络形成的有形运输成本,也包括地方保护引起的非关税贸易壁垒)在后危机时代的上升,加上中国内需市场的迅速增长,中国市场本身带动的前向关联性正不断增强;而且由于区域贸易协议的增强,中国与亚洲市场的前向关联性在不断增强;因此跨国公司将深入嵌入中国经济社会网络中。

在促使产业从中国分离的离心力量中,具体包括以下几点。①要素的不可流动性增强、新型贸易保护措施和第三次产业革命将使国际生产更加分散。由于各国更加重视保护战略要素和国家资源,出台了很多加强投资管制和限制性措施,要素的不可流动性正日益增强,加上新型贸易保护政策和贸易壁垒增多将抑制中国的出口,新一轮工业革命将使生产组织更加分散化、扁平化、社会化,因此后危机时代商品生产在地域上将更加分散。②中国传统外需市场的前向关联性正受到削弱。由于广义的运输成本的上升,作为世界工厂的中国远离主要进口地的美、欧等发达国家,因此传统外需市场的前向关联性正受到削弱;同时发达国家的"再工业化"也使得一批中高端的制造业开始回迁。③中国的低成本优势不断削弱。中国土地、工资等成本不断上升,2011 年末全国主要监测城市地价总水平是 2005 年末的 2.4 倍。另外,2006 年至今劳动力工资刨除物价的因素已经增长 4 倍,同时生产率提升相对缓慢,导致实际的劳动力成本上升了 150% 左右,因此中国的低成本优势不断被削弱,也将促使更多的制造业迁离中国,制造业会向劳动力成本更低廉的东盟国家迁移。

根据新经济地理模型的分析，目前中国制造业的向心力仍然远强于离心力，因此中国在全球制造业中的优势仍然非常明显。2013年，德勤全球制造业组与美国竞争力委员会发布了《全球制造业的竞争指数》，委员会将中国列为现在以及未来五年最具竞争力的制造业大国。对于五年以后全球制造业的竞争力预测，委员会还是把中国作为第一选择。中国制造业目前最关键的是通过稳定经济增长来扩大内需市场，加快亚洲区域经济一体化的进程，利用产业轮动和区域轮动巩固已有产业链优势，加快新兴产业布局，尽快形成新的产业链优势，从而加强前向和后向市场规模效应；同时提高企业技术创新能力和产品的研发能力，提高劳动力素质，通过技术进步和生产率提高，弥补生产成本的上升；并加快中国企业"走出去"步伐，主动出击获取关键资源，通过兼并国外企业进入当地市场；从而增强中国制造的向心力、削弱离心力的影响。

6.5　后危机时代全球生产网络的拓扑结构分析

综上分析，国际分工、贸易投资政策、科学技术和跨国公司这四种推动力量的变化，使得全球生产网络的发展呈现若干新特点，全球生产网络将朝多中心化、更分散化、联系更紧密、发展更均衡的方向发展。危机前后的全球生产网络拓扑结构如图6－20所示。

从网络拓扑结构来看，无论是消费、研发、制造，还是资源供应，后危机时代全球生产网络都将朝多中心化、更分散化的方向发展。在消费环节，新兴经济体的快速发展创造了巨大的消费需求，而发达国家的市场将出现萎缩，全球市场重心将向新兴经济体转移；全球生产网络将从以美、欧、日发达国家市场为消费中心的格局，转向发达国家市场和新兴市场并重的格局。在研发环节，生产型国家通过加大科研投入，向创新型国家转变，其研发能力将大大增强；虽然发达国家仍然保持创新和研发的优势，但领先优势将缩小；全球研发中心在国家层面的分布将更加分散化。在制造环节，发达国家仍将是高端制造业的主导者，加上制造业回迁，发达国

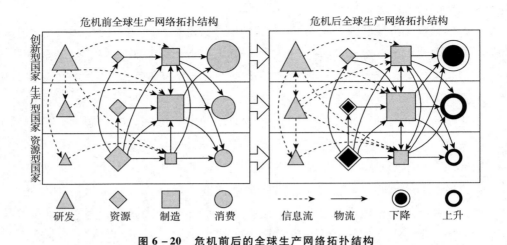

图 6 – 20 危机前后的全球生产网络拓扑结构

资料来源：本书作者绘制。

家将加大本土制造和出口的力度；生产型国家通过产业升级将快速跟进，同时巩固传统制造业和产业链的优势、在国内进行产业轮动和区域轮动，用国内消费弥补出口市场的下降；但是很多低端产业和生产活动将转移到资源型和初级生产型国家，因此后者的本地生产也将扩大；所以国际生产在地理上也将更加分散化。资源环节也呈现同样的趋势，因为发达国家本土制造的增加，危机后生产资源的价格上涨，发展中国家对战略资源的限制，新能源开发技术的进步，都将会导致本土资源供应增加，所以全球资源供应也将更加分散化。

多中心化、更分散化并不会使各国回到封闭发展的年代，相反未来全球经济一体化将更加深化，全球生产网络将使各国联系更紧密、发展更均衡。比如全球的知识和技术流动，将从创新型国家向生产型国家的单项转移，发展成二者的双向转移，同时二者也将加快对资源型和初级生产型国家的技术转移。能源互联网将使分散型可再生能源跨越国界自由流动，每个地区、每栋建筑都将成为一个遍布整个全球的、没有界限的绿色电力网络中的节点，以更好地共享和分配能源。从产品内国际分工的角度来看，生产型国家从事的技术含量高的零部件或者工序将增多，其与创新型国家和资源型国家之间基于产品工序的国际分工和合作将更加紧密、产品的双向流动将更加频繁。由于全球生产网络的发展带来各国生产能力的普遍提高，而科技进步将极大地消除地域隔阂，每一个国家都有可能向全球供货，因而后危机时代全球生产网络中的研发、生产、资源供应和市场消费各环节都将更加均衡，全球生产网络将使每一个参与者更好地分享全球化的成果。

更分散化的全球生产网络决定了全球生产网络要素也更加分散化。根据亨德森等（2002）提出的全球生产网络分析框架，价值、权力、嵌入是全球生产网络的三个要素。从价值角度来看，后危机时代技术转移和知识扩散的主体将更多、层次将更高、规模将更大、周期将更短，无论是价值的创造、提升还是获取，在全球生产网络中都更加分散化。从权力角度来看，后危机时代发展中国家将为世界经济增长做出突出贡献，其国际地位也将得到大幅提升，G20 将取代 G8 在国际事务中发挥更大作用；全球生产网络将巩固南北国家的合作，并加强南南国家之间的合作；而社会化生产的兴起，将造就大量的中小企业甚至个体企业家，全球生产网络中的经营活动将更加分散化、组织等级将更加扁平化；因此全球生产网络中无论是发达国家与发展中国家之间的权利分配，还是企业、机构、集体之间的权力分配，乃至全球生产网络中领导企业与次级供应商之间的权利分配，都将更加的平等和均衡化。从地域嵌入角度来看，随着区域贸易协议的增强以及第三次工业革命的演进，洲际经济和政治联盟将加速形成，全球生产网络将向洲际化（Continentalization）这一新趋势调整，洲际生产网络的重要性将提高，并形成多个区域性制造中心。从网络嵌入角度来看，在更分散、更紧密的网络连接中，全球生产网络的关键节点和链路将出现冗余，即允许非经济最优的备援节点，在一定程度上避免因关键环节的自然灾害或政局动荡，如日本大地震和核泄漏、泰国洪灾、"阿拉伯之春"运动等，对全球生产网络造成的巨大影响，从而使全球生产网络变得更加安全和可靠。

第7章
结论与展望

7.1 本书结论

本书以全球生产网络的微观研究为立足点，采用理论拓展与案例研究相结合的研究方法，梳理全球生产网络的研究脉络和微观研究的理论基础，提出全球生产网络微观研究的分析框架，以西门子和华为公司为例进行了案例研究，并分析了后危机时代全球生产网络的发展趋势和对中国的影响。本书研究可以在一定程度上弥补现有全球生产网络研究在理论框架、微观研究内容和动态性关注等方面存在的不足。纵观全篇，本书的主要研究结论如下。

（一）价值和嵌入是全球生产网络微观研究的最核心的要素

根据亨德森等（2002）提出的全球生产网络分析框架，价值、权力、嵌入是全球生产网络研究的三个要素。从微观研究的角度，本书认为全球生产网络的实质是全球价值网络，网络中主体围绕共同的价值目标形成共生的生态体系，价值是全球生产网络演变的驱动力，因此价值是全球生产网络微观研究的核心。嵌入将跨国公司和当地紧密联系起来，实现双向互动和共同发展，因此嵌入在全球生产网络微观研究中也具有重要的地位。而权力在很大程度上受企业对网络价值的贡献大小，以及其嵌入网络的方式的影响，因此很难将权力作为全球生产网络微观研究的重点。所以价值和嵌入是全球生产网络微观研究的最核心的要素。本书提出的全球生产网络微观研究的分析框架，由基于价值视角的全球生产网络微观框架和基于嵌入视角的全球生产网络微观框架两部分组成。并且本书对微观框架中每项要素的研究方法进行了说明，提高了全球生产网络微观研究的可操作性。

（二）中国企业应该充分利用全球生产网络实施"走出去"战略

随着国际分工的不断深化和全球生产网络的不断发展，传统的企业间个体竞争模式逐渐被企业网络联合体之间的群体竞争模式所取代。各国的竞争优势也不再体现在产业层面，而是体现在企业层面或者产品价值链的一个或数个环节上。对于中国企业而言，在全球任何一个市场都将面临跨国公司的激烈竞争，要成功实施"走出去"战略，就必须借鉴全球性领先企业的成功经验，从"全球—本地"互动的视角，充分利用全球生产网络的力量，提升自身的国际竞争力。而企业能力的提升也将带动国家竞争优势的提升。

从全球的视角来看，中国企业应该充分意识到"价值"在全球生产网络中的重要性，共同的价值目标是网络组织形成和赖以生存的基石，企业的价值创造决定了企业在全球生产网络中的地位和权力。中国企业应以实现可持续的价值创造为目标，制定与之匹配的公司全球化战略，利用不同国家和地区的区位优势，联合公司内外的全球资源和技术力量，构建高效的全球研发网络、制造网络、供应链网络、销售和服务网络，在全球范围内实现要素资源的配置和优化，利用网络的力量实现跨地域跨产业的业务布局和价值活动的全球整合，变"价格竞争"为"价值竞争"，变"单打独斗"为"联合作战"，利用公司价值的持续提升建立全球意义上的竞争优势、实现可持续的盈利增长。

从本地的视角来看，中国企业应该充分意识到"嵌入"对企业和当地发展的重要意义。嵌入的内涵和外延都远远大于本土化，嵌入强调跨国公司与地方互动耦合，强调在当地扎根发芽，涵盖经济、社会、技术和制度等多个方面，因此，嵌入使跨国企业在全球与本地的经济联系中扮演着关键的角色。中国企业在进入海外市场时，应该根据当地的区域和产业政策制定与之相匹配的本地嵌入战略和嵌入路径：从试探性嵌入，逐步向战略连接、战略嵌入和战略耦合演进；从经济嵌入，逐步向技术嵌入、社会嵌入、文化嵌入和体制嵌入演进；随着嵌入地区不断深入、嵌入功能不断增多，最终根植到当地经济社会网络中，实现与当地产业相互作用、互动融合、共生共赢；利用"立足当地、面向全球"，从单向嵌入逐步向双向嵌入演进，在企业不断嵌入当地的同时，也带动当地经济更好地融入全球生产网络，同时也要实现要素资源在全球范围的配置和优化，提升自身的竞争优势。

（三）后危机时代全球生产网络发展的基本趋势没有改变，但将朝多中心化、更分散化、联系更紧密、发展更均衡的方向发展，而中国制造业至少仍具备 10 年优势

国际分工的深化、贸易投资自由化的推进、科学技术的进步和跨国公司的扩张是全球生产网络构建的主要推动力量，这四种推动力量如何演变，决定着全球生产网络的发展趋势。在后危机时代，经济全球化的基本趋势没有改变。现有国际分工格局将进行渐进式的调整和优化，但不会出现颠覆性的变化；尽管新的管制和限制性投资措施在上升，但贸易投资自由化和投资促进仍然是近期贸易政策的主导内容；危机过后的世界经济调整期将"催生"新一轮的技术革命，为生产要素跨国流动提供更有利的技术条件；跨国公司为了扩大市场机会、降低运营成本、获取关键资源，将继续进行国际性扩张，其研发、生产、采购、销售等环节也将更加向新兴国家和地区倾斜。由于上述各种推动力量的基本趋势没有改变，全球生产网络的发展也不会发生根本性改变或者倒退，跨国公司主导的全球生产网络仍将在调整和优化中进一步推进和扩张。

然而，由于后危机时代新一轮产业升级和产业转移将推动国际分工体系的调整和优化，中国制造业将面临高低两端夹击；区域贸易协议的增强将形成多个区域性制造中心并影响中国出口，但中国在亚洲生产网络中的地位将进一步提升；第三次工业革命将使生产组织更加分散化、扁平化、社会化，数字化制造对中国制造而言挑战大于机遇；跨国公司将深度嵌入当地的经济社会网络中，在与中国产业系统互相促进的同时，也对中国企业形成更大冲击。国际分工、贸易投资政策、科学技术和跨国公司这四种推动力量的变化，使得全球生产网络的发展呈现若干新特点，全球生产网络将朝多中心化、更分散化、联系更紧密、发展更均衡的方向发展，并对

中国经济产生重要影响。

在后危机时代，尽管中国制造业面临前所未有的压力，但至少仍具备10年优势，这是因为：①中国的人力资源总量仍占绝对优势，而且劳动力素质正不断提高；②中国的产业链优势带来的后向关联性依然明显，而且中国拥有内部区域产业转移的优势；③中国大市场带动的前向关联性正不断增强，亚洲区域经济一体化将进一步巩固这一优势；④中国企业创新能力的提高和在新兴产业的布局，有助于中国尽快形成新的产业链优势；⑤跨国公司深入嵌入中国经济社会网络中，技术嵌入带动的"技术溢出"效应将带动中国的产业升级和技术进步。

7.2 政策建议

中国加入世界贸易组织之后，已经迅速融入全球生产网络之中，对全球生产网络的依赖度不断提高，但过分依靠低成本要素出口带动经济增长的发展模式，也存在着巨大的结构性缺陷。金融危机倒逼中国必须加快经济结构转型，中国政府也已确定了"稳增长、扩内需、调结构、促改革"的总体政策方针。全球生产网络发展的基本趋势没有改变，而中国制造业最短也有10年的转型期，因此，中国制造业在转型期间要注意不要急功近利、好高骛远，应该立足于自身特点、稳扎稳打，注重现实情况和长远发展的平衡，以适应全球生产网络多中心化、更分散化、联系更紧密、发展更均衡的新特点。

（一）注重国外市场与国内市场的平衡，以稳外需促进扩内需

扩大国内需求具有复杂性和长期性，很难在短时间内弥补后危机时代中国传统出口市场萎缩的损失，因此应以稳定外部市场为前提。从全球生产网络的视角来看，我们应该把国外市场与国内市场合成一个统一的大市场来考虑，注重二者的平衡，实施"对外改革、对内开放"。对外改革是指改变过去出口紧盯欧、美、日市场的模式，积极拓展新兴市场，使中国出口目的地更加分散化；要充分利用中国在全球生产网络中的现有优势，在巩固传统出口市场的同时，加强南南联系和区域合作，形成发达国家市

场和新兴市场并重的外贸格局；同时优化进出口商品结构，鼓励进口和对外投资，把以"引进来"为主改变为"引进来"与"走出去"并重。对内开放是指借鉴国际贸易投资自由化的成功经验，减少国内地区贸易壁垒，降低地区贸易成本，减少政府管制和干预，推进国内贸易自由化、便利化。中国企业应该依托国内大市场，整合国内外各种资源，构建以我为主、服务内需的开放式全球网络，在竞争与合作中不断提高自身的竞争力。

（二）注重东部与中西部发展的平衡，构建涵盖亚洲的区域合作网络

国际分工失衡引发的全球金融危机值得我们反思中国地区发展的不平衡，在新一轮产业升级和产业转移的过程中，中国要引导东部、西部协调发展，利用异地对接、异地合作、设立"产业转移促进中心"等形式，促进区域间合作，鼓励国内外企业将制造业迁往中西部而不是撤离中国。在中西部承接产业转移的过程中应该注意三点：一是产业转移要和产业升级相结合，产业转移不能是"污染转移""高碳转移"；二是产业转移时制造业要和服务业相结合，生产性服务业的进步与发展，直接关系到中西部产业融入全球生产网络的速度和程度；三是产业转移要和区域经济一体化的趋势相结合，应充分利用中国在亚洲区域合作中的影响力，特别是充分利用 FTA、RECP、"一带一路"，将中国自身的区域差异性与亚洲各国的区域差异性相结合，站在亚洲区域经济一体化的高度上，构建优势互补、协调发展的区域产业梯度和分工体系，在全球生产网络发展的新格局下形成以中国为核心的、多层次、多形态的亚洲合作网络。

（三）注重传统产业与新兴产业的平衡，用高新技术提升传统产业

经过 30 多年的发展，在传统产业的全球生产网络中中国具备劳动力数量、生产效率、基础设施和产业集群等多方面的优势。而很多新兴技术目前还处于科技突破的重要阶段，新兴产业的全球生产网络乐观估计还需10 年才能形成，而且世界围绕新兴产业的国际布局和争夺日趋激烈，中国在科技创新和高端制造业方面与发达国家相比还存在差距。因此，中国制造业在转型期间应该注重传统产业和新兴产业的平衡、高端制造业和中低端制造业的平衡。一方面要在战略上重视新兴、高端产业，通过鼓励科技创新带动新兴产业发展，构建具有竞争力的高端产业生产网络，培育新

的经济增长点、掌握未来发展的主动权；另一方面也要深刻意识到传统产业在吸收劳动就业、提高居民收入、稳定经济增长等方面的重要作用，充分利用高新技术改造提升传统产业，提高传统产业的技术含量和生产效率，从而实现高低搭配、量质结合的合理产业格局。按照《中国制造2025》行动纲领，应立足国情、立足现实，首先缩小差距、重点突破，力争用十年时间，迈入制造强国行列，进入世界制造业强国第二方阵；其次逐步巩固地位、提升层次、创新引领、实现跨越，到2045年，乃至建国一百周年时，进入世界制造业强国第一方阵，成为具有全球引领影响力的制造强国。

（四）注重自主创新与开放合作的平衡，实施开放式创新战略

坚定不移地走中国特色自主创新道路、依靠创新驱动进一步发展已成为国家战略和社会共识。然而在创新全球化趋势愈发突出的今天，坚持自主创新绝不意味着要关起门来搞创新，国家与国家之间的科技交流合作是优化创新资源配置、提高创新效率的必要途径。因此，在提升自主创新能力的过程中，我们应该注重自主创新与开放合作的平衡。一方面要以更开放的心态、更广阔的视野参与到国际合作中，不断拓展国际创新合作空间；另一方面也要围绕全球生产网络，充分利用跨国家、地区和产业链的创新资源，实施拥抱全球智慧的中国开放式创新，鼓励跨国界的产业创新战略，鼓励以获取核心专利为主题的海外并购，鼓励引进海外高层次人才和领军人才，从而提高中国科技发展国际化水平，在更高、更开放的起点上推进自主创新。此外，在鼓励原始创新的同时也要加强集成创新和引进消化吸收再创新，在鼓励技术创新和产品创新的同时也要加强流程创新和生产创新，形成中国多维度、多层次的创新体系。

（五）注重大企业与中小企业的平衡，建立和谐共赢的网络生态系统

后危机时代全球生产网络中的经营活动将更加分散化、组织等级将更加扁平化，跨国公司是全球生产网络的微观主体，而中小企业甚至个体企业家在全球生产网络中将扮演更重要的角色。中国的中小企业承担了中国70%以上的就业，但金融危机使其经营环境不断恶化，被淘汰出局的中小企业越来越多。而发达国家的"再工业化"战略以中小企业为主要载体，在科技创新方面对其重点扶持，强化其出口竞争力，这又给中国中小企业增加了新的冲击。尽管中国已经出台了《中小企业促进法》，但实际执行效果不尽如人意。中国政府和政策都比较偏爱国有大中型企业，比如经济刺激计划主要都是面向国有企业，但国有垄断企业多因大而不强、限制竞争、创新不足而为人诟病。因此在后危机时代，中国应该注重大企业与中小企业的平衡，在支持国有企业做大做强、提升核心竞争力的同时，更要进一步落实支持中小型微型企业发展的政策措施，完善服务体系，帮助中小企业解决融资难、招工难等问题，扶持中小企业的技术创新活动，特别是充分利用"互联网＋"创业创新、"互联网＋"协同制造等行动，基于市场需求让大企业与中小企业形成紧密的利益共同体，建立和谐共赢的网络生态系统。

7.3　研究不足

由于所研究问题的复杂性和时间限制，虽然本书有一定的研究贡献，但是仍存在很多的不足，有待改进和进一步的研究。

在理论方面，本书提出了全球生产网络微观研究的分析框架，并针对框架中的要素提出了基本的研究方法，但在理论深度以及各要素之间的关系研究方面存在一定差距，本书对全球生产网络中企业组织与权力分配的关系也没有展开研究。

在案例方面，本书针对西门子和华为公司进行了案例分析，但由于不同母国、不同业务领域的跨国公司差异性很大，在一定程度上可能会影响到研究的效果，同时本书对全球生产网络中的本土中小企业缺少深入研究。

在全球生产网络动态分析方面，本书从全球生产网络的四大推动力量入手，分析了后危机时代全球生产网络的发展趋势和对中国的影响，但本书对全球生产网络发展影响因素考虑的还不是很全面，对全球生产网络未来发展的复杂性和曲折性，以及不同产业的全球生产网络发展没有充分论述。

7.4 研究展望

（一） 全球生产网络微观研究理论体系与研究方法的完善

目前全球生产网络的微观理论研究仍处于初步的探索阶段，在理论体系的整合与拓展、各要素之间的关系和影响等方面仍需进一步完善，特别是管理学派和曼彻斯特大学学派的融合，宏观研究和微观研究的融合，价值、嵌入与权力微观研究的融合。在研究方法上也需要进一步细化，为每个要素提供特定的研究方法以及参考模型、支持工具，形成一套系统的方法论工具以实施全球生产网络的微观研究框架。

（二） 全球生产网络微观层面实证研究和案例研究的拓展

在案例研究方面，可以运用本书提出的全球生产网络微观研究框架，对不同母国、不同业务领域的跨国公司全球生产网络进行比较研究，特别是对发展中国家跨国公司和全球性中小企业，以及新能源等新兴产业的全球生产网络进行分析和比对；也可以针对同一公司在不同国家和区域的嵌入，或者不同公司在相同国家和区域的嵌入进行比较研究，特别是对新兴工业国家之间企业的互动进行分析，从而丰富全球生产网络微观研究的成果。实证研究应该进一步扩展的方向是，大量获取和搜集微观的企业数据，利用相关的理论模型进行实证分析，为全球生产网络微观研究框架的应用提供更全面的现实依据。

（三） 全球生产网络发展的动态分析

在全球生产网络动态分析方面需要进一步扩展的方向是，建立离散或连续选择模型，增加新的影响因素，增加新的国家/地区分类，增加新的功能分类，增加新的网络连接分类，对不同产业全球生产网络未来的发展趋势进行动态的系统的分析。

参考文献

［1］卜国琴：《全球生产网络治理模式对加工贸易升级的影响分析》，《生产力研究》2007 年第 21 期。

［2］柴瑜：《国际投资与国际生产的最新发展》，《求是》2003 年第 23 期。

［3］陈景辉：《中国开发区产业集聚研究——基于跨国公司嵌入视角》，人民出版社，2010。

［4］池国华：《EVA 管理业绩评价系统模式》，科学出版社，2008。

［5］邓翔、路征：《"新新贸易理论"的思想脉络及其发展》，《财经科学》2010 年第 2 期。

［6］杜舟、马鸣：《再见了，世界工厂！》，《IT 时代周刊》2012 年第 12 期。

［7］樊瑛：《新新贸易理论及其进展》，《国际经贸探索》2007 年第 12 期。

［8］樊增强：《浅析跨国公司技术扩散及溢出效应》，《科学学与科学技术管理》2003 年第 4 期。

［9］房煜、秦姗、徐珊、李聪：《2011 年度中国企业国际化指数排行榜榜单》，《中国企业家》2011 年第 18 期。

［10］高菠阳、刘卫东、Glen Norcliffe、杜超：《国际贸易壁垒对全球生产网络的影响——以中加自行车贸易为例》，《地理学报》2011 年第 4 期。

［11］工控中国：《中国制造成本直逼美国　本土企业海外投资忙》，2014 年 6 月 25 日。

［12］韩利萍：《构建经济增加值（EVA）为核心的企业价值管理体系》，《长沙通信职业技术学院学报》2011 年第 4 期。

［13］韩炜：《基于价值驱动的企业网络组织异变机理研究》，《商业经济与管理》2010 年第 11 期。

[14] 华为公司：《华为年报（2006—2014 年）》。www.huawei.com/cn/。

[15] 黄蕾：《后危机时代保护贸易政策特征论》，《中国商贸》2012 年第 22 期。

[16] 姜照华、李佳：《华为的国际化的自主创新模式》，第七届中国科技政策与管理学术年会，南京，2011 年 10 月。

[17] 李春顶：《新新贸易理论文献综述》，《世界经济文汇》2010 年第 1 期。

[18] 李放、林汉川、刘扬：《面向全球价值网络的中国先进制造模式构建与动态演进——基于华为公司的案例研究》，《经济管理》2010 年第 12 期。

[19] 李健、宁越敏：《全球生产网络的浮现及其探讨——一个基于全球化的地方发展研究框架》，《上海经济研究》2011 年第 9 期。

[20] 李健、宁越敏、汪明峰：《计算机产业全球生产网络分析——兼论其在中国大陆的发展》，《地理学报》2008 年第 4 期。

[21] 李婧、丁盈：《制造业产业聚集与纵向分离的实证研究》，《技术经济》2007 年第 4 期。

[22] 李向阳：《跨太平洋伙伴关系协定：中国崛起过程中的重大挑战》，《国际经济评论》2012 年第 2 期。

[23] 李振兴、程家瑜、王革、张俊祥：《后金融危机时代世界高技术发展态势及其应对》，《学习时报》2010 年 9 月 20 日。

[24] 林桂军、邓世专：《亚洲工厂及关联度分析》，《世界经济与政治》2011 年第 11 期。

[25] 刘春生：《全球生产网络的构建与中国的战略选择》，中国人民大学出版社，2008。

[26] 刘春生：《全球生产网络背景下中国对外开放的路径选择》，《中国经贸》2011 年 02 期。

[27] 刘德学等：《全球生产网络与加工贸易升级》，经济科学出版社，2006。

[28] 刘建丽：《华为国际化突围的内部支撑要素剖析》，《中国经贸导刊》2011 年第 4 期。

[29] 刘利刚：《中国在正确的路上改变贸易结构》，财经网，2012 年 4 月 12 日。

[30] 刘志高、尹贻梅：《经济地理学与经济学关系的历史考察》，《经济地理》2006 年第 3 期。

[31] 卢锋：《产品内分工》，《经济学（季刊）》2004 年第 4 期。

[32] 罗东：《GE 医疗下乡谜题》，《二十一世纪商业评论》2012 年第 13 期。

[33] 苗圩：《中国如何应对新一轮科技和产业革命？——在智能制造国际会议上的主旨报告》，2014 年 5 月 7 日。

[34] 宁波经济：《华为：企业全球化之道》，《宁波经济（财经视点）》2013 年第 7 期。

[35] 裴长洪：《后危机时代经济全球化趋势及其新特点、新态势》，《国际经济评论》2010 年第 4 期。

[36] 彭美玉、王成璋：《基于 C－D 型生产函数的新兴古典超边际分析模型》，《现代管理科学》2005 年第 12 期。

[37] 蒲华林、张捷：《全球生产网络与产业结构的动态优化——一个基于汽车产业的实例分析》，《科技管理研究》，2008 年第 10 期。

[38] 邱国栋、陈景辉：《跨国公司在中国沿海开发区的嵌入性研究》，《财经问题研究》2010 年第 9 期。

[39] 搜狐媒体平台：《一带一路与 TPP 谁会笑到最后?》，2015 年 10 月 12 日。

[40] 苏桂富、刘德学、卜国琴：《全球生产网络治理机制分析》，《经济问题》2005 年第 2 期。

[41] 谭博仁、赵洋：《关于促进跨国公司的本土化战略探究》，《中国商贸》2011 年第 35 期。

[42] 唐海燕、张会清：《中国在新型国际分工体系中的地位——基于价值链视角的分析》，《国际贸易问题》2009 年第 2 期。

[43] 唐雨辰：《华为：为战略发展插上"隐形的翅膀"》，《石油石化物资采购》2014 年第 3 期。

[44] 王琴：《跨国公司商业模式——价值网络与治理逻辑》，上海财经大学

出版社，2010。

[45] 王硕：《欧美"再工业化"战略加剧了我国经济转型的紧迫性》，《财经界》2012 年第 5 期。

[46] 王子先：《华为：开放式创新打造世界一流高科技型跨国公司》，《全球化》2013 年第 3 期。

[47] 魏江、向永胜：《文化嵌入与集群发展的共演机制研究》，《自然辩证法研究》2012 年第 3 期。

[48] 魏明亮、冯涛：《从全球价值链到全球价值网络——谈产业经济的全球化发展趋势》，《华南理工大学学报（社会科学版）》2010 年第 5 期。

[49] 文嫮、杨友仁、侯俊军：《嵌入性与 FDI 驱动型产业集群研究——以上海浦东 IC 产业集群为例》，《经济地理》2007 第 5 期。

[50] 西门子：《"工业 4.0"——制造业的未来》，2014。

[51] 习近平：《让工程科技造福人类、创造未来——在 2014 年国际工程科技大会上的主旨演讲》，《科技管理研究》2014 年第 13 期。

[52] 夏旭田：《FTA、RCEP、"一带一路"三招突围 TPP》，《21 世纪经济报道》2015 年 10 月 12 日。

[53] 许宁宁：《欢迎 RECP：东亚经济合作会有新机遇》，《经济观察报》2012 年 9 月 24 日。

[54] 许学强、林先扬、周春山：《国外大都市区研究历程回顾及其启示》，《城市规划学刊》2007 年第 2 期。

[55] 杨小凯：《当代经济学与中国经济》，中国社会科学出版社，1997。

[56] 杨小凯：《经济学原理》，中国社会科学出版社，1998。

[57] 杨小凯、黄有光：《专业化与经济组织》，张玉纲译，经济科学出版社，1999。

[58] 杨小凯、张永生：《新兴古典经济学与超边际分析（修订版）》，社会科学文献出版社，2003。

[59] 杨友仁、夏铸九：《跨界生产网络之在地镶嵌与地方性制度之演化：以大东莞地区为例》，《都市与计划》2005 第 3 期。

[60] 叶庆祥：《跨国公司本地嵌入——理论、实证与政策选择》，浙江大学

出版社，2008。

［61］易慧、苏宁、李月梅：《企业跨国经营中的供应链协同管理初探——华为案例分析为例》，《商业经济》2011 年第 7 期。

［62］于挺：《产业分工对产业创新的促进机制》，博士学位论文，上海社会科学院，2011。

［63］袁娟、郑小静：《华为的知识资产管理能力建设》，《人力资源管理》2010 年第 10 期。

［64］曾铮：《"后危机时代"产业链升级战略》，《中国投资》2010 年第 7 期。

［65］张慧：《跨国公司行为理论阐释的新进展》，《世界经济研究》2006 年第 8 期。

［66］张俊艳、靳鹏霄：《〈中国创新的全球效应〉〈2015 全球创新报告〉对我国产业发展暨"中国制造 2025"的启示》。http://www.sipo.gov.cn/，2015 年 9 月 14 日。

［67］张茉楠：《后危机时代、分工失衡条件下的中国经济增长》，《改革》2008 年第 12 期。

［68］张正博：《全球生产网络理论发展过程与发展态势分析》，《经济研究导刊》，2010 年第 30 期。

［69］赵蓓：《嵌入性与产业群竞争力：理论研究与分析框架》，《东南学术》2004 年第 6 期。

［70］赵林飞、顾庆良：《全球产业网络下的工资水平与产业升级关系研究》，《社会科学战线》2010 年第 8 期。

［71］赵忠秀、吕智：《企业出口影响因素的研究述评——基于异质性企业贸易理论的视角》，《国际贸易问题》2009 年第 9 期。

［72］赵忠秀、吕智编著《国际贸易理论与政策》，北京大学出版社，2009。

［73］制造强国战略研究项目组：《制造强国战略研究》，电子工业出版社，2015。

［74］中国工业和信息化部：《关于开展 2015 年智能制造试点示范专项行动的通知》，2015 年 3 月 9 日。

［75］中国工业和信息化部电信研究院：《通信设备产业白皮书（2014 年）》，

http://www.miit.gov.cn/，2014 年 5 月。

[76] 中国国务院：《关于积极推进"互联网＋"行动的指导意见》，2015 年 7 月 1 日。

[77] 中国国务院：《中国制造 2025》，2015 年 5 月 8 日。

[78] 中国企业联合会、中国企业家协会：《中国 100 大跨国公司及跨国指数》，http://www.cec-ceda.org.cn/，2011。

[79] 中国商务部：《国别贸易投资环境报告》和《通信设备制造业分册》，http://www.mofcom.gov.cn/，2013。

[80] 中国商务部：《中国对外投资合作发展报告（2014）》，http://www.mofcom.gov.cn/，2014。

[81] 中国商务部合作司、商务部研究院：《"走出去"典型案例（经验摘编）》，http://www.mofcom.gov.cn/，2014。

[82] 中国商务部综合司：《中国对外贸易形势报告》，zhs.mofcom.gov.cn.

[83] 中国制造网：《医疗器械行业分析报告》，made-in-china.com，2012 年 7 月。

[84] 中商情报网：《2011～2012 年中国医疗器械行业发展概况》，www.askci.com。

[85] 周习：《全球价值链治理模式的比较分析》，《上海商学院学报》2011 年第 2 期。

[86] 周煊、程立茹：《跨国公司价值网络运作理念特征及组合价值模式研究》，《统计与决策》2011 年第 10 期。

[87] 朱士尧：《华为走向全球化之路》，《军工文化》2013 年第 4 期。

[88] 朱彤、孙启俊：《跨国公司全球化生产模式的理论分析——基于行业的视角》，《当代经济科学》2008 年第 1 期。

[89] 〔德〕马克思：《资本论》，郭大力、王亚南译，上海三联书店，2009。

[90] 〔美〕阿林·杨格：《报酬递增与经济进步》，贾根良译，《经济社会体制比较》1996 年第 2 期。

[91] 〔美〕杰里米·里夫金：《第三次工业革命》，张体伟、孙豫宁译，中信出版社，2012。

[92] 〔美〕科利斯、蒙哥马利：《公司战略：企业的资源和范围》，王永

贵、杨永恒译，东北财经大学出版社，2005。

[93]〔美〕Lindsay Oldenski：《美国制造业真在回流？数据告诉你真相》，上海金融与法律研究院译，2015。

[94]〔美〕迈克尔·波特：《国家竞争优势》，李明轩、邱如美译，华夏出版社，2002。

[95]〔美〕迈克尔·波特：《竞争优势》，陈小悦译，华夏出版社，2005。

[96]〔美〕麦肯锡全球研究院：《中国对全球创新的影响》，2015。

[97]〔美〕斯莱沃斯基：《发现利润区—Profit Zone》，凌晓东译，中信出版社，2002。

[98]〔美〕通用电气公司（GE）：《工业互联网：打破智慧与机器的边界》，机械工业出版社，2015。

[99]〔美〕约翰·J. 怀尔德、肯尼思·L. 怀尔德、韩季瀛：《国际商务》（第4版），陈焰译，北京大学出版社，2009。

[100]〔瑞典〕俄林：《区际贸易与国际贸易》，逯宇铎等译，华夏出版社，2008。

[101]〔英〕阿尔弗雷得·马歇尔：《经济学原理》，廉运杰译，华夏出版社，2012。

[102]〔英〕Buckley, P. J. 编《什么是国际商务》，赵忠秀、王炜瀚译，对外经济贸易大学出版社，2009。

[103]〔英〕大卫·李嘉图：《政治经济学及赋税原理》，周洁译，华夏出版社，2013。

[104]〔英〕经济学人：《第三次产业革命》，2012年4月21日社论。

[105]〔英〕马克·卡森：《国际商务经济学——一个新的研究议程》，肖光恩译，北京大学出版社，2011。

[106]〔英〕亚当·斯密：《国民财富的性质和原因的研究》（简称《国富论》），郭大力、王亚南译，商务印书馆，2008。

[107] Adrian, J. Slywotzky, David J. Morrison, Bob Andelman, *The Profit Zone: How Strategic Business Design Will Lead You to Tomorrow's Profit* (New York: Random House. Inc, 2007).

[108] Andersson, U., Forsgren, M. and Pedersen, T., "Subsidiary Perform-

ance in Multinational Corporations: The Importance of Technology Embeddedness", *International Business Review*, 2001, 10 (1): 3 – 23.

[109] Andersson, U., Bjorkman, I. and Forsgren, M., "Managing Subsidiary Knowledge Creation: The Effect of Control Mechanisms on Subsidiary Local Embeddedness", *International Business Review*, 2005, 14 (6): 521 –538.

[110] Andersson, U., Forsgren, M. and Holm, U., "The Strategic Impact of External Networks: Subsidiary Performance and Competence Development in the Multinational Corporation", *Strategic Management Journal*, 2002, 23 (11): 979.

[111] Andersson, U., "Subsidiary Embeddedness and Control in the Multinational Corporation", *International Business Review*, 1996, 5: 487 –508.

[112] Antras, P. and E. Helpman, "Global Sourcing", *The Journal of Political Economy*, 2004, 6: 552 –580.

[113] Antras, P., Helpman, E., "Contractual Frictions and Global Sourcing", *National Bureau of Economic Research*, 2006.

[114] Antras, P., "Firms, Contracts, and Trade Structure", *The Quarterly Journal of Economics*, 2003, 11: 1375 –1418.

[115] Antras, P., "International Economics I: Intra-industrial Heterogeneity in Trade Models", *Harvard & MIT Lectures*, 2007. http://ocw. mit. edu/ NR/ rdonlyres/Economics/14 – 581Spring – 2007/6C1B924E – 8512 – 4A4F – 86CC – 5637A434CBEC/0/lecture212. Pdf.

[116] Antras, P., "Incomplete Contracts and the Product Cycle", *American Economic Review*, 2005, pp. 1054 – 1073.

[117] Arndt, Sven W., "Globalization and the Open Economy", *North American Journal of Economics & Finance*, 1997b, 8 (1): 71 –79.

[118] Bair, J., Gereffi, G., "Upgrading, Uneven Development, and Jobs in the North American Apparel Industry", *Global Networks*, 2003, 3 (2): 143 –169.

[119] Bair, J., "Global Capitalism and Commodity Chains: Looking Back, Going Forward", *Competition and Change*, 2005, 9 (2): 153 –180.

[120] Baldwin, R. E. and F. R. Nicoud, "The Impact of Trade on Intra-industry Reallocations and Aggregate Industry Productivity: A Comment", *Working Paper*, 2004.

[121] Bartlett, C. A. and Ghoshal, S., *Managing Across Borders: The Transnational Solution* (Boston, MA: Harvard Business School Press, 1989).

[122] BCG, *The Shifting Economics of Global Manufacturing*, 2014.

[123] Bernard, A. B., J. Eaton, J. B. Jensen and S. Kortum, "Plants and Productivity in International Trade", *American Economic Review*, 2003, 93 (4): 1268 – 1292.

[124] Bernard, A. B., Stephen J. Redding and Peter K. Schott, "Comparative Advantage and Heterogeneous Firms", *Review of Economic Studies*, 2007, 74 (1): 31 – 66.

[125] Brandenburger, A. J. and Barry J. Nalebuff, *Co-Opetition: A Revolution Mindset That Combines Competition and Cooperation: The Game Theory Strategy That's Changing the Game of Business* (New York: Publishing Group. Inc., 1996).

[126] Brander, J. A., Krugman, P., "A 'Reciprocal Dumping' Model of International Trade", *Journal of International Economics*, 1983, 15 (3 – 4), pp. 313 – 321.

[127] Brookings Institution, *America's Advanced Industries: What They Are, Where They Are, and Why They Matter*, 2015.

[128] Buckley, P. J. and Casson, M. C., *The Future of the Multinational Enterprise* (London: Macmillan, 1976).

[129] Buckley, P. J. and Casson, M. C., "Analysing Foreign Market Entry Strategies: Extending the Internalization Approach", *Journal of International Business Studies*, 1998, 29 (3): 539 – 561.

[130] Callon, M., "The Sociology of an Actor-Network: The Case of the Electric Vehicle", *Mapping the Dynamics of Science and Technology: Sociology of Science in the Real World*, ed. Michel Callon, John Law, Arie Rip (Palgrave Macmillan UK, 1986), (pp. 19 – 34).

[131] Chen, H. and Chen, T. J., "Foreign Direct Investment as a Strategic Linkage", *Thunderbird International Business Review*, 1998, 40 (1): 13 – 30.

[132] Christaller, Walter, "Central Places in Southern Germany Translation into English by Carlisle W. Baskin in 1966", 1933.

[133] Coe, N. et al., "Globalizing Regional Development: A Global Production Networks Perspective ", *Transactions of the Institute of British Geographers*, 2004, 29 (4): 468 – 484.

[134] Collis, D. J., Montgomery, C. A., "Competing on Resources: Strategy in the 1990s", *Harvard Business Review*, 1995.

[135] Deardorff, A. V., "Fragmentation Across Cones", *Fragmentation: New Production Patterns in the World Economy* (Oxford and New York: Oxford University Press, 2001), (pp. 35 – 51).

[136] Depner, H. and Bathlt, H., "Exporting the German Model: The Establishment of a New Automobile Industry Cluster in Shanghai", *Economic Geography*, 2005, 81: 53 – 81.

[137] Dicken, P. and Thrift, N., "The Organization of Production and the Production of Organization: Why Business Enterprises Matter in the Study of Geographical Industrialization", *Transactions of the Institute of British Geographers*, 1992, 17: 279 – 291.

[138] Dicken, P., Kelly, P., Olds, K. and Yeung, H., "Chains and Networks, Territories and Scales: Towards an Analytical Framework for the Global Economy", *Global Networks*, 2001, 1 (2): 89 – 112.

[139] Dicken, P., Tangled Webs: Transnational Production Networks and Regional Integration, *Spatial Aspects Concerning: Spatial, Aspects Concerning Economic Structures*, 2005.

[140] Dicken, P., *Global Shift: Reshaping the Global Economic Map in the 21st Century*, 4th ed. (London: Sage, 2003).

[141] Donghyun, P. and Kwanho, S., "Can Trade with the People's Republic of China be an Engine of Growth for Developing Asia?", *ADB Economics*

Working Paper, 2009, p. 172.

[142] Dunning, J. H., Trade, Location of Economic Activity and the MNE: A Search for an Eclectic Approach (Palgrave Macmillan UK, 1977).

[143] Dunning, J. H., The Theory of Transnational Corporations (London: Routledge, 1993).

[144] Dunning, J. H., "Explaining Changing Patterns of International Production: In Defence of the Eclectic Theory", Oxford Bulletin of Economics and Statistics, 1979, 11.

[145] Dunning, J. H., "Location and the Multinational Enterprise: A Neglected Factor?", Journal of International Business Studies, 1998.

[146] Ernst, D. and Kim, L., "Global Production Networks, Knowledge Diffusion, and Local Capability Formation", Research Policy, 2002, 31: 1417 – 1429.

[147] Ernst, D., "Global Production Networks and Industrial Upgrading — A knowledge-centered Approach", East-West Center Working Papers, 2001, 25.

[148] Ernst, D., "Global Production Networks and the Changing Geography of Innovation Systems: Implications for Developing Countries", East-West Center Working Papers, 2000, 9.

[149] Ernst, D., "How Sustainable are Benefits from Global Production Networks? Malaysia's Upgrading Prospects in the Electronics Industry", East-West Center Working Papers, 2003a, 57.

[150] Ernst, D., "Pathways to Innovation in the Global Network Economy: Asian Upgrading Strategies in the Electrics Industry", East-West Center Working Papers, 2003b, 58.

[151] Falvey, R. E., "Commercial Policy and Intra-Industry Trade", Journal of International Economics, 1981, 11 (4), pp. 495 – 511.

[152] Feenstra, R. C., Hanson, G. H., "Globalization, Outsourcing, and Wage Inequality", American Economic Review, 1996, 86 (2), pp. 240 – 245.

[153] Gereffi, G. and Korzeniewicz, M. (eds), "Commodity Chains and Glob-

al Capitalism", *Westport*: *Praeger*, 1994.

[154] Gereffi, G. and Memedovic, O., "The Global Apparel Value Chain: What Prospects for Upgrading by Developing Countries", 2003. http://www. Unido. org.

[155] Gereffi, G., Humphrey, J. and Sturgeon, T., "The Governance of Global Value Chains", *Review of International Political Economy*, 2005, 12 (1): 78 – 104.

[156] Gereffi, G., Humphrey, J., Kaplinsky, R. and Sturgeon, T., "Globalization, Value Chains and Development", *IDS Bulletin*, 2001, 32 (3).

[157] Gereffi, G., "A Commodity Chains Framework for Analysing Global Industries, Mimeo", *Department of Sociology*, 1999b.

[158] Gereffi, G., "Beyond the Producer-Driven/Buyer-Driven Dichotomy: The Evolution of Global Value Chains in the Internet Era", *IDS Bulletin*, 2001, 32 (3).

[159] Gereffi, G., "Global Production Systems and Third World Development", *Global Change*, *Regional Response*, in B. Stallings (ed.) (New York: Cambridge University Press, 1995).

[160] Gereffi, G., "International Trade and Industrial Upgrading in the Apparel Commodity Chain", *Journal of International Economics*, 1999, 48 (1): 37 – 70.

[161] Granovetter, M., "Economic Action and Social Structure: The Problem of Embeddedness", *American Journal of Sociology*, 1985, 91 (3): 481 – 510.

[162] Halinen, A. and Tomroos, J. A., "The Role of Embeddedness in the Evolution of Business Networks", *Scandinavian Journal of Management*, 1998, 14 (3): 187 – 205.

[163] Heckscher, Eli and Bertil Ohlin, edited by Harry Flam and M. June Flanders, *Heckscher-Ohlin Trade Theory* (Cambridge: MIT Press, 1991).

[164] Helpman, E. and Krugman, P., *Market Structure and Foreign Trade*,

Cambridge（MA：MIT Press，1985）.

［165］ Helpman, E. , M. J. Melitz and S. R. Yeaple, "Export Versus FDI with Heterogeneous Firms", *The American Economic Review*, 2004, 94（1）：300 – 316.

［166］ Helpman, E. , M. J. Melitz and Y. Rubinstein, "Estimating Trade Flows: Trading Partners and Trading Volumes", *NBER Working Paper*, 2007. http：//www. nber. org/ papers/ w12927.

［167］ Helpman, E. , "Trade, FDI and the Organization of Firms", *Journal of Economic Literature*, 2006, pp. 589 – 630.

［168］ Henderson, J. , Dicken, P. , Hess, M. , Coe, N. and Yeung, H. , "Global Production Networks and the Analysis of Economic Development", *Review of International Political Economy*, 2002, pp. 436 – 464.

［169］ Hess, M. and Coe, N. , "Making Connections: Global Production Networks, Standards, and Embeddedness in the Mobile-telecommunications Industry", *Environment and Planning A*, 2006, 38（7）：1205 – 1227.

［170］ Hess, M. and J-P Rodrigue, "Transportation and the Geographical and Functional Integration of Global Production Network", *Growth and Change*, 2006, 37（4）：510 – 525.

［171］ Hess, M. and Yeung, H. , "Whither Global Production Networks in Economic Geography? Past, Present and Future", *Environment and Planning A*, 2006, 38：1193 – 1204.

［172］ Hochtberger, K. , Zademach, H. M. , Grimes, S. , "Aspiring Affiliates, Global Project Networks and Local Embeddedness: Evidence from Bangalore, India", *Centre for Innovation and Structural Change*, 2003.

［173］ Hummels, D. , "Toward a Geography of Trade Costs", *GTAP Working Papers*, （Center for Global Trade Analysis, Department of Agricultural Economics, Purdue University, 1999）.

［174］ Humphrey, J. and Schmitz, H. , "How Does Insertion in Global Value Chains Affect Upgrading in Industrial Clusters?", *Regional Studies*, 2002, 36（9）：1017 – 1027.

[175] Hymer, S., *The International Operations of National Firms: A Study of Direct Investment* (Cambridge: MIT Press, 1976).

[176] Hymer, S., "The International Operations of International Firms: A Study of Direct Investment", Unpublished Ph. D. Dissertation, Massachusetts Institute of Technology, Cambridge, MA, 1960.

[177] Isard, W., "Location and Space-economy", 1956.

[178] Jones, R. W., Kierzkowski, H., "A Framework for Fragmentation", *Fragmentation: New Production Patterns in the World Economy* (Oxford and New York: Oxford University Press, 2001), (pp. 17 –34).

[179] Jones, R. W., Kierzkowski, H., "The Role of Services in Production and International Trade: A Theoretical Framework", *The Political Economy of International Trade: Essays in Honor of Robert E. Baldwin* (Oxford and Cambridge, Mass.: Blackwell, 1990), (pp. 31 –48).

[180] Kaplinsky, R., China, Globalization and Neo-liberal Dogma (Paper Prepared for the 50th Anniversary Conference, Queen Elizabeth House, Oxford, July 2005), pp. 4 –6.

[181] Kathandaraman and David T. Wilson, "The Future of Competition-Value-Creating Networks", *Industrial Marketing Management*, 2001 (30).

[182] Kindleberger, C. P., "American Business Abroad", *The International Executive*, 1969, 11 (2): 11 –12.

[183] Kogut, B. and Kulatilaka, N., "Operating Flexibility, Global Manufacturing, and the Option Value of a Multinational Network", *Management Science*, 1994, 40: 123 –139.

[184] Kogut, B., "Designing Global Strategies: Profiting from Operational Flexibility", *Sloan Management Review*, 1985, pp. 27 –39.

[185] Kogut, B., "Designing Global Strategies: Comparative and Competitive Value-added Chains", *Sloan Management Review*, 1985, 26: 75 –98.

[186] Krugman, Paul R. and Venables A., "Globalization and the Inequality of Nations", *Quarterly Journal of Economics*, 1995, 110: 135 –156.

[187] Krugman, Paul R., "Increasing Returns and Economic Geography",

Journal of Political Economy, 1991.

[188] Krugman, Paul R. , "Increasing Returns, Monopolistic Competition and International Trade", *Journal of International Economics*, 1979, 9: 469 – 479.

[189] Lancaster, K. , "Intra-Industry Trade under Perfect Monopolistic Competition", *Journal of International Economics*, 1980, 10 (2), pp. 151 – 175.

[190] Latour, B. , *Science in Action: How to Follow Scientists and Engineers Through Society* (Milton Keynes, England: Open University Press, 1987).

[191] Latour, B. , "On Recalling ANT", *The Sociological Review*, Vol. 47, 1999, pp. 15 – 25.

[192] Law, J. , Hassard, J. (eds), *Actor Network Theory and After* (Blackwell: Oxford, 1999).

[193] Law, J. , "After ANT: Complexity, Naming and Topology", *The Sociological Review*, 1999, 47 (1), pp. 1 – 14.

[194] Law, J. , "Technology and Heterogeneous Engineering: The Case of Portuguese Expansion, *The Social Construction of Technological Systems*, ed. W. Bijker, T. Hughes and T. Pinch (Cambridge, MA: MIT Press, 1987), (pp: 111 – 134).

[195] Levy, D. L. , "Offshoring in the New Global Political Economy", *Journal of Management Studies*, 2005, 42 (3), pp. 685 – 693.

[196] Liu, Weidong and Dicken, P. , "Transnational Corporations and 'Obligated Embeddedness': Foreign Direct Investment in China's Automobile Industry", *Environment and Planning A*, 2006, 38 (4): 168 – 182.

[197] Losch, *The Economics of Location: A Pioneer Book in the Relations Between Economic Goods and Geography* (New Haven: Yale University Press, 1944), (pp: 234 – 236).

[198] Manova, K. , "Credit Constraints, Heterogeneous Firms, and International Trade", *NBER Working Paper*, 2008. http://www. nber. org/ papers/ w14531.

[199] Melitz, Marc J., "The Impact of Trade on Intra-industry Reallocation and Aggregate Industry Productivity", *Econometrica*, 2003, 71: 1695 – 1725.

[200] Melitz, Marc J. and Gip Ottaviano, "Market Size, Trade and Productivity", *Review of Economic Studies*, 2008, 75 (1): 295 – 316.

[201] Moses, L. N., "Location and the Theory of Production", *The Quarterly Journal of Economics*, 1958, 72 (2): 259 – 272.

[202] Murdoch, J., "The Spaces of Actor-network Theory", *Geoforum*, 1998 29 (4).

[203] Nohria, N. and Garcia-Pont, C., "Global Strategic Linkage and Industry Structure", *Strategic Management Journal*, 1991, 12: 105 – 124.

[204] Nohria, N. and Ghoshal S., "Differentiated Fit and Shared Values: Alternatives for Managing Headquarters-subsidiary Relations", *Strategic Management Journal*, 1994, 15 (6): 491 – 502.

[205] Palpacuer, F., Parisotto, A., "Global Production and Local Jobs: Can Global Enterprise Networks be Used as Levers for Local Development?", *Global Networks*, 2003, 3 (2): 97 – 120.

[206] Parthasarathy, B., Aoyama, Y., "From Software Services to R&D Services: Local Entrepreneurship in the Software Industry in Bangalore, India", *Environment and Planning A*, 2006, 38: 1269 – 1285.

[207] Polanyi, K., "The Great Transformation: The Political and Economic Origins of Our Time", *Beacon Press*, 1944.

[208] Prahalad, C. K., and Gary Hamel, "The Core Competence of Corporation", *Harvard Business Review*, 1990.

[209] Roper, S. and Grimes, S., "Wireless Valley, Silicon Wadi and Digital Island—Helsiniki, Tel Aviv and Dublin and the ICT Global Production Network", *General Information*, 2005, 36: 297 – 313.

[210] Sally, W., "The Embeddedness of Global Production Networks: The Impact of Crisis in Fiji's Garment Export Sector", *Environment and Planning A*, 2006, 38 (7), pp. 1249 – 1267.

[211] Sanyal, K. K., Jones, R. W., "The Theory of Trade in Middle Products", *American Economic Review*, 1982, 72 (1), pp. 16 – 31.

[212] Schmitz, H. (ed.), *Local Enterprises in the Global Economy* (Cheltenham: Edward Elgar, 2004).

[213] Siemens AG, *Annual Report* (1998 – 2014).

[214] Smith, A., Rainnie, A., Dunford, M., Hardy, J., Hudson, R., Sadler, D., "Networks of Value, Commodities and Regions: Reworking Divisions of Labour in Macro-regional Economies", *Progress in Human Geography*, 2002, 26: 41 – 63.

[215] Smith, D. M., "Industrial Location: An Economic Geographkai Analysis" (New York: John Wiley& Sons, 1971).

[216] Sturgeon, T., "How Do We Define Value Chains and Production Networks?", *IDS Bulletin*, 2002, 32 (3): 9 – 18.

[217] Sturgeon, T., "Modular Production Networks: A New American Model of Industrial Organization", *Industrial & Corporate Change*, 2002, 11 (3): 451 – 496.

[218] Taudes, A., Trcka, M. and Lukanwicz, M., "Organizational Learning in Production Networks", *Journal of Economic Behavior & Organization*, 2002, 47: 141 – 163.

[219] The Economist, *Manufacturing: The Third Industrial Revolutio*n, 2012.

[220] Thunen, JH Von., "Der Isolierte Staat", *Beziehung auf Landwirtschaft und National? Konomie*, 1826.

[221] UNCTAD, *World Investment Report*.

[222] Vernon, R. and Louis T. Wells, J., *Economic Environment of International Business*, *7th ed.* (Upper Saddle River, NJ: Prentice Hall, 1991).

[223] Vernon, R., "International Investment and International Trade in the Product Cycle", *The Quarterly Journal of Economics*, 1966, 80 (2): 190 – 207.

[224] Vernon, R., "International Investment and International Trade in the Product Cycle", *Quarterly Journal of Economics*, 1966, Vol. 80, pp.

190 – 207).

[225] Weber, A. , *Ueber den Standort der Industrien. 1. Reine Theorie des Standorts* (Mohr, 1909).

[226] WEF, *The Global Competitiveness Report.*

[227] Whitel M. C. , " Inward Investment, Firm Embeddedness and Place: An Assessment of Ireland's Multinational Software Sector", *CISC Working Paper*, 2003.

[228] WTO, *World Trade Report.*

[229] Yeaple, S. R. , "A Simple Model of Firm Heterogeneity, International Trade, and Wages", *Journal of Economics*, 2005, 65: 1 – 20.

[230] Yeung, Henry Wai-Chung, "Regional Development and the Competitive Dynamics of Global Production Networks: An East Asian Perspective", *Regional Studies*, 2009, 43 (3), pp. 325 – 351.

[231] Zukin, S. and DiMaggio, P. , *Structures of Capital: The Social Organization of the Economy* (Cambridge, MA : Cambridge University Press, 1990).

[232] Zysman, J. , Doherty, E. and Schwartz, A. , "A Tales from the 'Global' Economy: Cross-national Production Networks and the Reorganization of the European Economy", *Structural Changes and Economics Dynamics*, 1997, 8: 45 – 85.

图书在版编目（CIP）数据

后危机时代跨国公司全球生产网络研究：以西门子
和华为公司为例／崔凤茹，刘桂镗著． —— 北京：社会
科学文献出版社，2016.6

　ISBN 978 - 7 - 5097 - 8975 - 9

　Ⅰ．①后…　Ⅱ．①崔…②刘…　Ⅲ．①跨国公司 - 全
球化 - 生产体系 - 研究　Ⅳ．①F276.7

中国版本图书馆 CIP 数据核字（2016）第 071066 号

后危机时代跨国公司全球生产网络研究
——以西门子和华为公司为例

著　　者／崔凤茹　刘桂镗

出 版 人／谢寿光
项目统筹／高　雁
责任编辑／高　雁　张玉平

出　　版／社会科学文献出版社·经济与管理出版分社（010）59367226
　　　　　地址：北京市北三环中路甲 29 号院华龙大厦　邮编：100029
　　　　　网址：www. ssap. com. cn
发　　行／市场营销中心（010）59367081　59367018
印　　装／三河市尚艺印装有限公司

规　　格／开　本：787mm × 1092mm　1/16
　　　　　印　张：21　字　数：333 千字
版　　次／2016 年 6 月第 1 版　2016 年 6 月第 1 次印刷
书　　号／ISBN 978 - 7 - 5097 - 8975 - 9
定　　价／79.00 元